KB164121

태어날 때부터 열렬히 환영받고, 자라면서 자신의 의견이 묵살당한 적도, 여성이라는 이유로 무언가를 강요받은 기분을 느낀 적도 없고, 죽는 순간 모든 사람이 통곡하고 애도하는 문화에서 살아간다면? 여성들은 이를 '페미니스트 판타지'라 부를 것이다. 『이갈리아의 딸들』이 픽션이라면『어머니의 나라』는 엄연히 존재하는 실재다. 저자 추와이홍은 세계적인 금융사들을 자문해주는 싱가포르 소재 법무법인의 변호사였다. 능력주의, 경쟁주의, 소비주의라는 화려한 감옥에서 '자발적 일 노예'로 살아온 그녀는 어느 날 바짝 마른 껍데기로 존재하는 자신을 발견한다. '어머니의 나라' 혹은 '아버지가 없는 나라'로 널리 알려진 중국 모쒀족 마을로의 여행 그리고 장시간에 걸친 현지인 되기의 과정을 거쳐 그녀는 견고하고 평온한 페미니스트가 된다. 신체와 마음의 감각이 급진적으로 이동했기 때문에 그녀는 더 이상 남성의 나라에서의 여성처럼 살 수 없다.

디지털 소비주의 공론장의 거친 언어와 과부하된 감정 회로에서 종종 탈출구를 발견하지 못하거나, 평등과 소속감, 다양성의 즐거움을 느끼지 못하는 이들이 급증하고 있다. 여성이 사회의 질서를 형성해 온 모쒀족 사회에서는 여성, 남성 모두 선택의 자율성과 다양성을 즐기며, 사회적 낙인에서 자유롭다. 젠더 갈등과 불안정성 이후의 삶으로 이동하기 위해 우리는 모계제와 가모장제라는 인류의 '원전'에서 희망을 읽어내야 한다. 얼굴을 마주하는 관계를 번잡스럽고 끈적끈적한 의무라고 생각하지 말고, 육체노동을 경멸하지 말고, 섹슈얼리티가 매매와 제압의 수단이라는 생각을 버리자. 다양한 세계와 삶의 방식이 동시적으로 존재함을 인정하며 소모적 긴장을 내려놓자. 인간이 가질 수 있는 유일한 자부심은 우리가 문화생산자이며 동시에 변혁자란 점이다. 그 변혁의 원전으로 삼아 혹은 강자에 의해 재편성되는 모쒀족의 문화 변화를 반면교사 삼아 우리는 차별 없는 세계로 이동할 수 있다.   – 김현미, 연세대학교 문화인류학과 교수

자연의 개념도 고안된 것이지만, 가부장제는 문명의 산물이지 자연의 법칙이 아니다. 그렇다면 가모장제가 대안일까. 가모장제에 대한 통념은 다양하다. 역사 밖에 존재하는 유토피아 혹은 원시사회, '여신'으로 상징되는 낭만주의, 가부장제와 대립하거나 대칭적인 사회……. 그러나 가부장제나 가모장제, 모두 인류의 필요에 의해 건설된 삶의 방식일 뿐이다.

『어머니의 나라』는 중국 윈난성에 있는 현존하는 가모장제 사회인 모쒀족에 대한 어느 '현대 페미니스트 여정'이다. 이 지역은 현대 중국 사회의 가난한 다른 지역과 마찬가지로 화장실이 미비하고, 동시에 개인의 생일은 어머니의 고통이라고 생각해서 대단하게 생각하지 않는다. 동성애는? 가모장제 사회에서 주로 육식을? 중국 정부와 관계는? 관광산업의 유입은?

이 책은 가모장제를 글로벌 정치경제학과 문화연구 차원에서 다룬 훌륭한 입문서이다. 그래서 '과학적이면서 동시에 치유적이다'. 여성 주도의 사회를 찬양하기보다는, 사유를 요구한다. 같음과 다름의 기준은 무엇인가. 그것은 누가 정하는가. 무엇보다도 내 질문은 이것이다. 극도로 남성 중심 사회인 한국의 남성은 모쒀족 남성보다 행복할까. 아! '미러링'에 대해 의문이 많았던 독자들에게도 필독을 권한다.
— 정희진. 여성학 연구자 ·『페미니즘의 도전』저자

여성이 여성으로 존재하기 위해 세계와 불화하지 않아도 되는 땅이 있다. 적대감과 싸울 필요도 무엇을 증명할 필요도 없다. 이러한 자유를 가능케 한 여성들의 사회, 『어머니의 나라』는 현존하는 가모장제를 탐험하며 가부장제의 대안을 탐색한다. 여신을 모시는 모쒀족은 중국 한족의 강고한 가부장제에 둘러싸여서도 살아남았다. 저자가 찾은 루구호 지역이 관광객이 몰리는 계절에 정전이 드물지 않았고 변기도 휴지도 없던 곳임을 떠올린다면, 『어머니의 나라』는 '오래된 미래'를 탐색하는 과정을 담았다고도 할 수 있으리라. 가파른 속도로 달리는 현대사회와 맞부닥치며 그 존립이 위험에 처해 있는, '현대'를 맞이한 모쒀족이 맞이할 미래가 무엇일지, 근심을 마음에 묻고 응원을 보낸다.
                     — 이다혜, 작가 · 〈씨네21〉 기자

진보주의자에겐 대안을 상상하는 능력이 필요하다지만 영감은 하늘에서 뚝 떨어지는 것이 아니다. 그리고 여기, 바로 그 영감을 자극할 만한 모쒀족의 모계사회에 대한 기록이 있다. 페미니스트로 살아온 작가의 눈에 비친 모쒀족은 가부장제와 정상가족이라는 보편의 신화 바깥에서 새롭고도 행복한 삶이 가능하다는 것을 보여준다. 도시와 분리된 모쒀족의 공동체 문화가 그대로 페미니스트 유토피아의 모델이 될 수 있을지는 알 수 없다. 다만 여성혐오로부터 자유로운 여성의 모습과 가부장제를 벗어난 남성의 쓸모를 상상하는 이들이라면, 모쒀족이 이미 이룩했던 '어머니의 나라'를 책으로나마 꼭 한 번 방문하길 바란다.
           — 위근우, 대중문화 칼럼니스트 · 『프로불편러 일기』 저자

읽으면서 여러 번 놀랐고, 왜 나는 이런 삶을 상상도 해보지 못했을까 하고 탄식했다. 남편도 결혼도 없는 세상, 여자로 살면서 어떤 차별도 느끼지 않는 삶. 가모장 세계의 여행기를 읽다보면 가부장 세계에서 나고 자란 나의 상상력에 기분 좋은 균열이 간다.
                  — 서늘한여름밤, 『나에게 다정한 하루』 저자

최고의 사무 변호사이자 내가 가장 사랑하는 친구,

이본 제프리스에게.

책을 써보라는 이본의 멋진 제안이 없었다면

이 책을 구상할 수 없었을 것이다.

세상을 떠난 나의 솔 메이트,

마거릿 엘렌에게.

뛰어난 저널리스트이자 작가인 마거릿의 격려와 비판적 안목이 없었다면

이 책은 절대로 세상에 나오지 못했을 것이다.

오래된 미래에서 페미니스트의 안식처를 찾다

어머니의 나라

추 와이훙 지음 | 이민경 옮김

흐름출판

어머니의 나라라 불리는 이곳에 처음 발을 들일 때까지만 해도, 책을 쓰겠다는 생각은 전혀 없었다. 당시 나는 중국계라는 내 뿌리를 찾기 위해서 5천 년 역사와 찬란한 문화를 남긴 선조들의 광활한 땅을 여행하던 중이었다. 그때까지만 해도 루구호瀘沽湖는 중국 서부지역의 윈난과 쓰촨의 경계에서 그림 같은 정경을 자랑하며, 모쒀摩梭족의 삶의 터전이자 나의 중국 대장정의 일부일 뿐이었다.

중국 변방에 위치한 루구호 주변 윈난 지역에는 지구상에 마지막으로 남아 있는 모계사회로 잘 알려진 부족이 살고 있었다. 모쒀족이라는 이름의 이 부족은 중국에서 진작 자취를 감추어버린 시공간을 살고 있는 듯했다. 이 부족이 가모장 사회라는 점도 내 마음을 건드렸다. 모계제matrilineal는 여성의 핏줄을 따라 가족과 친족이 규정되는 방식이고, 가모장제matriarchal는 가족 내에서 여성을 가장으로 삼는 사회를 일컫는다.

당시에는 몰랐으나, 모쒀족과 머무는 동안 겪은 일들은 나를 자꾸만 그리로 돌아가게 만드는 원동력이 되었다. 그곳과 그곳에서 마주하는 사람들은 미처 상상도 하지 못했던 모험을 계속 이어나가게 하는 이유였다. 처음에는 그저 호기심 많은 여행자였던 나는 몇 년이 지나 천천히 모쒀 공동체의 일원이 되어갔다.

살아가는 동안 나는 언제나 페미니스트였다. 아버지는 싱가포르 속 극도로 가부장적인 중국인 사회의 전형적인 남성이었다. 너무나 남성중심적인 집단에서 고문 변호사로 일하면서 내 안의 페미니스트 기질은 점점 또렷해졌다.

'어머니의 나라'에서 만난 모쒀 친구들은 내게 그들이 인생에서 겪는 이야기를, 갖가지 일화를, 신화와 전설을 풍부하게 들려주며 자신들의 매력적인 세계를 보여주었다. 이 세계는 내가 여태까지 알던 세상과는 너무나 달랐다.

모쒀족은 여성이 일생 동안 밟게 되는 모든 단계를 기념하고 축하하는 문화를 가지고 있다. 또한 모쒀 문화의 핵심은 무엇에도 굴하지 않는 여성의 정신이다. 페미니스트가 꿈꾸는 유토피아가 실존했다면 분명 어머니의 나라라 불리는 이곳 같은 모습이었으리라.

모쒀족과 함께 지내며 나는 인류의 절반을 억압하고도 이를 정당화하는 가부장제를 채택한 대다수의 사회에 필요한 교훈을 얻었다. 모계제와 가모장제를 채택한 모쒀 사회가 가진 원칙은 우리 모두가 꿈꾸어볼 만한, 더 평등하고 더 나은 멋진 신세계를 마음속에 그릴 수 있게 해주었다.

나의 영적인 안식처가 되어준 모쒀인과 함께한 시간을 담은 이 이야기는 그들을 향한 사랑의 결과물이다. 단 하나뿐인 세계를 이루던 모쒀인들이 점차 현대사회로 이행해가는 지금, 아슬아슬하게 명맥을 이어가는 이 공동체가 그저 역사의 일부로만 남지 않기를 바랄 뿐이다.

일러두기

- 본서에서 소개하는 가모장제 사회가 대부분의 사회와는 판이한 질서로 이루어지며 언어가 사회의 질서를 그대로 반영한 구성물인 만큼, 가부장제의 언어를 그대로 써서는 가모장제를 서술할 수 없다는 고민이 있었다. 따라서 번역본에서는 우리 사회에서 기본값이 남성으로 설정된 신/여신, 젊은이/젊은 여자와 같은 단어의 기본값을 여성으로 설정하였다. 인물의 성별을 특별히 언급하지 않은 경우에는 전부 여성이다. 또한 남녀, 형제자매, 부모와 같이 여성과 남성을 함께 지칭할 때 남성이 항상 앞에 오는 단어에서, 단어 속 글자 순서를 전부 바꾸어 여남, 모부, 자매형제 등으로 표기했다. 기존 규칙에 어긋나는 단어를 선택한 것은 가모장제를 다룬 이 이야기가 형식 면에서도 내용과 같은 효과를 일으킬 방도를 궁리한 결과이며, 이에 더해 우리의 어법 자체가 가부장제의 결과물임을 환기하고자 함이다.

- 고유명사는 중국어 표기법에 따르는 것을 원칙으로 하였으나 주혼, 루구호처럼 이미 한자음 표기나 중국어와 한자음 표기의 혼용 형태로 소개되어 일반에 알려진 단어들은 그대로 두었다.

- 원서에 Gemu Mountain Goddess와 Gemu Goddess Mountain이 혼용되는데, 지명으로 제시될 때는 거무신산으로, 신으로 제시될 때는 거무산신으로 표기했다.

그날은 고요한 일요일 아침이었다. 나는 언짢은 심기로 한 손에
는 커피를 들고, 아무도 출근하지 않은 사무실에 나와 텁텁한 공
기를 마시며 미처 답하지 못한 이메일에 답장을 쓰고 밀린 견해
서 다섯 건 중 첫 번째 건을 처리하고 있었다.

　이메일에 답하기를 끝내고 숨을 돌렸다. 창문 너머로 평화로운
싱가포르강이 내려다보였다. 그때, 고요한 사무실에 별안간 시끄
러운 전화벨이 울렸다.

　"와이홍, 사무실에서 뭐하고 있어요?" 깜짝 놀라 물어보는 상
대에게서 묻어나는 미국식 억양이 무척 활기찼다. 수화기 너머의
얼굴을 금세 떠올릴 수 있었다. 브래드였다. 브래드는 가장 긴장
되는 순간에도 예의를 잃지 않는, 내가 가장 좋아하는 클라이언
트였다. 일요일인 오늘 브래드가 전화를 걸었다는 건 그도 한창
바쁘게 일하고 있다는 뜻이었다. 브래드가 있는 캘리포니아가 여
기보다 15시간 느리다는 걸 고려하면 그는 지금 토요일 저녁에

근무하는 중이었다.

"브래드 전화를 기다리고 있었죠!" 목소리만은 경쾌하게 느껴질 수 있도록 높은 톤으로 답했다. "무슨 일이에요?"

"작은 일인데요, 급하게 처리해야 할 게 하나 있어요." 세계에서 가장 큰 채권펀드 운용사의 아시아 지사를 이끄는 법률 고문은 이렇게 답했다.

'일요일이 이렇게 날아가는구나.' 나는 속으로 생각하며 브래드의 말을 받아 적기 위해 펜을 들었다. 브래드가 맞닥뜨린 문제를 함께 이야기한 뒤, 오늘 안에 다시 연락하겠다고 말했다. 그러고는 그 문제를 해결하기 위해 끙끙대느라 한나절을 썼다. 미처 끝내지 못했던 일들은 또다시 뒤로 밀려버렸다.

그렇게 또 월요일이 찾아왔다. 하루 15시간 근무라는, 충분히 예측 가능하게 짜인 일상으로 복귀할 시간이었다. 오늘 하루도 이어지는 회의와 끊이지 않는 고객들의 전화, 다섯 명의 변호사로 이루어진 우리 팀에 새롭게 추가되는 일로 꽉 짜여 있었다. 시차를 넘나들며 묵묵히 일하는 이런 일상은 변호사로서 경력을 지켜가는 동안 변함없이 계속되었다. 우선은 내가 있는 싱가포르 시간대와 맞는 아시아 지역의 고객들을 상대로 오전 업무를 한다. 점심을 빨리 해결하고 나면 이제 막 하루를 시작한 룩셈부르크와 런던 쪽의 고객들과 일한다. 패스트푸드로 저녁을 때우고 나서는 뉴욕과 로스앤젤레스를 비롯한 북미 시간대에 맞추어 늦은 밤까지 근무한다. 집으로 돌아가면 자정쯤이 된다. 이런 일상이 다음날에도, 그 다음날에도, 또 그 다음날에도 계속해서 반복되는 것이다.

직장생활에서 문제가 되는 것은 이렇게 지독히 긴 근무 시간만이 아니었다. 업계 최고 위치(내가 한 말은 아니고 같은 업계에 있는 이들의 말을 빌리자면 그랬다)에 있으면서, 난 항상 최고의 자리를 유지해야 한다는 압박감에 시달렸다. 컨퍼런스에 참석하고, 연설을 하고, 로비를 하고, 셀 수 없이 많은 칵테일파티에 가야 했다.

내가 이끄는 팀의 실적은 나쁘지 않았다. 그러나 지금의 실적보다 30% 더 높은 성과를 내라는 격려 아닌 격려를 끊임없이 받았다. 물리적으로 그럴 수 있을 만한 시간이 없는데도 그랬다.

싱가포르에서 가장 큰 로펌이었다가 나중에는 세계 최대 로펌이 된 이 회사 내에서는 큰 기업을 들쑤시기 마련인 사내 정치에도 정통해야 했다. 사내 정치는 소년들끼리 어울리는 무리에 끼어서 그들의 규칙을 따르는 것과 비슷했다. 여성인 나는 진정으로 소속된 적이 없었다. 그렇다고 남자들은 직관적으로 알아차리는 그들만의 규칙을 이해하기 위해 시간을 들여본 적도 없었다.

나는 스스로 납득된다 싶으면 의견을 냈다. 나를 이끄는 것들은 공정함, 비차별, 직장 내에서의 기본권 같은 가치들이었다. 그런데 나중에 보니 이런 가치는 별로 써먹을 데가 없었다. 사다리의 꼭대기까지 오르는 데 무엇이 필요한지 알지 못했던 것이다.

또한 나는 파트너와의 미팅에서, '부적절한' 발언을 하는 데 많은 시간을 써버렸다. 여성 파트너의 임신 및 출산 휴가 기간이 단축되는 데 반기를 들어 이기는 경우 말이다. 해마다 채용 시기가 돌아오면, 나는 남자 파트너들에게 여자 지원자들의 외모를 보는 대신 남자 지원자를 대할 때와 마찬가지로 그들의 강점에 주목하라는 주장을 외롭게 펼치곤 했다.

어쨌거나 내 은행 잔고는 넉넉했다. 나는 고급 생활잡지인 〈프레스티지〉에 실린 적이 있을 정도로 멋지고 현대적인 집에 살았다. (지금의 나라면 사회면에 실리게 되겠지.) 여가생활은 포르쉐를 타고 주말 동안 짧은 여행을 하거나 세련된 도시로 떠나는 것이었다. 미슐랭 별 셋 레스토랑에 얼마나 자주 갔는지는 셀 수도 없었다.

그래서 어쩌란 말인가? 운명적인 날로 기억될 그날 일요일 오후에 일을 하던 나는 이렇게 되뇌었다. 이 일이 과연 그만한 가치가 있는 걸까? 여기서 더 나아질 수 있을까? 이 힘든 직업에 너무 오래 몸담고 있는 건 아닐까?

나 같은 싱글 여성이 직장생활을 이어가는 건 결코 쉽지 않았다. 남자들과는 달리 나를 지원해줄 아내가 없었으므로 일상을 영위하는 데 필요한 자잘한 집안일을 누군가에게 맡길 수 없었다. 나를 위해 집을 치우거나 냉장고를 채워주는 사람은 아무도 없었다. 피도 눈물도 없는 금융계에서 최고의 고문 변호사 자리를 유지하기 위해서는 그 크고 작은 일을 전부 해내야만 했다.

내 삶에는 변호사라는 직업이 차지하는 비중이 너무나 컸기 때문에 다른 어떤 것도 들일 자리가 없었다. 가족과 시간을 보낼 수도 없었고, 그렇다고 어떤 상대와 만나는 것도 아니었고, 아이도 없었다. 삶을 반추했을 때 미소를 머금게 하는 게 하나도 없었다.

지금의 삶을 계속한다면 아무것도 변하지 않을 것이었다. 아무리 뚫어져라 쳐다본대도 이 터널의 끝에 빛이라고는 존재하지 않는다는 걸 알고 있었다. 깨달음을 얻은 순간은 바로 문제의 그 일요일 저녁이었다. 싱가포르강 너머로 해가 지는 것을 바라보며 나는 확신했다. 이대로라면 삶은 결코 좋아지지 않을 것이다.

내면에서 작고 부드러운 목소리가 들려왔다. 나아가야 할 시간이었다. 그렇지만 어디로 나아간단 말인가, 아무 생각도 떠오르지 않았다. 어쨌거나 비좁은 우리에서 미친 듯이 돌아가는 이 쳇바퀴보다야 어디든 나을 것이었다.

좀체 찾아오기 힘든 영감이 사라지기 전, 나는 사직서의 초안을 써 내려갔다. 내용은 간단했다. 개인적인 사정으로 일을 그만두겠다는 것이었다. 사직서를 쓰는 것까지는 쉬웠다. 문제는 내는 것이었다. 사직서를 제출하는 순간을 생각하면 초조해졌다. 이걸 들고 어떻게 파트너들을 만나지? 내 마음 깊숙한 곳에서 느끼는 감정을 대체 어떻게 설명하지?

결국 나는 도망치기 쉬운 길을 택했다. 퇴근 직전, 직속 상사에게 사직서를 이메일로 보낸 것이다. 드디어 해치웠다!

상사는 마음이 참 따뜻한 사람이어서 나를 즉시 호출했다. 잠시 동안 이야기를 나누며 내 입에서 나오는 결심을 직접 듣자, 그는 훌륭한 조언을 해주었다.

"사직서를 다시 써. '개인적인' 이유라고 하지 마. 부정적인 걸 연상시키니까. 대신에 '가족 문제'라고 해. 그게 더 낫게 들려."

내가 어떻게 알았겠는가? 그러면 그렇지. 나는 바보같이 또다시 오직 남자들만 가입할 수 있는 그 오묘한 클럽의 구성원이라면 이해할 수 있었을 뉘앙스를 포착하지 못하고 말았다. 그러니 내가 이곳을 떠난다는 건 참으로 다행스러운 일이었다. 한 번도 제대로 속한 적이 없었지만 말이다.

그날 집에 돌아가 85년산 처칠 샴페인을 따며 성대한 축하를 벌이는 일은 일어나지 않았다. 하지만 현관문을 들어서면서 스스로가 살아 있다는 걸 느낄 수 있었다. 이때까지의 삶을 짓누르던 짐이 단번에 들린 것만 같았다. 나는 자유의 몸이 되었다. 늦잠을 자도 되고 허둥지둥 집을 나설 필요도 없다. 아침 대신 브런치를 즐길 수도 있다. 이제부터 매일매일 그렇게 살아도 된다. 다음날 계획을 일 분 단위로 세우지 않아도 된다. 인생의 새로운 장을 열 수 있다. 남은 삶을 마음 내키는 대로 살 수 있다.

그렇게 여태까지의 생활이 막을 내렸다. 정말로 끝이었다. 이제는 모험의 세계로 뛰어들 차례였다.

1 시에나미 : 어머니 호수(루구호)   7 거무신 사당
2 돼지 구유로 만든 모쒀 배   8 대녀와 대자 집의 난로
3 달 호수   9 융닝 마을
4 거무신산   10 자메이시 : 티베트 불교 사원 단지
5 달 호수 쪽에 위치한 내 통나무집   11 모닥불을 둘러싸고 추는 원무
6 나의 자가용   12 루구호로 가는 공항

범주

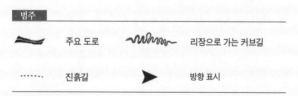

주요 도로   리장으로 가는 커브길

진흙길   방향 표시

*축척을 고려하지 않음

리장으로 가는 길

1부

신세계

여신을 모시는 모쒀족에 대해 읽는 동안 내 안의 페미니스트 정신이 깨어나 두근대기 시작했다는 건 너부 얌선한 실명인지도 모른다. 중국인들이 이 부족을 부르는 말인 '어머니의 나라'라는 단어는 오늘날의 아마조네스가 사는, 미처 상상하기도 벽찬 세계를 떠올리게 했다.

1

어머니의 나라에 도착하다

아주 드문 일이기는 하지만, 운이 좋은 여행자라면 어떤 장소에 대해 너무나 매력적이고 신비롭게 언급된 문장을 우연히 발견한다. 그러고는 부름에 응하지 않았다간 용서받지 못할 것만 같은 느낌을 받을 때가 있다.

당시 나는 일을 그만둔 지 몇 달이 지난 뒤였다. 선조들의 땅인 중국이 나를 위해 준비한 것들을 찾아나서겠다는 마음의 소리를 따라, 주로 잘 알려진 도시와 시골 마을을 여행했다. 그러다 여행 잡지에서, 윈난성 한 자락 외딴 곳에서 거무格姆라고 불리는 여신을 모시는 부족에 대한 글을 읽게 되었다.

히말라야 산맥의 극동쪽에 위치한 작은 언덕에서 호수를 둘러싸고 살아가는 이 부족은 지구상에서 얼마 남지 않은 모계사회를 유지하고 있었다. 21세기에 아직도, 심지어 가부장적인 중국에 모계사회가 남아 있다는 것에 대해 느낀 놀라움이 나를 강타했다. 중국은 가부장제가 깊이 뿌리 박혀 있어 사고방식이 남성

쪽으로 치우치다 못해 성비까지도 남아 쪽으로 치우치게 만든 사회였기 때문이다. 중국은 주로 암암리에 행해지는 여아낙태로 인해 여아가 100명 태어날 때 남아는 무려 120명 가까이 태어나는 왜곡된 성비 불균형을 안고 있는 국가였다. 중국은 또한 나의 친할아버지가 극심한 가난을 피하기 위해 도망쳐 나온 곳이기도 했다. 할아버지는 말레이시아에서 새로운 삶을 시작했는데, 중국을 벗어나는 와중에도 전통적인 가부장적 사고만은 함께 가지고 나와 그것을 새 삶의 터전에 옮겨 심었다. 남아를 선호하는 완고한 아버지는 바로 그 토양에서 탄생한 결과였다. 그리고 남자들의 세계에서 여성을 동등하고 공정하게 대우해야 한다는 사상을 고집스럽게 주장하는 나는 그 결과의 결과였다.

여신을 모시는 모쒀족에 대해 읽는 동안 내 안의 페미니스트 정신이 깨어나 두근대기 시작했다는 건 너무 얌전한 설명인지도 모른다. 중국인들이 이 부족을 부르는 말인 '어머니의 나라'라는 단어는 오늘날의 아마조네스가 사는, 미처 상상하기도 벅찬 세계를 떠올리게 했다.

나는 어떻게 모쒀족이 생겨났는지 알고 싶어졌다. 제한된 중국어 실력으로 문화인류학자, 역사학자, 저널리스트, 사회학자 등 다양한 이들이 쓴 책과 기사를 샅샅이 읽어나갔다. 어머니의 나라에 얽힌 이야기의 도입부는 이때 읽었던 다양한 글들을 종합해서 작성되었다.

2천 년쯤 전, 혹은 어떤 책에서 말하기로는 그보다 더 전에, 원래는 나족納族이라고 알려져 있던 모쒀족이 온난한 기후를 찾아 고산지대에서 지금 그들이 살고 있는 북서쪽으로 내려왔다. 그들은 자신들의 고향보다 살기에 더 쾌적하고 더 낮은 고도에 위치한 커다란 고원지대를 발견하기 위하여 몇 년에 걸쳐서 산행을 하고, 험난한 산자락을 수도 없이 지나야 했다.

그리고 그들은 화강암 석산 아래 위치한 아름다운 호수를 보게 되었다. 그들이 살던 곳에 비해 호숫가의 기후는 더 온난했고, 샘물은 더 맑았으며, 땅은 더 비옥했고, 야생동물과 식물이 자라나는 소나무 숲은 더 풍요로웠다. 융닝 고원 주변의 둔덕과 골짜기를 떠돌던 이들은 호반에 정착하게 되었다. 모쒀인들은 호수를 자신들의 터전으로 삼고, 생명수를 주는 이 호수를 가장 강력한 여성의 힘을 떠오르게 하는 어머니의 호수, 시에나미라 불렀다. 어머니의 호수는 훗날 루구호라고 다시 이름 붙여졌는데, 그 이유는 이 호수가 '루구', 즉 말린 박으로 만든 물 담는 용기처럼 생겼기 때문이었다. 또한 모쒀인들은 호수에 이어 수호신으로 삼은 산도 여성이라 여겼다. 그리고 이 아름다운 수호신의 이름을 거무신이라 불렀다.

나족은 그들이 원래 영위하던 생활방식대로 살았다. 숲에서 나는 식물을 채집하고, 크고 작은 동물들을 수렵하고, 조그만 집에서 기본적인 작물을 길렀다. 또한 그들은 과거부터 소중히 여기던 가치도 가져왔다. 이때 말하는 과거란 정말로 오랜 과거여서, 어떤 역사학자들은 인류 역사의 여명이 걷히기 시작한 때까지로 거슬러 올라간다고 말하기도 한다. 그들이 이어온 귀중한 유산은 자연을 나타내는 수많은 신들로 가득하던 세계를 연상케 한다. 물론 신들 중 대부분은 언제나 여성의 얼굴을 하고 있었다. 현대 학자들은 여신을 두고 단순하게 번영의 신이라고 이름 붙일 수 있겠지만, 이 여신들은 당대 인류의 영적인 초석을 이루었다.

거무 여신처럼, 여성을 사회의 기반으로 삼는 정신은 나족이 어머니 호수에 가지고 온 보석 중의 보석이었다. 모쒀인들은 새로운 생명을 낳으면 어머니들이 걸었던 길을 그대로 따라서 공동체를 재구성했다. 어머니의 혈통을 이어받아 가족을 꾸린다는 뜻이었다. 모쒀인들은 산기슭에서 잘라낸 소나무로 어머니의 후손들이 모여 살 수 있는 커다란 집을 지었다. 그들은 태고의 어머니에서 이어져 내려오는 실이 끊기지 않도록 무진 애를 썼다.

어떻게 모쒀족이 이런 방식의 공동체를 이루게 된 것인지에 대한 수수께끼가 확실하게 풀릴 수는 없을 것이다. 그러나 모든 인류가 모계사회에서 시작되었다고 주장하는 학설을 빌려 감히 말하자면, 모쒀족의 역사는 까마득히 오래된 인류의 시원에서 찾아야 할 것이다.

모쒀족이 모계제를 오래도록 엄격하게 유지해왔다는 사실은 의심의 여지가 없다. 초기 토속 신앙 사회에서 우리의 선조들이 그러했던 것처럼 자연의 힘을 숭배한다는 사실도 명확하다. 대부분의 모쒜인들이 소중하게 여기는 다양한 신 중에서도 주로 거무 여신을 모신다는 사실은 구석기 시대 최고 신인 여신과 그 아래 다른 여신들을 모시던, 가장 오래된 인류의 전통을 떠오르게 한다.

고고학자들은 세계 곳곳에서 고대 여신을 모시던 다양한 사례를 밝혀냈다. 그 예로는 최초의 위대한 여신, 어머니 신이 있고, 그리스의 헤라, 이집트의 이시스, 남인도의 파르바티, 러시아의 어머니 신 베레히니아가 있다. 중국에도 수장 격인 중국 고유의 여와신이 있다. 이와 같은 여성중심적인 전통을 보면, 모쒜인들은 아마 초기 인류 사회와 채 끊어지지 않은 직접적인 연결고리를 가지고 있다고 말할 수 있을 것이다. 혹은 얼마 남지 않은 원조 모계사회의 후손이라고 말할 수도 있다.

진짜 수수께끼는 모쒜족이 어떻게 나중에 등장한 부계사회가 자신들을 온통 둘러싸는 통에도 이에 굴복하지 않고 고대의 모계제 전통을 끈질기게 고수할 수 있었냐는 점이다.

루구호를 기준으로 동쪽과 서쪽에 살고 있는 모쒜인들을 비교해보자. 호수 서쪽에는 모계제 전통이 강력하게 남아 있고, 동쪽에는 시간이 지남에 따라서 부계제가 스며들었다. 동쪽에 사는 모쒜인들은 13세기에 쿠빌라이 칸이 윈난을 중국에 복속시켜 그곳에 남은 몽골인들과 함께 살면서 부계제를 채택하게 되었다.

몽골인들은 동쪽의 모쒀 사회로 자신들이 유지하던 남성중심적인 생활방식을 가져왔다. 이들은 스스로를 몽골의 후예라고 규정했기에, 최근 들어 모쒀인으로 분류되는 대신 몽골 소수민족으로 남는 데 성공했다. 이렇게 동쪽에 사는 모쒀인들이 가부장제에 동화되는 반면, 서쪽에 사는 모쒀인들은 남성중심주의의 영향과 무관하게 남아 있었다.

모쒀족은 동쪽에 사는 자신들의 동족뿐만 아니라, 가부장제 전통에 따라 남신을 숭배하는 인근 산지족과 접촉을 이어가면서도 모계제 전통을 굳건히 지켜냈다.

심지어 모쒀족은 5천 년 전부터 중국 전역에 뿌리내린 남성지배적 문화가 행사하는 압력마저도 이겨냈다. 중국 한족의 가부장제는 강고하면서도 만연하게 자리잡고 있어서 오늘날의 중국사회에도 끊임없이 영향을 미치고 있다. 내가 나고 자란 싱가포르 내 중국인 이민자 사회 역시 같은 문화적 기반을 공유하고 있으므로, 남성이 집 안팎에서 주도권을 잡고 여성들은 가족 내에서 남편과 아들보다 낮은 지위로 밀려나는 풍경은 내게 매우 익숙하다. 금세기 들어 여성들이 분야를 막론하고 직업을 얻게 된 이래로 과거에 비해 변화하고는 있지만, 가부장제는 여전히 중국사회 어디에서나 찾아볼 수 있다.

하나님을 비롯해 아버지 신으로 가득한 이 세상에서 여신을 모시는 사람들이 있고, 그들이 가부장제가 지배하는 세계 속에서 가모장제를 따르고 있다는 사실은 너무나 매력적이고 독특해서 도무지 믿기지 않을 정도였다. 직접 보고 느낄 수 있는 여신에게로 가까이 가야 할 것만 같은 마음이 생겼다. 가부장적인 중국에서 이 부족이 도대체 어떻게 여성주의적인 관습을 유지하고 있는지 직접 보고 싶은 마음이 들었다.

다른 여행 계획을 제쳐두고 나는 중국 윈난성 서남단에 있는 루구호로 직행했다. 공교롭게도, 내가 루구호를 찾기로 한 때는 거무신 축제 기간이었다. 매년 여름마다 열리는 이 축제는 모쒀인들이 가장 중요하게 여기는 행사로, 중국어로 '산 주위를 돌다'라는 뜻을 가진 주안샨지에轉山節라 불렸다.

거무신산은 루구호 양 옆에 걸쳐 있는 해발 3600미터의 거대한 화강암 석산으로, 고산지대 속 깊은 곳에 자리하고 있었다. 오스트리아 출신의 식물학자이자 탐험가이며 작가이기도 했던 요제프 록Joseph Rock이 90년 전에 이곳을 여행했던 방식대로라면, 말을 타고 리장의 오래된 차 무역지에서부터 200킬로미터 가까이 되는 험난한 산길을 거치는 데 일주일을 꼬박 써야 했을 것이다. 하지만 나는 기사가 운전하는 안락한 차를 타고 리장을 출발해 잘 닦인 아스팔트 도로를 따라갔다.

이동하는 동안 창 밖에 보이는 풍경은 아름다웠지만 산길을 넘는 건 고된 일이기도 했다. 소나무가 빽빽한 시골 풍경은 눈이 쌓인 산봉우리와 양쯔강 상류로 금모래강이라는 뜻의 진샤장金沙江으로 이어지는 작은 계곡이 어우러져 장관을 이루었다. 가는 길은 결코 수월하지 않았다. 가파른 산비탈에 좁게 나 있는 길은 양방향이지만 일차선으로만 되어 있었고, 차가 그리 많이 다니지 않는데도 교통체증이 자주 생기곤 했다. 길 반대편 목초지로 가려는 염소와 소 무리가 신호를 무시하고 길을 건너기 때문이었다.

장장 일곱 시간의 힘든 여정 끝에 마지막 산마루를 오르며 굽이를 돌자, 엽서에 나올 것 같은 푸른 호수가 장엄하게 펼쳐졌다. 나는 그 후로 수도 없이 루구호를 찾았지만, 길 끝에서 호수를 맞닥뜨리는 순간마다 번번이 숨이 멎는다. 둥그렇게 난 산맥 위에 안락하게 자리잡은 둥근 호수에는 수백 개의 자잘한 지협이 점점이 모여 구불구불하고 아름다운 기슭을 이루었다. 깨끗한 물가에는 우리가 흔히 크리스마스 트리로 쓰는 소나무들이 끝없이 늘어서 있었다.

처음 루구호에 도착했던 날, 하늘은 청명하고 구름 한 점 없었고 호수는 그런 강렬한 하늘빛을 그대로 담고 있었다. 태어나서 본 푸른색 중 가장 푸르렀다. 호수는 구름이 비를 머금고 머리 위를 맴도는 궂은 날씨에는 청회색으로 바뀌었고, 찬 공기가 상쾌하게 감돌고 해가 밝게 비추는 겨울날에는 밝은 암록색을 띠었다.

호수 너머 지평선을 바라보면 저 멀리 호안선을 가득 채운 위풍당당한 석산이 보였다. 산의 생김새는 어딘지 모르게 독특했다. 눈을 가늘게 뜨고 산에 시선을 고정하면 사람의 모양이 보였다. 산의 윤곽이 흡사 비스듬히 기댄 여성의 옆모습 같았다. 이마에서 매부리코로, 코에서 우아한 턱 선으로 끝나는 얼굴 모양에 산꼭대기에서 흘러나오는 작은 폭포는 마치 길게 늘어뜨린 머리카락을 닮았다. 턱은 또다시 목으로, 목은 봉긋하고 풍만한 가슴으로, 배로, 그리고 하반신은 기다랗고 우아한 치마를 입고 옆으로 비스듬히 기댄 모습이었다. 전체적인 그림은 이상하게도 온화한 여성처럼 보였다.

"저기, 거무 여신이에요!" 내가 아직 입 밖에 내지 않았던 생각을 운전사가 대신 말로 내뱉었다. 여신 산을 드디어 만나게 된 것이었다. 여성의 성별을 가진 유일한 창조주가 바로 다음날 있을 거무산신 축제에서 모쒀족이 숭배하는 대상이었다.

축제날이 되었다. 밤새 여름비가 맹렬히 내리고 난 이른 아침의 공기는 습했다. 운전사가 기다리고 있는 차까지 진흙탕 길을 철벅거리며 간신히 걸어갔다. 축제 장소로 가기 위해서 차로 젖어 있는 진흙투성이 길을 지나야 했다. 산등성이에 나 있는 이 길은 자동차보다는 말을 타고 지나는 것이 더 적합한 것 같았다. 질퍽거리는 땅에 움푹 파인 구덩이들을 지나던 우리는 결국 엄청나게 커다란 구덩이에 처박히고 말았다. 자동차의 속도를 높여볼수록 구덩이 속으로 점점 더 깊이 갇혀버렸다. 온 사방에 진흙이 튀었다. 다행히도 길을 지나던 행인 두 명이 친절히 도움의 손길을 내밀었다. 그들은 바퀴가 지나가는 길에 바위와 널빤지를 대고는 우리를 구덩이 바깥으로 끄집어내서 다시 길을 갈 수 있게 해주었다.

이윽고 산비탈로 모여드는 한 무리의 사람들이 보였다. 그들은 주로 말이나 오토바이를 타고 왔다. 제 시간에 도착한 덕분에 축제가 시작되는 순간을 놓치지 않을 수 있었다.

내 앞에는 생생한 장면이 펼쳐졌다. 민속 의상을 갖춰 입은 현지인들은 임시 천막을 치고, 모닥불을 피우고, 솥에 안친 밥과 국을 지켜보는가 하면, 오래된 친구와 친척들과 함께 이야기꽃을 피우며 바쁘게 움직였다. 아이들은 공 던지기를 하며 신이 나서 괴성을 질렀다. 한가운데에는 신앙의 수호자인 티베트 불교 라마들이 모인 텐트가 놓여 있었다. 라마 가운데 두 명이 기다란 나발을 불면서 축제의 시작을 알렸다.

거무신을 모시는 이들은 거무산의 북쪽에 지어진 소박하고 흰 사당을 향해 천천히 올라갔다. 나는 그들을 따라 숭배 장소로 향했고, 일련의 여남이 각자 자신의 속도에 맞추어 여신에게 예를 표하는 장면을 보았다.

"어떻게 하는 거예요?" 나는 친절해 보이는 여성에게 다가가 물었다.

"우선 여기다 불을 붙여요." 그는 내게 솔가지와 향을 건네주며 말했다. "그리고 사당 앞에 두면 돼요. 거무신의 눈길을 끌기 위한 거예요."

그가 알려준 대로 따르자 그는 나를 향해 자신을 따라 사당 앞에 서라는 손짓을 했다.

"내가 하는 것처럼 해요." 그가 말했다.

그는 두 손바닥을 모으는 만국 공통 기도 자세를 취했다. 그리고 손바닥을 이마, 입, 가슴에 댄 뒤 무릎에 두었다. 반쯤 엎드린 자세에서, 그는 모은 손을 풀고 양 옆 바닥에 댔다. 그러고는 머리를 조아려 땅에 댔다. 이와 같은 의식을 두 번 더 반복했다. 세 번째 엎드렸다가 일어난 뒤, 그는 손바닥을 얼굴 앞으로 다시 가져와서는 눈을 감은 채 소리 없는 기도를 올렸다.

그는 내가 의식을 마칠 때까지 기다려주었고, 자신이 사당을 세 번 돌 때 따라서 해야 한다고 일러주었다. 시계방향으로 돌면서 나직하게 기도를 중얼거리는 것이었다.

마지막으로, 그는 기도할 때 쓰는 티베트식 천을 풀어 사당 옆에 심어진 나뭇가지에 묶었다. 자신의 기도가 여신에게 서둘러 닿게 하기 위함이었다.

"거무신에게 행복한 삶을 달라고, 가족들을 축복해달라고, 내년에 풍작하고 건강하게 해달라고 빌었어요." 어떤 기도를 드렸느냐고 묻는 나의 말에 그는 이렇게 대답했다.

그에게 감사를 표하고 나서, 나는 언덕 아래로 내려가 흥청거리고 노는 이들의 곁을 서성거렸다. 사람들은 놀이가 시작하기를 기다리며 모여 있었다. 모쒸 남성이 중앙 무대로 걸어 올라가 피리를 입술에 가져다 댔다. 곧이어 그는 부드러운 음조의 가락을 연주했는데, 나중에 안 사실이지만 그것은 일반적으로 원무의 시작을 알리는 신호였다. 과감한 사람들 몇 명이 앞으로 나와서는 손을 잡고 피리를 부는 남성의 음악 리듬에 맞추어 움직이기 시작했다. 춤을 추러 나온 이들은 남성 연주자의 발걸음을 따라 임시변통으로 만든 무대 위에서 둥그렇게 모였다.

곧 더 많은 주민들이 합류했다. 그들은 춤을 추는 대열 속에서 자신의 자리를 찾으려 바삐 움직였다. 남성이 앞에 서고, 여성과 아이들은 뒤에 섰다. 여성들은 눈부신 모습이었다. 전부 여러 색깔이 어우러진 웃옷을 입고, 웃옷과 색을 맞춘 화려한 머리장식을 두르고, 길고 흰 치마를 입었다. 남성들은 경쾌한 복장이었다. 카우보이 모자를 쓰고 밝은 노란색 웃옷을 입었다. 모두들 손을 잡고 피리로 네 박자 곡조를 연주하는 남성 뒤에서 둥그런 원을 만들었다. 남성들은 목이 긴 부츠를 신고서 박자에 맞추어 발을 굴렀고, 여성들은 우아하게 춤을 추었다. 아이들은 춤을 따라가려고 애썼다. 그리고 춤을 추던 이들은 커다란 목소리로 익숙한 곡조에 맞추어 다 함께 노래를 불렀다.

춤이 계속 이어지자, 구경하던 이들은 오후의 연회를 즐기러 각자의 천막으로 향했다. 나도 점심을 먹으러 나섰는데, 그러다 대가족이 모여 있는 천막으로 발을 들이는 행운을 얻게 되었다. 붐비는 천막에는 나이든 여성이 재미있는 이야기를 들려주던 참이었다. 여성의 주위에는 자식들과 손주들이 모여 있었다. 나는 미소를 짓고 그 여성에게 담배를 한 갑 주었다. 그는 내게 곁에 앉으라고 손짓했다. 주변을 둘러보면서, 나는 수줍음을 별로 타지 않는 손녀를 관찰하다가 그와의 대화에 참여하기 시작했다. 애교 있는 미소를 가진 이 소녀의 이름은 셔얼라주였다.

"이게 무슨 축제야?" 나는 라주에게 물었다.

"오늘은 주안샨지에인데요, 거무신을 위한 날을 기념하려고 온 거예요. 일 년 내내 오늘만 기다렸어요." 라주가 답했다.

가족 식사에 함께할 수 있을까 하는 기대를 가지고 자리를 잡고 앉아 있는데, 라주의 할머니가 말을 걸었다.

"거무신은 우리의 수호자야. 거무의 임무는 호숫가에 사는 모쒺인들을 보살피는 거지. 음력으로 일곱 번째 달 스무닷새마다 거무신에게 감사를 드려."

할머니의 그 다음 말인 "우리랑 같이 밥 먹을까?"는 마치 노랫소리처럼 들렸다. 점심식사를 위해 천막 바깥에서 끓고 있는 솥에는 새끼 돼지 한 마리가 국물 속에서 통째로 익어가고 있었다. 피크닉에 걸맞게, 우리는 맛있는 고기를 손가락으로 마음껏 집어먹었다. 누군가 내게 따뜻한 차와 맥주, 혹은 직접 빚은 청주인 광탄 중에서 무엇을 마시겠냐고 물었다. 나는 라주의 가족들과 함께 앉아 마실 거리를 홀짝이며 사람들을 구경하면서 오후를 보냈다.

축제는 언제나 그것을 함께 기념하는 공동체의 영혼이 열리게 한다. 모쒀족이 거무신 축제를 계속해서 이어간다는 건 내게 몇 가지 의미를 시사했다. 우선 산신을 모시는 것은 자연을 경배하는 오래된 토속신앙의 일부다. 초기 인류는 산은 물론이고 하늘, 해, 달, 개울, 암석, 동물 등의 자연물을 신격화했다. 모쒀족 역시 거무신을 기리고 숭배하는 의식을 지속적으로 해왔다는 점에서 이들과 다르지 않다. 이들은 오래된 신념을 저버리기는커녕 자신들이 문화와 종교의 기원과 연결되어 있다는 점을 중시한다.

또한 모쒀족은 남신 대신 거무신을 기리기를 선택함으로써 세상에서 여성이 차지한 위치를 인식하게 된다. 남신이 아닌 여신을 모시는 이들의 선택과 모쒀족만의 독특한 관습인 모계제 전통 사이에 연결고리가 존재하는 것이다. 이들에게 가장 중요한 신이 여성인 거무라는 건 여성성을 공동체 정신의 기본 원칙으로서 옹호한다는 점을 보여준다. 여성에서 여성으로 가족의 혈통이 이어지는 그들의 핵심 가치도 이와 일맥상통한다.

성별에 관계없이 완고한 여성주의자인 이들은 해마다 성스러운 산에 지어진 거무신의 사당을 찾는다. 그리고 그들의 우주에서 여성이 차지하는 위치를 다시금 상기한다. 모쒀인들은 미신을 잘 믿기 때문에 다가올 해에 일이 잘 풀리기를 기원하기 위해 수호신을 찾는다. 삶의 길흉이 거무신의 자비에 좌우된다고 믿기 때문이다. 거무신이 하는 일은 자신의 그늘 아래에서 살아가는 모쒀인들을 지키고 그들을 축복하는 것이다.

나는 모쒀인들을 관찰하면서, 이들이 거무신을 기리는 오래된 의식을 수행할 뿐만 아니라 이외에도 그들 고유의 오래된 문화적 관습들을 소중히 여긴다는 점을 배우게 되었다. 내가 모쒀족과 관련된 이야기 중에서 가장 좋아하는 것은 어떻게 모쒀인이 개같이 살게 되었는가 하는 이야기다. 방금 이 말은 보통 우리가 쓰는 것처럼 끔찍한 삶을 의미하는 게 아니다. 자신의 목숨을 인간의 목숨과 바꾸는 헌신을 보여준 개에게 깊은 감사를 표하는 뜻에서 생겨난 말이다. 모든 모쒀 아이들이 자신들의 세계에서 개라는 존재와 개가 차지하는 위치에 얽힌 이 사랑스러운 이야기를 듣고 자라난다. 이 이야기를 들려달라고 했을 때 모쒀 친구가 해주었던 이야기를 여기서 되풀이해보겠다.

아주 아주 먼 옛날, 신은 태양 아래 사라나는 모든 피조물들에게 각기 다른 수명을 주어야겠다고 결심했다. 이때 규칙이 하나 있었는데, 신이 외치는 숫자에 가장 먼저 대답하는 동물이 그 숫자만큼의 목숨을 얻게 되는 것이었다.

"천 년!" 새벽녘 신이 첫 번째 숫자를 외쳤다. 일찍 일어나는 야생 거위가 하늘 높이 날아가다가 꽥꽥 울며 대답했다. 거위는 천 년의 목숨을 얻게 되었다.

"백 년!" 신은 두 번째로 외쳤다. 거위 뒤를 따라 날아가던 오리가 휙 내려오면서 두 번째로 긴 수명을 가져갔다.

부름이 길어질수록 남은 수명의 길이는 짧아져갔다.

"60년!" 마지막까지 남은 몇 안 되는 수명 중 하나였다. 개가 일어나 꼬리를 흔들며 목숨을 받아갔다.

"13년!" 느즈막한 아침에 불린 마지막 수명이었다. 이제야 느릿느릿 잠에서 깬 모쒸인이 손을 들 수밖에 없었다. 인간 대표가 가장 짧은 수명에 걸린 것이다. "좀 더 주세요!" 그는 신에게 간청했다.

"다른 생명체에게 목숨을 바꿔달라고 말해보렴." 신이 응답했다.

그래서 그는 거위부터 시작해서 차례대로 목숨을 바꿔줄 수 있는지 물어보았다. 모두 꿈쩍도 하지 않았다. 마지막으로 그는 친근한 개에게 다가갔다.

"13년을 줄게 60년이랑 바꾸자. 어때?" 모쒸 여인이 인간 대표로서 개에게 부탁했다. 개가 머리를 기울이고는 잠시 생각했다. 착한 마음씨가 고개를 들었다.

"좋아, 행복하게 산다면 13년으로 충분해. 대신 하루에 세 번 밥을 주고 나를 때려서는 안 돼. 그러기로 약속하면 목숨을 바꿔줄게."

그렇게 거래가 성사되었다. 그날부터 인간들은 60년이라는 원숙한 나이까지 살았고, 개들은 짧지만 알찬 13년이라는 기간을 살게 되었다.

이때 이루어진 협상에 경의를 표하기 위해서 모쒀인들은 그들에게 목숨을 기부해준 개들을 존중하고 오늘날까지 당시 맺은 약속을 잊지 않고 개들을 자신의 은인으로 대접하고 있다. 모쒀인들은 개들에게 특히 친절한데, 반려동물이 제멋대로 굴도록 한다는 뜻이라기보다는 다른 가축에 비해 훨씬 더 특별하게 대한다는 말에 가깝다. 모든 아이들은 개에게 친절하고 부드럽게 굴도록 교육받는다. 또한 나는 여태껏 모쒀인 중에서 고의로 개를 괴롭히거나 버리는 사람을 본 적이 없다. 이들이 기르는 개들은 가족들이 식사를 하는 시간에 맞추어 함께 밥을 먹는다. 중국 식당에서 별미로 취급되는 개고기에 대해 이야기하기만 해도 턱을 치켜들고 고개를 가로젓는 모쒀인들을 본 적도 있다.

오랫동안 전해 내려오는 모쒀인과 개 이야기는 아이가 열세 살이 되는 해에 아이에게 들려주게 되어 있다. 이 이야기를 들려주는 것은 모쒀인에게 성년식을 치르는 행위다. 현대 중국문화에서는 아이가 사춘기가 될 때를 따로 기념하지 않기 때문에 아이가 성인기로 접어든다는 뜻을 가진 이 의식은 모쒀족 고유의 문화라 할 수 있다.

모쒀인에게 사랑받는 이 이야기가 특별한 이유는 이것이 성인 식과 연결된다는 점 때문이다. 이들이 성인기에 접어드는 시점으로 고른 열세 번째 해는 결국에는 개와 맞바꾸었으나 처음에 인간이 부여받은 원래의 수명과 일치한다. 성인식을 통해서 이제막 성인이 된 구성원이 기르던 개에게 특식을 주는 것으로 식을 끝맺는 것도 인간이 평생에 걸쳐 개에게 빚을 지게 되었다는 사실을 기억하기 위함이다.

가족 단위로 진행되는 성인식은 구정 초하루에 열린다. 아이의 열세 번째 생일에 열릴 것이라고 생각한 사람들도 있겠지만 그렇지 않다. 모쒀인들은 나이를 셀 때 생일을 기준으로 삼지 않는다. 모쒀인의 나이는 구정을 지날 때마다 한 살씩 올라간다. 태음력을 받아들이기 전에는 봄이 올 때마다 나이를 한 살씩 더했다. 새해가 봄과 함께 왔던 것이다.

열세 살을 앞둔 아이가 있는 가정은 이 성대한 행사를 열기 위해 미리부터 준비한다. 집안은 대청소를 하고, 아이를 위해 새 옷을 사고, 푸짐한 잔치 음식도 준비해 온 마을 사람들을 초대한다. 내가 처음 초대받은 성인식은 호숫가 부근의 리커^{里格}라는 작은 마을에 산장을 가지고 있는 가족의 집이었다. 나중에 친한 친구가 된 이들 가족의 성인식에 참석하기 위해 나는 아주 이른 새벽녘에 도착해야 했다. 난롯가 근처에 모여 있는 친지와 호기심 가득한 관광객들로 북새통을 이루는 와중에, 나는 곁에 있는 모쒜인에게 이 기념식의 의미를 물었다.

"우리 모쒜인들에게 열세 살이 되는 해는 인생에서 가장 중요한 시기예요. '어른이 되는 날'이라고 부르지요." 모쒜인이 답해주었다.

이날 영광의 주인공은 산장 부부의 딸인 샤오우진으로, 샤오우진은 '5근*짜리 작은 아이'라는 뜻이다. 태어날 때의 몸무게를 따서 지은 이름이었다. 우진이 가족 방으로 모습을 드러내자 모든 이들의 눈길이 그리로 쏠렸다. 우진이 태어나 가장 오랫동안 기다려온 날이었다. 태어난 이래로 맞는 열세 번째 봄이자 어린 우진의 인생에서 가장 큰 의미를 지니는, 성년이 되는 날이었다. 이날부터 우진은 어른으로서, 온전한 한 사람분의 인간이 되어 성인에게 주어지는 모든 권리를 얻게 될 것이었다.

우진은 이제 성인 모쒜인만 입는 성인복을 입을 수 있었다. 이 예복은 이전까지는 우진에게 허락되지 않던 옷이었다. 그러니 의관을 갖춘다는 것은 주요한 상징적 의미였다.

트레이닝복을 입은 우진은 여느 십대처럼 보였다. 그는 약간 긴장한 채 방 왼쪽에 자리한 '여자' 기둥 쪽으로 걸어갔다. (기둥

---

*중국의 1근(斤)=약 500g=1파운드.

의 성별에 대해서는 (60쪽에 나와 있다.)

누군가 그를 데리고 가서 한 발은 큰 쌀자루 위에, 다른 발은 모쒀족에게 부를 의미하는 말린 돼지고기 위에 서게 했다. 쌀은 성인이 되어 살아가는 동안 식탁이 풍요롭기를 축복하는 뜻이고, 돼지는 번영을 상징한다.

우진의 '치마 입기' 의식은 가장 나이 많은 이모가 주관했다. 우진의 이모는 길고 흰 주름치마를 들고 다가가 아직 평평한 아이의 가슴께에 동여매주었다. 그리고 밝은 빨간색 겉옷을 입는 것을 도와주고, 허리에 밝은 분홍빛 띠를 둘러주었다. 마지막으로 이모는 우진에게 장식이 많고 땋은 형태의 전통 머리장식을 씌웠다. 운동복 차림이었던 말괄량이가 어느새 옷을 전부 갖추어 입은 젊은 여인이 되었다.

의식 내내 이모는 모쒀족의 언어로 노래를 불렀다.

"너는 오늘 비로소 인간이 되었구나. 오래도록 무탈하게 살아가기를 바란다. 성인으로서의 너의 삶을 시작해라. 이제 너는 스스로를 적절하게 다루는 법을 알게 되었으니까."

다소 어리둥절한 얼굴로 샤오우진은 고개를 끄덕였다. 이 의식이 얼마나 엄숙한지 이해한 듯한 눈빛이었다.

성인기에 접어든 자신을 위해 증인이 되어준 온 식구들과 마을 사람들을 향해, 우진은 세 번 절을 올렸다. 처음에는 이모에게, 그 다음에는 엄마에게, 그렇게 모든 어른들에게 절을 했다.

이 성인식은 모락모락 김이 나는 야크 버터 차를 나누어 마시는 것으로 막을 내렸다. 그러는 동안 우진은 슬며시 자리를 떠나 개에게 특식을 주러 갔다.

곧 우리는 마당에 모여 성대한 만찬을 시작했다. 마을의 모든 구성원이 이 잔치에 초대되었으며, 풍습에 따라서 적어도 집집마다 한 명씩은 이 자리에 참석해야 했다. 성인식을 맞아 공동체에 새로운 어른이 탄생했다는 사실의 목격자가 돼주어야 하기 때문이다.

비로소 나는 모쒀인에게 성인식이 어른에게만 허락된 옷을 입는 날 이상의 의미를 지닌다는 사실을 이해했다. 의식을 치르기 전, 모쒀족 어린이는 아직 완전히 인간이 되지 않았다고 여겨진다. 그보다는 공동체 내에서 '곧 인간이 될' 존재로 간주된다. 모쒀족 사회에서는 아이가 성인식을 치르기 전에 죽으면, 장례식을 온전히 다 지내지 않는다. 아이는 열세 번째 봄을 맞아 진정한 인간이 되어야 비로소 모계 혈족의 일원으로, 더 큰 범위에서는 자신이 몸담은 공동체의 일부로 오래도록 삶을 영위할 것을 기대하게 된다.

2년쯤 뒤, 나는 또 다른 성인식에서 보다 큰 배역을 맡을 기회를 얻었다. 라주의 남동생인 농부가 열세 살이 되는 것을 축하하는 자리였다. 그들 집에 도착하자 남아의 모부님이 내게 특별한 부탁을 했다.

"우리 아들을 위해 '바지 입기' 의식을 맡아줄 수 있어?"

"음… 여자아이들이 하는 '치마 입기' 의식과 비슷한 거야? 어떻게 하는지 잘 모르는데. 왜 직접 하지 않고?"

"우리도 잘 몰라!"

나는 결국 항복했다. 직관적으로 이 부탁이 굉장히 영광스러운 일이라는 걸 깨달았기에 거절할 재간이 없었다. 오로지 샤오우진의 성인식에 참석했던 기억에 의지해서 뭘 해야 하는지 아는 것처럼 굴었다.

"방 안에 남자 기둥이 있어?" 내가 물었다.

"여기, 오른쪽에. 쌀과 말린 통돼지를 둔 쪽에 있어." 농부의 어머니가 답했다.

나는 점퍼에 청바지를 입고 있는 남자아이를 남자 기둥에 데려가서 각각의 상징을 지닌 두 개의 임시 발 받침대에 자리를 잡게했다. 그의 엄마가 내게 통이 넓은 바지를 한 벌 주었다. 아이에게 바지 속으로 다리를 넣으라고 할 때까지 바지를 들고 있었다. 아이는 처음으로 성인이 입을 수 있는 바지를 입었다.

남자아이의 어머니가 내게 재빨리 티베트식 긴 겉옷을 주었다. 아직 다 자라지 않은 열세 살 아이에게는 여전히 너무 컸다. 아이의 팔을 긴 소매 속으로 넣으려 했지만 품이 큰 옷을 작은 몸통에 입히는 것은 역시 골칫거리였다. 농부의 이모가 재빨리 도와주었다. 성인 복장을 완전하게 차려입은 농부는 마지막 순서를 기다렸다. 털로 덮인 사냥꾼 모자를 자그마한 머리에 씌워주었다.

이제 의식에 의미를 부여하는 특별한 덕담을 할 차례였다. 나는 해줄 말을 즉흥적으로 지어냈다.

"농부, 이제 너는 남자가 된 거야. 늘 옳은 일을 하고, 가족들을 언제나 잘 보살펴야 해." 이 말이 충분했기를 바라면서 부드러이 말을 건넸다.

이 앳된 남성에게, 어른이 된다는 것은 그가 모쒀 남성의 역할을 점진적으로 수행하게 되리라는 의미였다. 무엇보다도 농부는 자신의 힘을 가족 농장을 유지하는 데 필요한 육체 노동에 쓰게 될 것이다. 또한 그는 평생토록 어머니 쪽의 친척과 살아갈 것이다. 농부는 어떤 여성과도 관계를 맺을 수 있겠지만 모쒀 말로 연인을 뜻하는 '아샤오'와는 결혼하지도 않을 것이고 연인을 집으로 데려올 일도 없을 것이다. 이들에게 가정이란 오로지 모계 혈족으로만 구성되기 때문이다. 또한 농부에게는 자기의 연인이 낳은 자식에 대한 어떤 책임도 권리도 없다. 아이는 아샤오 쪽의 가족에 속하며 농부의 가족이 되지는 않을 것이기 때문이다. 농부에게는 남편으로서의 의무도 아빠로서의 할 일도 없다.

우진과 같이 여성이 성인식을 맞을 때는 추가적인 혜택이 주어진다. 모계 친족이 함께 살아가는 집에서 자기만의 방을 갖게 되는 것이다. 그리고 집 안에서 자유롭게 살아가고 사랑할 자유를 얻는다. 그는 자신의 집에서 자매형제, 이종사촌, 엄마, 이모와 삼촌, 할머니와 함께 평생을 살게 된다. '주혼走婚, Walking Marriages'이라 불리는 모쒀식의 애정관계를 맺을 자유도 주어진다. 주혼은 남성 아샤오가 여성과 밤을 보낸 뒤 아침이 되면 자신의 집으로 돌아가는 것을 말하는데, 이는 연인과 결혼을 하거나 남성의 집에 들어가 살거나 그와 함께 독자적인 가족을 꾸려 살지 않는 방식의 관계다. 나이를 먹고 아이를 낳게 되면 이 아이들은 어머니쪽 가족의 구성원으로 포함된다. 모쒀인이 낳은 아이는 오로지 모계 혈족의 일원으로만 귀속된다.

모쒀인들이 이루는 이런 방식의 관계는 이곳이 아닌 중국 내 어디에서도 찾아볼 수 없다. 역사적으로도 그랬고 오늘날도 그러하다. 아마 중국이 아닌 전 세계를 놓고 보아도 이 같은 형태의 생활방식은 없을 것이다. 가모장제의 반대항인 남성중심 사회 내에서는 이런 규칙 중에서 어떤 것이든 애초에 존재할 수 없을 것이다.

과거의 토속신앙과 현재의 티베트 불교가 마구 얽혀서 만들어낸 모쒀족만의 설화와 전설의 미로를 빠져나올 수 있는 튼튼한 실이 있다면 그것은 바로 여성숭배다. 달은 모쒀족도 마찬가지지만 다른 여러 문화권에서도 여성으로 불린다. 달은 곧 자연이 가진 여성적인 힘을 의미한다. 그러나 해의 경우는 다른 문화권에서 대체로 남성으로 불린다. 그러나 모쒀족에게는 해도 의심의 여지없이 여성이다. 또한 가모장제 부족인 모쒀족에게 산은 여성도 될 수 있고 남성도 될 수 있는 존재다. 그러나 물론 이들이 가장 좋아하는 산신은 거무로, 여성의 성별을 가진 산이다. 거무는 내 안의 페미니스트 정신이 나를 이리로 불렀던 첫 번째 이유이기도 했다. 거무산신 축제를 떠나면서 당시의 내게는 어떤 생각이 섬광처럼 스쳐 지나갔다. 중국 땅속 깊이 숨겨진 바로 이 산에서 가장 흥미로운 여성의 이야기가 펼쳐지고 있다는 생각이었다.

2

모쒀식 집을 짓다

루구호에서의 첫 번째 모험은 바로 기념품 가게 탐험이었다. 집에 보낼 엽서에 내가 어떻게 돌아다니고 있는지 적는 것만으로도 충분히 즐거운 시간을 보냈다. 예상치 못하게 기쁨을 안겨준 운명의 장난으로, 두 번째 방문은 내가 거무신산의 그늘 안에다 통나무집을 짓도록 이끌었다. 다섯 번째로 방문했을 때, 나는 소나무가 가득한 언덕에 위치한 새 집으로 이사하게 되었다. 어떻게 어머니의 나라의 일원이 되었는지에 대한 이 이야기는 결코 평범하다고 할 수 없다.

첫 번째로 루구호를 찾았을 때는 호수 곁에 있는 민박집에서, 물가가 내려다보이는 소박한 방에 묵었다. 그곳에서 나는 중국 도심의 어마어마한 인파로부터 100만 마일이나 떨어져 있는, 이 매력적인 산에서 들려오는 소리와 광경을 만끽했다.

알프스같이 아름다운 풍경을 바라보는 호사를 누리며 케이블카를 타고 거무산 꼭대기까지 갔다. 그리고 중국식 바비큐로 식사를 하고, 전통 청주를 마셨다. 밤에 모닥불 옆에서 펼쳐지는 공연을 본 뒤에 관광객들과 피상적인 대화를 나누었다. 중국 여행의 일부였던 이 여정은 대체로 흥미로웠다.

다음 해 구정에 다시 이곳을 찾은 건 거무 축제에서 처음 만난 대녀, 라주를 보러 가겠다는 약속을 지키기 위해서였다. 루구호로 가는 관광버스에서 만난 모쒀인에게 나는 라주의 이름을 말했다.

"라주는 내 조카예요!" 어깨까지 내려오는 머리에 키 크고 잘생긴 남성이 소리쳤다.

"라주의 엄마, 구미가 내 동생이에요." 자시라는 이름의 이 남성이 덧붙였다. "라주를 보러 가는 거라면 호수 쪽 리커 반도에서 내가 운영하는 민박집에 묵지 않을래요?"

그렇게 나는 자시의 민박집에서 묵게 되었다. 지상낙원에 지어진 아늑한 곳이었다.

"괜찮다면 산 너머 구미네 집까지 태워줄게요." 다음날 자시가 말했다.

자시와의 만남은 훗날 어머니의 나라에서 얻은 나의 또 다른 가족인, 여덟 형제를 비롯한 구미의 대가족을 만나게 되는 계기가 되었다.

자시는 말했던 대로 구미의 집으로 데려다주었다. 구미와 대녀, 대자, 구미와 자시의 어머니인 70대 가모장이 있는 가족이 나를 반겼다. 가족들과 행복한 하루를 보냈다. 우리는 난롯가에서 작은 의자에 앉아 함께 점심식사를 했다. 이날의 식사를 위해 가엾은 닭이 희생되었다.

당시 자시는 민박집에서 밤마다 오락시간을 가졌다. 식당 가운데 있는 화롯가에서 이야기 보따리를 풀어 중국인 관광객들의 마음을 홀리는 것이었는데, 그가 내어놓는 모쒀족에 얽힌 일화와 이야기는 끝날 줄을 몰랐다. 나도 그가 들려주는, 여자들이 연인을 자유롭게 고르고 남자들이 남편과 아버지로서의 의무로부터 자유로울 수 있는 결혼 없는 사회에 얽힌 이야기에 마음을 빼앗긴 사람 중 하나였다. 그때까지는 자시가 루구호 일대를 비롯한 어머니의 나라의 관광사업을 선도하는 독보적인 인물이라는 것을 모르고 있었다. 자시는 중국 네티즌 사이에서 너무나 유명한 인물이어서 루구호를 찾은 수많은 여행객들이 그와 함께 사진을 찍으려고 매일같이 줄을 서곤 했다.

누구도 따라할 수 없는 이 개성 강한 인물에 대해 덜 알려진 사실 하나는 그가 건축과 건물을 사랑한다는 점이었다. 자시는 리커에서 첫 번째 민박집을 지었을 뿐 아니라, 거무산 바로 뒤에 있는 말 농장도 지었다. 심지어는 윈난성의 주요 도시인 쿤밍 외곽에 있는 거대한 찻집 건축을 지휘하기도 했다. 우리가 만났을 당시 자시는 새로운 프로젝트에 착수하고 싶어서 안달이 난 상태였다.

"여기다 집을 지을 생각 없어?" 1월의 어느 추운 날 아침, 많은 여행객들과 함께 말 농장에 모여 앉아 차를 마시던 중에 자시가 내게 갑자기 물었다. 대녀와 대자를 만난 다음날이었다.

"뭐? 말 농장에다가?" 나는 이 황당한 제안에 놀라 되물었다.

"맞아, 여기다가. 달 호수가 내려다보이는 이 아름다운 곳에 말이야. 조그만 모쒀식 집을 지을 수 있어. 돈도 그리 많이 들지 않을 거야." 자시가 말했다.

"많지 않은 게 얼마인데?" 그가 내민 미끼를 물어서라기보다는 순전한 호기심에 반문했다.

자시가 답한 금액은 땅이 귀한 싱가포르의 집값에 익숙해져 있던 내게는 확실히 놀라우리만치 적은 금액이었다. 싱가포르에서 차 한 대를 사는 값보다 훨씬 적은 비용이라니!

"음, 생각해볼게." 내가 말했다. 즉각적으로 머릿속에서 생각의 씨앗이 하나 심어졌다는 걸 느꼈지만 여지를 남겨두었다.

그러고는 인구밀도가 높은 나의 고향, 싱가포르로 돌아와 이 믿기지 않는 제안에 대해 곰곰이 생각했다. 저녁 나절 산책을 나와 사람이 빽빽한 길을 걸으며 배기가스를 들이쉬고 있자니, 호수를 둘러싼 소나무 숲속 통나무집을 배경으로 청량한 산속 공기를 들이마시며 걷는 상상이 점점 더 솔깃하게 느껴졌다. 자시의 제안에 흥미를 느끼게 되는 데는 오랜 시간이 걸리지 않았다.

열정에 가득 찬 나는 두 달 뒤 리커로 돌아가 건축가 자시에게 아주 짧은 메시지를 보냈다.

"전에 네가 말했던 소박하고 싼 집을 짓자."

그가 활짝 웃었다.

"그런데 몇 가지 요구사항이 있어." 내가 덧붙였다. "전통적인 모쒀식 집처럼 보여야 하고, 또 그렇게 느껴져야 해. 왜냐면 모쒀식 집을 정말 좋아하거든. 위생시설은 현대식이어야 해. 가장 중요한 건 모든 모쒀식 집에 있는 것처럼 난롯가 곁에 가모장 방 같은 거실이 있어야 한다는 거야."

그게 끝이었다. 자시의 말 농장에 집을 짓기 위한 요구조건을 설명하는 데는 2분이면 충분했다. 자시는 고개를 계속해서 끄덕였지만 다른 질문을 하지는 않았다. 거래가 성사된 것처럼 보였다.

이 운명적인 대화가 오간 지 얼마 되지 않아 나는 곧 무엇인가 시작될 것이라 믿으면서 루구호를 떠났다. 솔직히 말해서 뭘 기대해야 하는지도 잘 몰랐다. 자시가 정말 집을 짓는 걸까? 언제 시작하나? 건설현장을 들락거리면서 감독을 해야 하는 건가? 마음속에서 쉴 새 없이 질문이 떠올랐다. 하지만 당시 나는 너무 바빴기 때문에 결국 단순하게도 일이 흘러가는 대로 맡기기로 결정했다. 에라 모르겠다, 달관한 채로…. 만일 이 모든 게 수포로 돌아간다면, 그저 소박하게 도박을 했다가 실패했다고 생각하면 그만이었다.

다음 몇 달 동안, 나는 자시에게 가끔 전화를 걸어 일이 잘 진

척되는지 물었다. 돌아온 것은 대체로 모호하고 어정쩡한 답변이었다.

"응, 시작했어." 그는 한 번 대답했다. 추가적으로 덧붙이는 말은 없었다.

다음번에는 이렇게 말했다. "되고 있어."

"루구호에서 가장 우아한 별장이 될 거야." 자시는 그 다음 번 통화에서 자랑스레 말했지만 더 이상의 말을 추가하지는 않았다.

나 역시 더 요구하지 않았다. 어쨌든 전화통화밖에 할 수 없는 상태라는 걸 받아들였다. 맹신하는 수밖에 없었다.

시간이 지나자 호기심이 점점 커졌다. 네 달이 지나자 현장방문을 해볼 때가 왔다는 생각이 들었다. 아침 일찍, 거무신 사당으로 가는 길에 있는 말 농장으로 향했다. 푸르른 루구호와 리커를 뒤로 하고, 나는 바위로 된 언덕을 올랐다. 거무산 뒤쪽까지 구불구불 이어진 길을 통해 고지대를 가로질러 갔다.

달 호수라고 이름 붙인 작은 물가를 둘러 가자, 말 농장 끄트머리에 소란스럽게 모여 있는 이들이 보였다. 심장이 뛰었다. 무엇을 기대해야 할지도 몰랐다. 가까이 다가가자, 수많은 사람들이 모여 있는 무리에서 자시가 나를 맞으러 나왔다. 대략 서른 명가량의 모쒀 여남이 있었다. 이들은 자시의 친구이거나 친척이었는

데, 전부 집을 짓는 데 도움을 주러 온 것이었다.

모쒀식 집을 짓는 것은 중대한 행사이자 커다란 노력이 들어가는 일이었다. 자시가 그랬듯 가능한 많은 인원을 동원해야 가능한 작업이었다. 자시가 불러모은 이 가지각색의 사람들은 하나같이 몸을 풀면서 몸소 공동체 정신을 보여주고 있었다.

그들은 바닥에 놓여 있는 몇몇 커다란 구조물을 옆에 두고 서 있었다. 커다란 통나무가 조립되어 있었고, 대들보로 연결된 목재는 벽의 골조를 형성하는 역할을 할 것이었다. 곧 내 집이 될 이 건축물의 골조는 다섯 개였다. 벽 다섯 면이 그날 세워질 예정이었다. 이층짜리 구조라는 걸 알아볼 수 있었다. 이층집이 되겠구나, 하고 생각했다. 이 자재들을 바로 세우고 대들보를 수직으로 덧대면 다섯 개의 판은 집의 안팎에서 뼈대 역할을 하게 될 것이었다. 나중에는 이 뼈대에다 벽돌을 쌓아서 벽을 완성할 예정이었다.

남자들은 레고 블록의 현실 버전이라 할 만한 집을 만들기 위해 자재를 쌓아올리는 데 동원되었다. 남자들 중에서 몇 명이 밧줄을 가지고 다섯 개의 골조 중 첫 번째에 해당하는 틀의 가장 위에 있는 대들보들을 묶었다. 그러고는 이것을 집의 기초가 될 돌로 만든 단 옆으로 가지고 갔고, 주춧돌에 대들보를 놓았다. 이어서 밧줄 끝을 붙들고는 단에서 몇 미터 떨어진 데 서서 당길 준비를 했다. 다른 몇 명은 반대편으로 가서 밀 준비를 했다. 이 중 몇 명은 나무 장대를 손에 쥐었다.

"준비됐어?" 자시의 목소리가 울렸다.

모두 협동 작업을 앞두고 채비를 했다.

"딜, 네, 수오!"

모쒜 말로 '하나, 둘, 셋'에 해당하는 이 말을 하면서 당기는 쪽에 있는 사람들은 '수오'에 맞추어 밧줄을 당겼다. 골조가 조금 올라갔다. 이들은 다시 한 번 "딜, 네, 수오"를 외치고는 자재를 조금 더 올렸다. 이때 반대편에서 밀 수 있을 만한 공간이 생겼다. 미는 쪽에 있던 사람들은 기둥 뒤에서 누군가는 손으로, 누군가는 장대로 자재를 밀어올렸다.

또다시 '하나, 둘, 셋'을 외치면서 밀고 당기는 사람들이 각자 자기가 맡은 역할을 해내며 자재를 조금 더 높이 들어올렸다. 골조가 똑바로 설 때까지 사람들은 계속해서 이렇게 밀고 당기기를 반복했다. 아직 끝이 아니었다. 당기는 일을 맡은 사람들은 밧줄을 팽팽하게 유지했고, 미는 사람들은 서 있는 구조물을 계속 지탱했다. 그 사이 두 남자가 빠르게 달려가서 지탱해줄 만한 통나무 두 개를 가져왔다. 이제야 손을 놓을 수 있었다. 이렇게 한 쪽이 세워졌다. 네 쪽이 더 남았다.

이들은 도구를 최소한으로 활용했다. 아까 썼던 밧줄을 다시 풀어서 다음 골조에다 묶었다. 모든 게 아까와 똑같이 진행됐다. 두 번째 벽이 세워질 때까지 밀고 당기면서 구호를 넣는 일이 반복되었다.

　벽 두 개를 세우고 나서 할 일은 그것을 레고 블록을 쌓듯 연결하는 것이었다. 골조에 포함된 대들보의 한쪽에는 현명하게도 드문드문 홈이 만들어져 있었다. 다른 대들보를 끼워넣기 위함이었다. 그렇게 두 벽이 고정되었다. 이 작업은 협동심, 건장함, 날렵함의 조화가 이루어낸 결과였다.

　각 팀을 이끄는 위치에 선 이들이 우렁찬 목소리로 다음 단계를 알렸다. "연결부 자재로!"

　건장한 네 명의 남성들은 발판이나 안전띠를 이용하는 대신 손과 발만을 사용해서 신속히 안쪽의 두꺼운 기둥들을 첫 번째와 두 번째 대들보들에 세워 자리를 잡았다. 누군가가 각 연결부 자재마다 미리 붙여둔 번호를 소리쳐 불렀다. 다른 한 사람이 해당 번호에 맞는 자재를 붙잡고는 위쪽에서 기다리고 있는 사람들을 위해 들어올려 주었다. 첫 번째 대들보 위의 곡예사가 내밀어진 목재의 끝부분을 붙들고 다른 쪽을 올려 반대편 대들보 위에 앉아 있던 상대에게 넘겨주었다. 그렇게 해서 둘 다 연결용 목재를 들게 되었다. 각자 말단부를 원래의 대들보에 나 있던 양쪽 홈 부분에 꽂았다. 그런 다음 두 남성은 연결용 목재의 끝부분을 대들보에 박아넣는 도구가 전달되기를 잠시 기다렸다.

　밧줄을 재사용했던 것과 마찬가지로, 한쪽에서 쓰였던 도구를 다시 넘겨주었다. 이윽고 커다란 망치가 넘겨졌다. 이 망치는 뭉

툭한 부분으로는 망치가 되고 다른 쪽으로는 도끼로도 쓸 수 있었다. 신중하게 균형을 잡고 망치질을 하는 건장한 남성들은 무거운 도구를 한 손에 들고 한 번, 두 번, 필요하면 또다시 한 번 더 휘두르며 홈에다 목재를 박았다. 좁은 단 위에서 둘이 짝을 지어 두 번째 연결부를 끼워넣는 아슬아슬하고도 민첩한 작업이 끝났다. 첫 번째 대들보 위에서 해야 할 일은 끝났고, 두 번째 대들보를 담당한 한 쌍 역시 똑같은 절차를 거쳐 작업했다. 이들도 같은 도구를 사용했다. 연결부를 홈에 박고 나니 벽을 이루는 골조 두 개가 서로 단단하게 연결되었다.

가장 커다란 세 번째 벽을 들어올릴 때가 되었다. 남성들은 계속해서 밀고 당겼지만 무거운 골조는 꿈쩍도 하지 않았다. 비상사태였다. 신속한 대응이 필요했다.

"여자들 어디 있어?" 자시가 소리쳤다. "빨리 와, 도움이 필요해. 요리는 내버려두고 얼른 이쪽으로 와!"

구미를 비롯해 아궁이를 지키던 여섯 여자들이 달려와 당기는 쪽으로 섰다.

"딜, 네, 수오!" 목소리가 커졌다. 구호가 계속 반복됐다. 모두가 함께 구호를 외쳤다. 우렁찬 함성이 사기를 북돋았다. 무거운 골조가 아주 천천히 움직였다. 모두 골조가 완전히 세워져 끌어올려질 때까지 계속했다. 결국 돌로 만든 단 위까지 끌어올리는 데 성공했다. 골조가 똑바로 서자 모두 환호했다.

이 세 번째 골조에는 모쒸식 집이라면 어디나 있는 가모장 방의 두 개의 기둥 역할을 하는 커다란 통나무 한 쌍이 들어 있었다. (가모장 방의 기능은 99쪽에 묘사되어 있다.) 한 몸통에서 나온 통나무 두 토막은 각각 여자 기둥과 남자 기둥의 역할을 했다. 방의 오른쪽에 있는 더 크고 낮은 기둥이 여자 기둥이고, 왼쪽에 있는 더 작고 높은 기둥이 남자 기둥이었다. 모쒸식 성별 구도에 대한 상징은 집을 지을 때에도 찾아볼 수 있었다.

그날 공사에 동원된 일일 대원들이 오전 내내 고되게 일한 결과, 집의 전체적인 골조가 완성되었다. 못 하나 쓰지 않았는데도 자재들이 서로 짜맞추어졌다. 레고 세트가 드디어 완성되었다. 믿을 수 없는 광경이 나를 기다리고 있었다. 마치 재에서 불사조가 피어오르듯 이층집의 뼈대가 모습을 드러낸 것이다.

"새 집에 복을 빌어줄 시간이에요!" 자시가 연장자의 신호를 기다리며 외쳤다.

연장자는 바구니를 들고 있었다. 바구니에는 모쒸족의 식생활에 필수적인 오곡인 산보리, 밀, 메밀, 쌀, 옥수수가 들어 있었다. 여기에 설탕과 동전도 함께 들어 있었다. 그는 이 바구니를 들고 집 한가운데로 들어갔다. 그는 시선을 동쪽으로 돌려 동쪽을 관장하는 신의 이름을 읊조렸다. 그러고는 크게 말했다.

"새 집을 축복하여주소서. 이곳에 기거하는 모든 이들이 평화와 행운을 누리게 해주시옵소서."

그는 바구니 안에 든 귀중한 곡식들을 하늘로 뿌리며 노래를 불렀다. 이번에는 서쪽을 관할하는 신을 향해 똑같은 의식을 반복했다. 남쪽, 북쪽의 신에게도 마찬가지였다.

공사를 도와준 모든 이들의 접대를 빼놓을 수 없었다. 자시는 가마솥에 준비된 통돼지탕을 고된 일을 함께해준 모두와 나누며 감사를 표했다.

그날 이후로 공사에 필요한 모든 것이 신속하게 진행되었다. 세 달 뒤 진척상황을 확인하러 갔을 때, 집은 모양새를 갖추고 있었다. 가장 인상 깊은 장소는 물론 가모장의 방이었다. 내가 지은 집의 면적이 좁았기 때문에 가모장의 방을 이층에 두었다. 전통대로라면 이 방은 가장 중요한 방인 만큼 언제나 지상층에 있었으므로 내 집은 일반적인 경우와 조금 달랐다. 이들의 말을 따르자면 가모장의 방은 모쒀인들의 집에서 심장과도 같았다. 그리고 내 집은 중앙에 돌로 된 벽난로를 둘 수 있도록 설계되었다. 방은 널찍했고, 방 안의 여자 기둥 옆에는 전형적인 가모장의 침대와 똑같은 형태의 붙박이 플랫폼 침대가 설치되었다. 반대 쪽 모퉁이에는 장식이 화려한 사당이 있었다. 티베트 불교식으로 지어진 이 사당은 신을 모시는 역할을 했다. 모쒀족 가모장의 방을 완벽히 빼다박은 방을 갖게 되어 매우 기뻤다.

내 침실은 아주 화려한 '꽃방'이었다. 꽃방이란 성년이 된 모쒀 여성이 가지게 되는 자기만의 방을 일컫는 말이다. 일반적으로 이 방은 침대 하나, 손님과 함께 차를 마실 수 있는 작은 협탁 하나로 이루어져 있어 단출하고 크기도 더 작은 데 비해 내 방은 호텔의 스위트룸만 한 크기였다. 침대는 벽에 붙박이로 만들어져 있었고 마치 황후의 침실을 그대로 가져온 듯 으리으리한 모습이었다. 침대 틀은 정교하게 조각된 목재였다. 또한 소파 세트가 전부 들어갈 수 있을 만큼 넓었다. 일반적인 모쒜인들의 소박한 방에 비하면 나의 안방은 너무 화려하다는 생각이 들었지만 불평하지는 않았다.

자시는 집을 지으면서 창문, 문틀, 심지어 처마에다 손수 목공예로 장식을 새겼다. 마무리 작업을 위해서 온 집안의 안팎에 자리한 공예 장식을 빨강, 파랑, 초록, 노랑, 분홍, 보라를 비롯한 온갖 화사한 색으로 샅샅이 칠했다. 물론 가모장의 방 천장도 예외가 아니었다. 천장을 올려다보니 마치 산, 호수, 꽃, 장수의 상징과 하늘을 나는 용으로 가득한 화폭을 보는 듯했다. 일일이 손으로 그린 이 그림은 시스티나 성당의 벽화가 울고 갈 만했다.

심지어 이게 끝이 아니었다. 집 밖으로 보이는 전망은 완벽했다. 달 호수가 시야에 들어오고, 성스러운 거무산이 시원하게 내려다보였다. 방마다 미닫이창이 길게 나 있어서 어디서든 찬란한 전원 풍경을 조망할 수 있었다.

그렇다고 이 집에 모쒜식 집의 핵심적인 특징을 전부 다 옮겨온 건 아니었다. 모든 모쒜인들의 집에는 일부러 바닥보다 높이 올려 지은 티베트 불교식 사당이 있어 기도할 수 있는 방이 따로 있었다. 이 방은 가족 중에서 라마가 되기로 결정한 남성을 위한 방이었다. 그는 그 안에서 노래하고, 기도하고, 집안에서 진행되는 의식에 초를 켜는 역할을 맡았다.

이 집에는 안마당도 빠져 있었다. 내가 좀 더 넓은 면적의 집을 지었더라면, 집 안쪽을 향해 있는, 방들로 둘러싸인 네모진 안마당이 한가운데에 있었을 것이다. 모쒀식 집은 중국 농가보다 방의 개수가 좀 더 많았다. 여성이 각각 하나의 방을 가지는 데다, 남자들이 함께 쓰는 방 하나와 다용도실로 쓸 수 있는 방이 두어 개 더 필요했기 때문이다. 또한 가축을 키울 헛간이나 작물을 저장할 곳간도 없었다.

나의 통나무집은 일부만 소나무로 이루어져 있고, 나머지는 벽돌이나 회반죽, 일반적인 목재 같은 보다 현대적인 재료로 지어졌다. 루구호에 소나무 숲이 빽빽하던 과거에는 집 전체를 소나무로 짓고 목자재를 서로 맞물리게 짜는 방식을 택했다. 최근 몇백 년 동안도 계속 그렇게 했지만, 요즘 들어 생태중심적인 차원에서 벌채활동 중단 방침이 내려지면서 내 집과 같은 현대식 집은 상업적으로 구할 수 있는 다른 자재들을 섞어 쓰게 되었다.

어쨌거나 내 모쒀식 집은 별장으로서의 목적에 잘 부합했다.

집을 짓겠다고 말한 지 아홉 달 만이자, 음력 설날에 딱 맞추어 집 열쇠를 건네받았다.

"여기." 별다른 말이나 행동을 덧붙이지 않은 채 자시가 말했다. "들어가서 살아도 돼."

아무런 말이 나오지 않았다. 내가 겨우 할 수 있었던 말이라고는 "정말 고마워."뿐이었다.

자시의 수고가 낳은 결과물은 기대를 한참 뛰어넘었다. 자시는 이 일에 가장 알맞은 사람이었다. 건축가부터 설계자, 시공업자, 프로젝트 관리자, 도급업자, 수리공에 이르는 드림팀을 무려 혼자서 다 해내는 인물이었던 것이다. 내게 어떤 요구사항을 묻거나 감독을 맡기지도 않은 채 이 모든 건축 과정을 전부 소화해냈다는 것 역시 경이로움 그 자체였다.

"새 집에 복을 빌어주는 의식을 해줄게." 자시가 이어서 말했다. 모쒀족이 모여 사는 이 아름다운 마을에 모쒀식 집을 얻으면서 전통적인 축복 의식을 빼먹는 것은 있을 수 없었다.

"우리는 새 집에 들어가기 전에 '불 축복 의식'을 해. 의식을 진행하는 동안, 난로에 처음으로 불을 붙이면서 불의 신을 집으로 들이는 거야."

이 말에 감화된 나는 이사 갈 날을 정하기 위해 티베트 불교 승려인 친구에게 2010년 1월 중에서 상서로운 날을 점지해달라고 했다. 그리고 바로 그날, 새벽녘에 나의 라마 친구와 그의 동료가

고동색 승복을 입은 채 문간에 들어섰다. 졸음이 덜 깬 나는 그들이 들어오는 모습을 보았다.

그들은 지체하지 않고 앞마당에 임시 제단을 만들었다. 그리고 그 위에 종교 의식에 필요한 물건들을 올려두었다. 자시와 구미의 연인 기지가 조수 역할을 자처했다. 그들은 제단 앞에서 향과 솔가지에 불을 붙이고 의식의 시작을 알렸다.

불교 전통에 따라 가부좌를 튼 두 승려는 대나무로 감싸인 경전을 들고 경구를 낮은 소리로 읊조리기 시작했다. 둘은 어떨 때는 혼자서, 어떨 때는 함께 암송을 이어갔다. 그러고는 불경이 한 회 끝날 때마다 붓을 휘둘러 성수를 흩뿌렸다. 또한 조수들은 기도와 기도 사이마다 불교 의식에서 사용되는 나각을 길게 불어 찬가를 연주했고, 의식에 사용하는 북을 쳐서 일정한 박자를 만들어냈다.

한 시간 반가량의 장엄한 의식이 끝나고, 두 승려와 두 조수는 타는 석탄이 담긴 자그마한 주전자를 들고 경건히 가모장의 방으로 향했다. 나는 그들을 조용히 뒤따랐고, 곁에 서서 여전히 입으로 불경을 외는 승려들이 의식에 따라 난로 중앙에 석탄을 놓아두는 장면을 바라보았다. 집의 중심부로 불의 신을 맞아들이며 독경은 계속 이어졌다.

"첫 불이 제 자리를 찾았어. 이 집에는 이제 축복이 내렸어." 자시가 내게 나직하게 설명했다.

불이 자리를 잡고 나서, 나는 며칠간 불씨가 살아 있는 상태를 유지해야 한다는 사실을 명심했다. 만일 불씨가 죽어버리면 불의 여신이 노하기 때문이었다. 도시에서 나고 자란 만큼, 내게 불씨를 지키는 일은 쉽지 않은 도전처럼 느껴졌다. 그렇기는 하지만 불은 내게 밤낮으로 온기를 제공하고, 식사를 책임지는 존재였다.

승려들은 난로 주변에 쌀알을 요란하게 흩뿌렸다. 내가 앞으로 절대 굶주리지 않도록 해주는 행위였다.

마지막으로, 두 승려 중 연장자가 내게 운을 주관하는 부처가 그려진 탱화를 건네주었다. 일일 조수 역할을 맡은 자시는 탱화를 받아들고 구석에 있는 제단에 걸었다. 탱화에 삼배를 한 자시는 내게도 똑같이 하라는 몸짓을 했다. 경건한 마음으로 그의 뒤를 이어 같은 동작을 했다.

다음날 아침, 수탉이 홰를 치는 소리에 잠에서 깼다. 축복이 내린 새 집에서 나는 첫날을 시작했다. 한 손에는 윈난산 아라비카 커피를 들고, 온 집안을 둘러 나란히 이어져 있는 햇살 가득한 테라스에서 바깥 풍광을 내려다보는 일은 이날부로 아침을 여는 의식이 되었다.

조그만 언덕 위에 자리한 전망 좋은 위치에서, 나는 눈앞에 펼쳐진 풍경을 감상했다. 작은 소나무 숲이 초승달 모양이라 달 호수라고 이름 붙은 고요한 물가를 둘러싸고 있었다. 왼편에 우뚝 선 커다란 거무산이 내게 미소 짓는 듯했다.

나는 청량한 공기로 폐를 가득 채우기 위해 10초 동안 심호흡을 했다. '이보다 더 깨끗한 공기를 찾을 수는 없을 거야.' 나는 혼잣말을 했다. 이 외딴 윈난 산자락과 티베트, 하이난만이 중국 전역의 오염 지도에서 제외되어 있었다. 중국 도시에서 들이쉬는 오염된 공기와는 사뭇 달랐다.

호숫가는 아주 조용했다. 근처에는 어떤 기척도 느껴지지 않았다. 마치 막이 오르기 직전처럼 숨죽인 듯 고요한 공기 속에서, 나는 모닝커피를 한 모금 들이켜면서 공연이 시작될 것을 예감했다.

구름 한 점 없이 푸르디푸른 하늘을 배경으로, 한 쌍의 독수리가 신중하고 단호하게 호수 위를 맴돌았다. 느린 속도로 더 높은 곳에서 큰 원을 그리며 돌던 독수리는 호수의 표면으로 급강하했다. 추운 시베리아 북부를 떠나 겨울을 지내러 온 야생 오리들에 시선을 고정했다. 한 독수리가 번개같이 빠른 속도로 호숫가 근처를 배회하던 새끼 오리를 덮쳤다. 한바탕 소란이 벌어지고, 중간 중간 끼어드는 오리의 비명소리가 상황의 위급성을 알려주었다. 겁에 질린 오리 떼가 하늘로 날아갔다. 그 틈을 타, 독수리의 시야에 걸려들었던 오리가 독수리의 포악한 발톱을 피했다. 독수리는 일단 퇴각하여 짝에게 돌아가서 다음을 기약했다. 그렇게 제 1막이 내렸다.

이 완벽한 아침에 방금 본 것보다 흥미진진한 볼거리는 없었다. 커피를 한 모금 다시 들이켜고는 위층으로 올라갔다. 남은 공연은 가모장의 방에서 관람할 생각이었다. 방에 들어가서는 제단으로 가서 재스민 향을 피웠다. 기도에 쓰는 티베트식 사발로 몸을 돌렸다. 첫째 날 아침인 오늘은 생김새는 둥그런 어항 같지만 윤이 나고 잘 두들긴 청동으로 만들어진 가장 큰 사발을 골랐다. 막대기를 집어들고 사발의 옆면을 부드럽고도 단단하게 한 번, 두 번, 세 번 굴렸다. 소리가 처음엔 부드럽게 시작되다가 낭랑한 아침의 찬가에 맞추어 점차 크게 울려퍼졌다.

너른 창밖으로, 신성한 산과 대략 4000미터쯤 되는 봉우리를 둘러싼 구름이 보였다. 거무산을 보면 늘 날씨를 알 수 있었다는 민속 설화가 떠올랐다. "거무신이 구름 모자를 쓰면 비가 온다는 뜻이야." 한 친구가 내게 말해준 적이 있었다.

비록 거무산은 남쪽 방향에서 볼 때 가장 아름다웠지만, 내 집이 위치한 북향에서도 또 다른 얼굴을 보여주었다. 이쪽에서는 휴식을 취하는 사자처럼 보였다. 거무산의 또 다른 별명이 사자산인 것도 바로 이런 이유에서였다. 운 좋게도 이 방향이 더 조용하고 관광객이 드문 쪽이기도 했다.

맞은편으로 건너가서 산을 바라보면, 루구호를 수호하는, 한 번 보면 잊을 수 없는 신의 모습이 보였다. 커다란 루구호 곁인 이쪽이 바로 관광객이 모여드는 곳이었다. 실제로 루구호 주변 마을은 최근 10여 년 동안 관광지로 급부상하고 있었다.

관광객을 실은 관광버스는 바로 그쪽 지대에 위치한 케이블 카

정거장으로 직행하곤 했다. 케이블 카를 타고 거무 동굴이 있는 산꼭대기에 가면 풍경을 조망할 수 있었기 때문이다. 케이블 카 정거장 앞에는 우습게도 '여신 구멍 삭도Goddess Hole Ropeway'라고 쓰인 영어 표지판이 있었다. 문구를 중영사전에서 직역한 게 분명했다.

동굴을 선전하는 문구에는 그곳이 거무신의 집이며, 동굴 속에는 연인들을 맞아들여 즐거운 한때를 보내는 '신의 꽃방'이라고 낭만적으로 묘사된 안방이 있었다고 되어 있다. 내밀한 공간 옆에는 위풍당당한 남근을 닮은 것으로 의심되는 석순이 모여 있었다. 이 석순은 남성성의 상징으로 현지인들이 숭배하는 대상이기도 했다.

그림 같은 정경의 리커를 포함하여 루구호 쪽을 마주한 작은 모쒀 마을은 관광객의 행렬을 반가이 맞아들였다. 그곳에 사는 마을 사람들은 전부 어떤 방식으로든 관광업에 종사하고 있었다.

그러나 내가 살고 있는 쪽은 관광객과는 거리가 멀었다. 내 통나무집이 있는 곳은 북적거리는 루구호 쪽과 거무산 아래 자리한 광활한 농지 사이였다. 내 집 앞을 지나쳐가는 사람들이라고는 주변 언덕에서 장작을 주워 집으로 향하는 농부들 몇 명이나 고독한 오토바이 운전자뿐이었다. 그럴 때를 빼고는 적막함이 만들어내는 소리가 들릴 만큼 조용했다.

윈난성 동남쪽 구석이라는 이 완벽한 장소에 살게 되다니 운이 좋다고 느낄 때마다, 나는 내게 일어난 일련의 일들에 새삼 놀라곤 했다. 자시의 제안을 받았던 때부터 지상낙원의 귀퉁이에 이렇게 매력적인 집을 지어서 살고 있는 일까지 전부 떠올랐다. 남부 유럽에 즐비한 별장에 비교하면 내 통나무집은 지극히 소박하겠지만, 적어도 이 지역에서는 가장 눈길을 끌 만큼 잘 지어진 집이었다.

처음부터 나는 이 집을 별장으로 생각했기에, 싱가포르, 베이징, 런던에서의 숨가쁜 생활에 지칠 때마다 휴식과 평안을 찾아 두 달에 한 번쯤 돌아오곤 했다. 나는 시골생활과 찬바람이 들이닥치는 겨울밤, 그리고 아침이면 얼어붙는 수도관과 관광객이 몰릴 때면 간헐적으로 일어나는 정전에 차차 익숙해졌다.

여전히 도시 생활에 길들여져 있는 몸이기에, 커피 원두 분쇄기와 커피 메이커, 폭신한 거위털 이불, 배터리로 작동하는 야영용 전등, 간단하게 걸칠 수 있는 스포츠 재킷, 단단한 하이킹 부츠, 헤어드라이어와 원난성의 자연에서는 찾을 수 없는 화장품 여러 개처럼 꼭 필요한 것들을 내 별장으로 하나둘 보내기 시작했다. 역사책, 여행책, 소설책도 잔뜩 보내놓아서 책장 두 개 분량이 되었다. 어느 고요한 밤에 이 책들을 뒤적거릴 때면 틀어놓을 수 있도록 아이폰에다 음악도 가득 채워넣었다.

그리하여 내 안의 페미니스트를 위한 안식처가 될 이곳에 드디어 적응을 마쳤다.

3
현지인처럼 살다

새 집을 얻고 나니 나는 이곳과 한층 더 사랑에 빠졌다. 별장에서 시간을 보내고 싶어 몸이 근질거렸다. 집을 정말로 집 같게 만들어줄 것들을 가지고 이리로 돌아올 일정을 정할 때마다 들떴다. 시간이 지나자 싱가포르에서보다 루구호에서 더 많은 시간을 보낸다는 것을 깨달았다. 새로운 친구를 사귀면서 시간을 보냈고, 현지인처럼 살겠다는 작정을 하지 않았는데도 점점 모쒀인의 생활방식에 익숙해져가는 것을 느꼈다.

"얘는 우리 쪽이야." 얼마 전, 친한 모쒀인 친구가 지난 6년간 나와 알고 지낸 끝에 나를 가리키며 이렇게 말했다. "와이홍은 절반은 모쒀인이야!"

입증된 기분이었다. 현지인들과 너무 다르게 보이거나 그렇게 행동하지 않으려는 나의 시도가 드디어 성공한 듯했다. 외부와 차단된 채 그들만의 오랜 생활방식과 풍습을 유지하는 공동체 속에서 어울려 살아가고자 노력하는 외국인으로서 인정받은 것이다.

나는 매번 문 밖을 나설 때마다, 오늘은 또 어떤 일이 나를 어디로 데려갈지 모르는 와중에도 직감적으로 스스로를 시험에 몰아넣었다. 어떤 오해도 빚지 않고 물의를 일으키지 않기 위해 조심했다.

현지인 방식대로 살아가기라는 과제를 처음으로 맞닥뜨렸던 사건은 순전히 필요에 의해서였다. 바로 생리적인 요구를 해결하는 일이었다. 처음 대녀의 집에 갔을 때, 나는 새로운 나의 모쒀 가족과 오후를 보내고 있었다. 그러던 중에, 신호가 왔다.

"화장실은 어디 있어?" 내가 물었다.

"우리 집엔 화장실 없어요." 라주가 순진하게 답했다.

알고 보니 이것은 일반적인 일이었다. 모쒀족에게 집에 변기를 두는 건 여전히 사치였다. 놀랍게도, 모쒀 마을은 다른 중국 시골 마을과 비교해도 발전이 느린 상태였다. 예를 들어, 나의 친할아버지가 살고 있는 광둥성 주변부만 해도 모든 농가에 최소한 샤워시설과 재래식 화장실이 갖추어져 있었다.

나는 큰 충격에 빠졌다. 아마 표정에도 고스란히 드러났을 것이다.

"바깥으로 데려가줄까요?" 라주가 내 표정을 읽고 덧붙였다.

라주는 나를 옆 문으로 데려간 뒤, 문을 열고서 내가 나갈 수 있게 그 옆에 섰다.

"저기?" 뒷마당을 둘러보며 내가 물었다.

라주는 고개를 끄덕였다. 그러고는 볼일을 보도록 나를 내버려 두었다.

나는 어떻게 해야 할지 몰라 갈팡질팡했다. 내 앞에 있는 건 감자밭 옆 헐벗은 땅뙈기였다. 말 한 마리와 닭 몇 마리가 풀을 뜯고 있었다. 이 집 마당과 이웃집을 분리해주는 건 진흙과 지푸라기로 만든 벽이었다.

"사람들은 이렇게 열린 공간에서 어떻게들 하는 거지?" 내가 중얼거렸다.

몇 가지 절차상의 문제가 떠올랐다. 가장 눈에 띄지 않는 공간이 어디지? 이웃 눈에 띄지 않을 수 있는 가장 전략적인 장소가 어디지? 혹시라도 내가 독살시킬 가능성이 있는 식물이나 동물은? 물을 오염시키지 않으려면 용수로에서 얼마나 떨어져야 하지?

머뭇거린 뒤에 나는 집에서 저만치 떨어진, 마당에서 가장 끝자리를 골랐다. 그러고는 각오를 다진 뒤 쪼그려 앉아 드디어 볼일을 봤다.

이런 종류의 난관이 가지는 문제는 방문할 때마다 반복된다는 점이었다. 게다가 매번 새로운 질문이 떠올랐다. 똑같은 장소를 이용해야 하나, 새로운 장소로 가야 하나? 휴지를 여기다 두는 건가, 그냥 흩뿌려야 하나? 개들이 하듯이 진흙을 덮어서 증거를 숨겨야 하나? 막상 제일 필요한 순간에 삽은 어디 있지?

변기가 없는 소박한 집에 방문하는 횟수가 늘어나면서, 나는 이 환경에 점차 익숙해졌다. 초기에 내 집 없이 모쒸 마을에 머무르던 때, 구미는 나와 늦은 저녁을 먹고 나서 늘 자고 가라고 말했다. 구미의 집은 널찍했기 때문에 언제나 남는 방이 두어 개씩 있었다. 나는 밤이 되면 화장실을 찾아 헤매느라 바깥으로 나가야 한다는 사실을 빤히 알면서도 구미의 환대를 기쁘게 받아들였다. 밤마다 치르는 의식은 언제나 악몽 같았다.

구미의 집은 겨우 몇 년 전에 전기가 들어온 조그마한 농촌에서도 끝자락에 위치해 있었다. 길에는 아직 가로등이 설치되지 않았다. 마을 사람들은 칠흑 같은 어둠에 익숙했기 때문에 밤중에 돌아다니는 데 문제를 겪지 않았다. 그런데 나는 시력이 나빠 안경을 쓴 데다 조명이 잘 들어오는 상황에서조차 야간 시력이 영 좋지 않았다. 그러니 조명이 들어오지 않는 마당으로 밤마실을 나가는 일은 트라우마를 안겼다. 새까만 밤에 볼일을 보기 위해서는 한 손에 횃불을 들고 나가야 했다.

얼마 지나자 나는 대화의 흐름을 타고 태연히 말하는 법을 익혔다. "밖에 나갔다 올게." 볼일을 본다는 걸 돌려 말한 것이었다. 몇 달 만에 다시 찾은 집 뒷마당에서 내가 가장 좋아하는 장소로 향하기까지 더 이상 고민할 필요가 없었다. 이제는 빛이 들어오는 똑같은 공간으로 나가자마자, 나는 오싹해졌다. 지난번에 내가 남겨둔 적지 않은 양의 휴지가 흉물스럽게 남아 있었다. 내가 저지른 일이라는 데 경악해버렸다.

"세상에, 자연적으로 분해되는 휴지가 아니었단 말이야?" 나는 중얼거렸다. "아무도 휴지를 안 쓰는 거야?"

부끄러워진 나는 청소를 하기 시작했다. 한밤중에 비닐봉투와 집게를 들고 은밀하게 움직였다. 마치 도둑 같았다. 자기가 남긴 잔해를 훔쳐서 쓰레기 더미에 던져넣는 도둑.

현지인이 발음하기 쉬운 이름을 짓는 것도 현지인이 되어가는 과정의 일부 같았다. 루구호에 처음 왔을 때, 나는 집에서 가족들이 하던 대로 나를 '아홍'이라고 부르라고 했다. '홍鴻'은 중국 전통을 따라 손주들의 이름을 짓는 권한과 의무를 가진 친할아버지가 지은 내 이름, '와이홍'의 뒷글자였다. 앞글자인 '와이俳'는 내가 여자이며 추朱 가家의 세 번째 세대에 속한다는 뜻이 함축된 항렬자였다. 내 여자 친척들의 이름은 전부 '와이'로 시작했고 그 뒤에 나오는 글자만 사람에 따라 각각 달랐다. 내 경우에는 그 글자가 '홍'이었던 것이다. 나를 구별하기 위한 글자인 '홍'에 '아'를 붙여 만든 이름은 친근함의 표현이었다. 나는 모쒀인들과 내 가족처럼 허물없이 지내고 싶었다.

나는 '아홍'이라는 이름으로 한동안 잘 불렸다. 그러던 어느 날, 누군가가 나를 '마장아홍'이라고 불렀다. 마장, 즉 말 농장에 사는 아홍이라는 뜻이었다. 말 농장에다 집을 짓고 살았으므로 맞는 말이었다. 별명이 콕 박혔다. 나는 새 별명의 발음과 느낌을 좋아했다. 게다가 네 음절로 이루어진 이 별명은 셔얼라주오, 자시핀주오처럼 이중 음절 두 개로 이뤄진 모쒀식 이름 같아 보였다. 네 음절짜리 별명이 내게 잘 어울렸다.

두 개의 이름으로 이루어진 모쒀식 이름은 아기가 태어난 날 지어지는데, 다른 중국인들과 달리 이곳에서는 할아버지가 아니라 종교 지도자가 짓는다. 전통적으로는 마을의 무당인 다바가 복잡한 작명 의식을 거쳐 아이의 이름을 지어준다. 모쒀식 이름의 종류는 그리 많지 않았고, 무엇보다도 아이의 성별에 따라 이름이 달라지지 않았다. 내 친구들 중에서도 여자와 남자가 이름이 같은 경우가 많았다.

약 400년 전 루구호에 티베트 불교가 들어온 이래, 아이의 이름을 짓는 건 승려들의 일이 되었다. 모쒀식 이름의 수가 적다 보니 승려들은 티베트식 이름을 빌려오기도 했다. 자시를 비롯해 내가 만난 많은 모쒀인들의 이름이 티베트식인 이유가 거기 있었다.

마장아홍이라는 별명을 가져 기뻤던 나는 새해를 맞아 모쒀식 이름도 갖게 되었다. 불교 승려 친구를 찾아 기도를 드리기 위해 모인 자리에서였다. 축제 만찬을 즐기고 나서 함께 이야기를 나누던 중이었는데, 그때 나의 친구인 불교 승려 두오지에가 모쒀 출신 생불인 루오상이시가 융닝에 살기로 했다는 사실을 말해주었다. 루오상이시는 불교계 서열상 가장 높은 달라이라마와 판첸라마 바로 다음 위치를 차지한 승려였다. 중국 전역에는 약 몇백 명의 생불이 있었지만, 그 중에서도 모쒀족 출신은 매우 적었다.

"새해를 맞아 생불이 오는 건 매우 드문 기회야. 이름을 지어달라고 여쭤보는 게 어때?" 두오지에가 갑자기 물었다.

"음, 지금 말이야?" 난 조용히 물었다.

"응, 오늘 그분을 만나뵐 수 있으면 말이야. 지금 바로 데려다 줄 수 있어. 이름을 지어달라고 부탁해줄 수도 있어."

그렇게 우리는 길을 떠났다. 말 그대로 떠밀려 간 것이었지만, 차 안에서 제안을 곱씹어볼수록 모쒀인이 되는 건 인생에서 일어날 수 있는 매우 중대한 사건이라는 생각이 들었다.

생불이 기거하는 곳은 융닝에 위치한 가장 오래된 티베트 불교 수도원 자메이시였다. 두오지에와 나는 복도로 안내된 뒤 잠시 기다려달라는 말을 들었다. 두오지에는 조수에게 우리가 요청할 사항에 대해 이야기했다.

"오늘 승려님의 영성이 아주 좋은 상태는 아니십니다." 조수가 말했다. "면대면으로 뵙기는 어려울 수 있지만 우선 말씀을 전달하도록 하겠습니다. 기다려주세요. 승려님께서도 이름을 지어주고 싶어하실 겁니다."

복도에는 마을 사람들이 몇 명 더 있었다. 우리는 하염없이 마법의 순간을 기다렸다. 잠시 졸았던 것도 같다. 우리에게 내어준 차가 차갑게 식어 있을 무렵, 조수가 황급히 돌아왔다.

"여기 있습니다!" 그가 손에 쥔 종이를 흔들며 말했다. "부처님께서 가장 잘 어울리는 이름을 지어주시느라 고민을 하셨습니다. 그리고 이 이름을 주셨습니다."

그가 건네준 종이에는 굵은 티베트 글씨로 '얼처주오마'라는 이름이 씌어 있었다.

그렇게 나는 새 모쒀식 이름을 가지게 되었다. 현지인 친구 중 두 명과 같은 이름이었다. 이름의 앞부분인 얼처는 '소중한'이라는 뜻이고, 뒤의 주오마는 '초록 부처'를 의미했다. 초록 부처는 연민의 정을 가지고 있으며 자연이 우리에게 베푸는 능력을 가지고 있었다. 모쒀인들은 이름을 가짐으로써 이름이 뜻하는 능력도 함께 가지게 된다고 믿었다. 내 두 친구와 나는 이 대단한 이름에 걸맞은 삶을 살아야 하는 셈이었다.

새로운 현지식 이름을 얻었다고 해서 새로운 통찰력이나 영감이 생기는 것은 아니라는 걸 인정해야겠다. 그러나 모쒀인에게나 스스로를 얼처주오마라고 소개할 일이 있을 때마다, 작게나마 산뜻한 소속감을 느낄 수 있었다. 내 이름을 들은 모쒀인들은 대체로 따뜻한 미소를 지으며 "좋은 이름이네요."라는 말을 덧붙이곤 했다.

현지식 이름을 가진 다음 할 일은 알맞은 옷을 차려입는 것이었다. 구미는 그의 가족과 내가 함께 새해 전날 마을에서 열리는 잔치에 갈 채비를 할 때 이렇게 주장했다.

"꼭 모쒀식으로 입어야 해." 구미가 말했다. "내 옷을 입어도 돼. 입는 거 도와줄게."

옷 무더기를 뒤적거리면서, 구미는 하얗고 긴 주름치마와 다른 옷가지를 주워들었다. 성년식 때 입던 옷과 같다는 걸 알아볼 수 있었다. 구미가 내게 옷을 입혀주었는데 작은 문제가 하나 있었다. 내 허리가 하도 존재감을 자랑하는 탓에 널따란 분홍색 허리띠를 매는 데 애를 먹었던 것이다. 애쓰던 끝에 우리는 결국 해냈다. 마지막으로 구미는 내 머리에다 보석이 박혀서 엄청나게 무거운 머리장식을 꽉 동여매주었다.

복장을 전부 갖추고 나서 어쩐지 알록달록한 오이소박이가 된 것 같은 기분으로, 나는 구미와 구미의 두 아이들 뒤를 따랐다. 훗날 내 대녀와 대자가 되는 이 아이들은 아주 긴 치맛자락을 어색하게 잡고서 진흙길을 걸어서 한창 새해맞이 잔치가 열리고 있는 마을 농구장으로 향했다. 도착한 나는 주변을 둘러보고 엄청난 충격을 받았다. 모쒀 전통 의상을 입은 성인 여성이 나밖에 없었기 때문이다. 구미를 비롯해 다른 여성들은 전부 평소 입는 블라우스에 바지 차림이었다. 전통 의상을 완전히 갖추어 입은 건 십대 소녀들과 그 형제들밖에 없었다.

그날 촌장님에게 보상을 받은 것이 옷을 빼 입은 데 대한 유일한 위안이었다. 촌장님은 주변을 돌아다니면서 아이들에게 행운을 비는 용돈을 담은 빨간 봉투를 나누어주고 있었는데, 옷차림에 들인 공이 기특하여 내게도 봉투를 주었던 것이다. 그뿐 아니라 모인 사람들 중 가장 잘생긴 남자가 내 손을 잡고 함께 춤을 추자고 청하는 소득도 있었다.

지금 내 옷장에는 세 종류의 전통 의상과 두 개의 머리장식이 있다. 성년식을 할 때나 집에 복을 빌어줄 때, 혹은 거무산신 축제같이 특별한 행사가 있을 때마다 번갈아 입는다.

모쒸인처럼 보이는 것은 모쒸인처럼 행동하는 것에 비하면 훨씬 쉬웠다. 모쒸인들처럼 걷는 것이 내게 주어진 다음 도전과제였다. 기관차가 등장하기 전은 당연하고 바퀴가 발명되기 전에도, 현지인들은 걸어 다니거나 말을 타고 다녔다. 다들 몇 마일이 되더라도 어디든 걸어 다닌다. 내 대자는 학교에 가기 위해서 매일 45분씩 걸어 다닌다. 농사꾼들은 등에 자신들이 수확한 작물을 이고 하루에 두세 시간씩 걸어서 장에 간다. 이보다 더 긴 거리인 경우, 그러니까 최소 반나절 이상 걸리는 여정의 경우는 말을 타고 다닌다.

처음에 나는 계속 걸어 다녔다. 하이킹 부츠를 신고 리커에서 대녀와 대자가 사는 바주의 작은 마을까지 걷곤 했다.

“그렇게 멀지 않아요.” 아이들이 말했다. “중간에서 만나요.”

언덕과 좁은 골짜기를 넘고 소들이 풀을 뜯는 오솔길을 지나 닿을 수 있는 중간지점은 해발 3000미터 고도에서 희박한 공기를 들이마시며 온 힘을 다해 걷는 내게는 멀게만 보였다. 언덕 꼭대기에서 나를 기다리는 라주와 농부의 모습이 너무나 반가웠다.

그렇게 실컷 걷던 나는, 이제 다음 단계로 넘어가 말 타기를 배울 때가 되었다고 생각했다. 가장 어린 아이부터 가장 나이든 노인까지, 이곳에 있는 모든 사람들은 말을 탈 줄 알았다. 나는 살면서 한 번도 말을 타본 적이 없었다. 그리고 솔직히 말하자면 말같이 큰 동물에 가까이 가는 걸 항상 좀 두려워했다.

실제로 내가 말을 타게 된 것은 선택이라기보다 절박한 가운데 택할 수 있는 유일한 대안으로서였다. 나는 윈난성의 루구호에서부터 인근 쓰촨성에 위치한 야딩 국립공원까지 이어지는 차마고도를 8일간 야영하는 소규모 도보여행에 참여하게 되었다. 히말라야산맥 동쪽 끝을 종횡무진하는 여행을 하면서 우리는 그림 같은 고원에 오르고, 하얀 포말이 포효하듯 부서지는 물가를 따라 걷고, 고원에 사는 야생 야크 떼를 구경하고, 파릇파릇한 목초지를 지나며 철쭉 향을 처음으로 맡아보고, 산꼭대기에서 향긋한 백설차를 따고, 티베트인들이 성스럽게 여기는 눈 덮인 콩가산맥의 웅장한 세 봉우리에 경외감을 느끼기도 했다.

차마고도는 무역상들이 중국에서 기른 찻잎을 히말라야를 지나서 티베트 너머로 운반할 수 있게 해준 천 년도 더 된 길이었다. 무역상들은 돌아오는 길에 제국 군대에 팔 티베트산 말을 데리고 돌아왔다. 진취적이고 강인한 과거의 상인들은 등에 짐을 진 말과 노새 옆에서 그들과 나란히 걸으며 오랜 여행을 했다.

야영을 떠난 우리 셋은 전부 도시 출신으로, 말을 잘 다루는 두 사람의 안내를 받아 말 세 마리와 노새 두 마리를 데리고 열정 가득한 마음으로 길을 떠났다. 가이드는 하루에 25킬로미터씩 빠른 속도로 걸을 뿐 아니라 대부분 비탈을 올라야 하는 우리의 여정을 계획해주었다. 네 번째 날, 우리는 해발 4500미터에 달하는 고원에 도달했다.

이때쯤, 나는 고산병 증상을 겪기 시작했다. 손발이 부어오르고 머리가 끊임없이 아프고 진한 피로가 몰려오는 것을 느꼈다.

"못하겠어요." 나는 가이드에게 말했다. "한 걸음도 못 걷겠어요. 베이스캠프로 데려다줘요."

"안 돼요." 고산병이라고는 겪지 않는 가이드가 말했다.

다른 말을 덧붙이지 않고 그는 앉아 있는 말에게서 야영장비를 풀고, 대신 작은 나무 안장을 말 등에 매어 나를 그 위로 올렸다. 말 등에 처음 타본 순간이었다.

이건 결코 초보에게 적합한 길이 아니었다. 조심스레 고삐를 틀어쥐고 말이 움직이는 리듬에 익숙해지자, 소낙비가 퍼붓기 시작했다. 우리는 우비를 쓰기 위해서 가던 길을 멈추었다. 그리고 난 뒤 다시 길을 나서는데, 산길이 질퍽거리는 진흙탕으로 변해 버렸다. 내 무게를 등에 걸머진 가엾은 말은 철벅거리면서 좁은 길을 간신히 헤치고 지나갔다. 그러나 불안정하게 그 위에 올라타 있는 나와 달리, 말은 터벅터벅 착실히 걸었다.

그렇게 우리는 며칠을 더 걸었다. 나는 우리 여정 중 가장 높은 고도인 해발 5000미터 지점을 말 등에서 맞았다. 그 사이 비탈길을 올라갈 때는 몸을 앞으로 숙이고, 내리막길을 갈 때는 몸을 뒤로 젖히는 기술을 연마했다는 사실이 만족스러웠다. 이후 자연의 보고라 불리는 야딘에 도착할 때쯤에는 내가 이미 현지인처럼 말을 탈 수 있다는 사실을 알게 되었다.

야영을 마치고 루구호로 돌아온 뒤, 그해 여름에 거무산신 축제가 열리자 나는 말을 타고 축제장으로 향했다. 승마 실력을 뽐내기 위해서였다. 나는 전통 의상을 갖추어 입고, 붉은색과 금색이 섞인 용포를 두르고 목에 종을 매단 잘생긴 말을 탄 채 인파를 가로질렀다.

말과 기수는 축제에 잘 어울리는 한 쌍이었다. 말과 함께 축제장으로 향하자, 나를 알아본 현지인들은 고개를 끄덕이며 미소를 지어주었다. 나를 본 어느 열정적인 관광객 한 명은 사진 찍을 기회를 놓치지 않았다. 그는 내 쪽으로 카메라를 들이대며 친구들에게 이렇게 소리쳤다.

"빨리 와! 모쒀인이 있어!"

중국 대부분의 도시가 21세기를 향해 가면서, 베이징행 고속도로를 달리는 페라리나 쿤밍 도로를 지나는 전동 오토바이를 찾아볼 수 있게 되었다. 그런 만큼 모쒀인들이 사는 이곳에 도시인들의 생활방식이 전달되는 속도 역시 그리 느리지 않았다.

예를 들어, 늠름한 모쒀 남자라면 누구나 오토바이를 가지고 싶어했다. 만일 약간 유복한 축에 드는 이라면 가족이 함께 쓰는 작은 차를 몰고 다녔고, 매우 부유한 경우에는 랜드크루저나 사륜구동 차를 타고 얼마 되지 않는 아스팔트 도로를 달리곤 했다.

가끔 나는 차를 살지 말지 고민하곤 했다. 운전하던 때가 그리워지기도 했고, 좀 더 여기저기 돌아다니고 싶기도 했다. 이 말을 자시에게 전하니, 그는 좀체 얼굴에 드러난 흥분을 감추지 못했다. 그러고는 내 집의 설계 담당자였던 데 이어 이번에는 자동차 구입 대리인이 되기를 자처했다.

"커다란 사륜구동차로 사야 해." 자시가 말했다.

"그래야 산길을 다닐 수 있어. 그리고 차고가 높아야 해. 여기는 길에 낙석이 많거든." 그가 덧붙였다.

가장 가까운 도시인 리장으로 차를 구입하러 떠나기로 한 날, 자시는 동네 자동차 정비공인 자신의 친구와 몇 명의 남자 지인들을 데려왔다. 총 여덟 명으로 이루어진 우리 일행은 자동차 매장으로 향했다. 할인 판매중인 스포츠 범용차를 둘러보자 모두의 눈이 반짝거렸다. 남자들은 대번에 자동차 구매 위원회를 열더니 엔진을 확인하고 각 자동차의 차고를 점검했다. 마치 사탕가게에 들어온 아이들처럼 이들은 내 자동차를 구입하는 데서 대리만족을 느꼈다.

"이게 제일 좋은 모델이야." 자동차 정비공인 자시의 친구가 위원회의 나머지 위원들과 이야기를 나눈 뒤에 최종 판정을 내렸다. 그가 고른 흰색 미츠비시 레오파드가 내 마음에도 들었다.

"안 돼, 흰색은 안 돼. 카키색이어야 해." 다른 위원들이 고개를 끄덕이며 동의를 표하고 있는데 자시가 끼어들었다.

"왜 카키색이어야 하는데?" 이 문제에서 내 발언권이 별로 중요하지 않은 것 같다는 기분으로 내가 물었다.

"왜냐하면 공무원들이 그 색 차를 타고 다니니까. 그리고 중요한 사람들이 가장 좋아하는 색이기도 하거든. 이런 색 차를 타면 교통경찰이 절대 너를 잡을 일이 없어. 그리고 다른 사람들은 너한테 길을 양보할걸. 네가 엄청 높은 자리에 있는 사람인 줄 알테니까!"

그렇게 끝났다. 위원회는 투표를 했고, 내게 남은 건 돈을 내고 이 카키색 괴물을 몰고 나가는 것뿐이었다.

며칠이 지난 뒤, 나는 친구 몇 명을 만나러 차를 몰고 바주로 향했다. 승려 친구인 두오지에가 차를 모는 나를 보았다.

"차에 축복기도 했니?" 그가 물었다.

"차에도 그런 걸 해야 해?" 내가 답했다.

"응, 안전운전을 염원하는 의미에서야."

두오지에는 의식을 거행할 날과 시간을 알려주었다. 그의 집 앞에 차를 대고, 나는 그가 도구를 가져오는 동안 곁에 서 있었다. 두오지에가 불경을 외웠다. 그러고는 차 밖에다가 성수를 뿌렸다. 그는 계속해서 독경을 하면서, 놋사발에 담겨 있던 쌀알을 꺼내어 운전석 문을 연 다음 차 안으로 뿌렸다.

'나중에 청소해야겠네.' 나는 속으로 생각했다.

차 축복 의식의 마지막 단계를 위해 두오지에는 노란색 긴 보자기를 꺼냈다.

"이 하닥은 특별한 거야. 라싸에 있는 포탈라 궁에서 축복을 받았거든."

두오지에는 이렇게 말하면서 의식에 따라 보자기를 묶어 매듭을 짓고 운전석 위 백미러에 걸었다.

"이 보자기가 차 사고가 나지 않도록 너를 지켜줄 거야." 그가 말했다.

모쒀 마을에는 모쒀만의 특별한 운전상식이 있었다. '네 이웃을 도우라'는 공동체 의식에 따라, 차주가 지나가다 친구들을 만나면 태워다주는 것이었다.

어느 날 구미의 아샤오인 기지의 농사용 트럭을 함께 타고 가던 중에, 다섯 사람이 등에 장바구니를 이고 걸어가는 것을 보았다. 기지는 그들을 동네에 데려다주기 위해서 잠시 차를 세웠다.

이들은 기쁘게 트럭 뒤에 올라탔다. 몇 분이 지나고, 길가에 서 있던 한 노인과 손녀가 그를 큰 소리로 불렀다. 그들도 트럭에 올라탔다. 트럭 뒤 칸에 총 10명의 여성들을 싣고 가게 되었다.

나는 그렇게 모쒸 공동체에서 통용되는 운전상식을 가슴으로 터득했다. 그래서 나 역시 가능한 한 언제나 지나가는 사람들을 태워주는 습관을 갖게 되었다. 한번은 십대 아이와 함께 있던 사람이 내게 미친 듯이 손을 흔들었다. 차를 세우자, 충격적이게도 아이의 발에서 피가 심하게 나고 있었다.

"빨리 타요!" 나는 뒷좌석 문을 열면서 엄마에게 말했다.

엄마와 딸이 차에 탔다.

"병원으로 가요?" 내가 물었다.

엄마는 아이의 상처를 꽉 부여잡은 채로 고개를 끄덕였다.

나는 제한속도를 어기고 10분 만에 병원에 도착했다.

친구들을 차에 태워주는 일은 때로 예상치 못한 결과를 불러오기도 했다. 어느 날에는 염소치기인 어린 친구 하나가 결혼식에 태워달라는 부탁을 했다. 그때까지만 해도 나는 그가 산 염소를 데리고 올 줄은 몰랐다.

"내 결혼선물이야." 그가 말했다.

이렇게나 생기 넘치는 결혼선물은 태어나서 처음 보았다. 그는 염소를 싸매서 내 트렁크에다 실었다. 결혼선물이 끊임없이 매애하고 울었다. 도착하고 나서 드디어 염소를 차에서 내렸다. 염소치기 친구는 아무렇지 않게 싸매두었던 염소를 바깥으로 꺼냈다. 그러고는 자랑스럽게 염소와 같이 걸어 들어갔다.

모쒀인들처럼 행동하는 데 익숙해졌을 때도 모쒀인들처럼 말하는 방식은 터득하지 못했다. 이 부분이 가장 난도 높은 과제이기도 했다. 모쒀인들에게는 글자가 없었다. 그들이 쓰는 말은 오로지 입에서 입으로 내려오는 구어였다. 그들은 소통을 할 때 종이 위에 아무것도 쓰지 않았다. 20년 전쯤 학교에 다닐 기회를 얻게 된 젊은 세대 정도를 제외하면, 그보다 나이 든 모쒀인들은 진정한 의미에서 글을 읽지 못하는 사람들이었다.

모쒀인들은 그들이 어떻게 글자를 잃어버렸는지에 얽힌 이야기를 되풀이하는 걸 좋아했다. 나족이라고 불렸던 모쒀인은 과거에 글자를 가지고 있었다. 학식 높은 다바, 즉 무당들은 모쒀어로 읽고 쓸 줄 알았다. 모쒀어는 상형문자의 일종이었는데, 오늘날 다바들이 종교 의식을 거행할 때 여전히 사용하는 점치는 막대기에서 그 흔적을 찾아볼 수 있다. 하지만 이 상징을 읽어낼 수 있는 사람은 더 이상 남아 있지 않다.

모쒀인이 글을 잃어버리게 된 이야기는 다음과 같다. 먼 옛날, 두 명의 무당이 중요한 의식을 거행하기 위해서 멀리 떨어진 마을로 향했다. 풍습에 따라서 무당들은 경전을 가지고 갔다. 이 경전은 가죽 위에 고어로 경구를 새긴 것이었다.

날씨가 험악했던 탓에 그들은 예정보다 더 긴 시간을 길 위에서 보내야 했다. 그 바람에 가져온 음식도 동나버렸다. 배고프고 지친 무당들은 잠시 가던 길을 멈추어 쉬기로 했다. 그런데 아무리 찾아봐도 외딴 산골짜기에서 먹을 수 있는 식물이 없었다. 절박해진 이들은 서로를 바라보며 같은 생각을 했다.

"경전을 끓여서 먹으면 어떨까?"

그렇게 모쒂인들에게 마지막 남아 있던 글자는 무당의 위장을 타고 사라져버리게 된 것이었다.

문자에 기반한 언어에 익숙해진 사람이 구어를 배우기란 난감한 일이다. 나는 살면서 고전적인 방식으로 언어를 익혔다. 고전적인 방식이란 종이에 낱말을 쓰고 읽고, 동시에 단어를 소리 내어 읽으면서 발음을 귀로 듣는 것이었다. 바로 이런 방법으로 유치원에서 초등학교까지 만다린어를, 열한 살부터 영어를 배웠다. 읽기, 쓰기, 듣기, 말하기라는 네 가지 요소는 동시에 이루어졌다. 이 중에서 읽기와 쓰기를 뺀다니 난처할 것이 분명했다. 듣기와 말하기만으로 이루어진 모쒂어를 배우는 동안 실제로 그랬다.

내가 아직도 모쒂어를 터득하지 못한 것은 결코 노력이 부족한 탓이 아니다. 나는 친구들로 하여금 모쒂어로 된 단어를 계속해서 반복하게 시켰다. 모쒂어 발음은 마치 외계어처럼 들렸다. 중국어나 영어는 물론이고 내가 곧잘 구사할 수 있는 프랑스어, 이

탈리아어, 스페인어 중 어떤 언어와도 닮은 데가 없는 발음이었다. 즈, 크, 즤, 냐와 같은 모쒀식 발음은 길들여지지 않은 내 귀에는 마치 러시아어같이 느껴졌다. 심지어는 단어의 격변화도 내가 생전 들어본 적 없는 방식이었다. 설상가상으로 모쒀식 문장 구성은 내가 알고 있던 언어체계와는 정반대로 이루어져 있었다. 주어와 목적어가 동사 앞에 위치하는 식이었다.

나는 모쒀어를 모방하기 위해서 나름의 표기법을 고안했지만 소득은 거의 없다시피 했다. 내가 적은 대로 글자를 발음하면 죄다 틀린 말이 되었고 친구들이 도통 알아들을 수 없었다. 논문에서 읽은 다른 기호법도 써봤지만 알아들을 수 없기는 마찬가지였다. 아무리 노력해도 안 되는 것 같았다.

지금 나는 간단한 의사소통은 모쒀어로 구사할 수 있게 되었고, 대화가 더 깊이 이루어질 때는 만다린어를 쓴다.

현지인처럼 사는 것은 루구호에 머무는 기간이 길어지고 빈도가 잦아질수록 가능해졌다. 머무는 기간이 초반에는 짧다가 갈수록 길어져서 나중에는 일 년에 최소 서너 번, 한 번 올 때마다 최소 두어 달은 머물게 되었다. 갈수록 싱가포르와 루구호 사이, 숨 가쁜 도시에서의 일상과 그것과는 사뭇 다른 산속의 생활리듬 사이를 오가는 데 익숙해졌다.

한 발은 싱가포르에 걸치고, 다른 발은 살던 곳과 완전히 다른 환경에 두는 생활은 마치 두 개의 나로 살아가는 것과 같다.

싱가포르 변호사로서 미친 듯이 바쁘게 일하던 시절을 뼛속 깊이 기억하고 있는 나는 여전히 이전의 생활을 추억한다. 가족들을 만나러 암스테르담과 샌프란시스코로 가고, 친구들을 만나러 베이징과 런던을 찾는 일을 예나 지금이나 무척 즐기기도 한다.

또 다른 나는 여전히 자신들의 선조가 몇백 년 전에 하던 대로 농사를 짓고 생활을 꾸려가는 사람들이 살고 있는 중국 변두리에서 살아가고 있다. 나는 속세와 격리된 루구호로의 일탈을 좋아한다. 6년쯤 살아보니 이제 모쒀인들 사이에서 삶을 꾸려가는 게 가능하다는 걸 스스로에게 증명할 수 있게 되었다.

어울려 지냈던 모쒀인 친구들은 나를 더 이상 외부인이 아닌 같은 공동체의 일원이라고 여긴다는 걸 느낄 수 있다. 친구들이 중요한 일들을 기념할 때 초대해야 할 동네 주민 목록에 나를 끼워넣고, 가족 식사에 부르는 유일한 외국인일 때가 많기 때문이다. 마을 행사, 성년식, 장례식과 같은 일들이 있을 때, 마을 사람들은 내가 올 것이라고 생각한다. 그리고 그들 중 몇몇은 자신의 비밀을 내게 털어놓기도 한다. 어느 정도 이 공동체의 일원으로 여겨진다는 점이 매우 기쁘다.

나는 여성들의 세상에서 환영받은 여성이라는 점에서, 스스로가 진정으로 수용되는 기분을 느낄 때가 많다. 여성이 중심이 된 이 세계에서는 누구도 내가 혼자서 즐겁게 돌아다니는 것을 이상하게 생각하지 않는다. 모쒀인들은 여남을 불문하고 강인한 여성의 존재에 익숙해져 있다. 모두 자기 집에서 그런 여성을 보고 자라기 때문이다. 그리고 모쒀 친구들 역시 여성을 기리는 이 공동체에서 살아가는 것을 내가 얼마나 편안하게 느끼는지 알고 있는 듯하다. 모쒀인들과 나 사이에는 서로가 같은 마음이라는 이해가 형성되어 있다.

이것은 내가 아직까지도 완전히 소화해내지 못한 어떤 깨달음이다. 이상한 일이지만 정말 사는 동안 이렇게 나를 나 자신으로 받아들여주는 환경에서 편안하게 있었던 적이 한 번도 없었다. 여성인 나를 그저 나로 존재하게끔 하고, 그럴 수 있도록 북돋아주고, 그 이상의 어떤 것도 요구하지 않는 세계에서 포근하게 보호받는 기분을 느낀다. 과장이 아니라, 목소리를 내거나 어떤 행동을 제안하는 순간에 나는 단 한 번도 의견을 묵살당한 적 없었다. 여성에 대한 이야기를 할 때, 나는 한 번도 무지와 싸우거나 적대감에 맞설 필요를 느끼지 않았다. 내가 여성이라는 이유만으로 무언가를 강요받는 기분을 느낀 적도, 잘못된 신념에 맞서 핏대를 세울 일도 없었다. 직관적으로, 나는 모쒀인들과 살아가는 이곳이 훨씬 더 집처럼 여겨졌다.

아직도 나는 어떻게 이 가모장제 부족이 고문 변호사로 살아온 여태까지의 내 삶을 부수어내고, 가슴속 깊이 페미니스트로서의 의식을 길러냈는지 생각할 때마다 놀라움을 금할 길이 없다.

4
모쒸인을 알아가다

처음에 나는 모쒸인들의 세계를 들여다보는 외부인이었다. 그러나 거무산신 축제에서 십대 아이와 친구가 되는 뜻밖의 행운이 찾아오면서 그의 가족과 나아가 온 공동체에 발을 들이게 되었다.

내가 처음 만난 모쒸인인 라주는 축제에서 내게 따뜻한 미소를 보여준 열네 살 아이였다. 농담을 주고받으면서 나는 라주에게 모쒸어를 배우고 싶다고 말했다.

"나한테 말을 알려줄래?" 내가 물었다.

"물론이죠!" 아이가 말했다.

"그러면 선생님이라고 부르면 되지?"

"아뇨, 아뇨! 그러면 안 돼요." 라주가 반대했다. "언니는 나보다 나이가 훨씬 많으니까 나한테 그렇게 존칭을 쓰면 안 돼요. 차라리 내가 대모님이라고 부르면 안 돼요?"

"물론 되지." 나는 깊게 생각하지 않고 대답했다. 당시에는 이 역사적인 순간이 내게 나중까지 얼마나 중요한 영향을 미치게 될

지 생각조차 하지 못했다. 그때부터, 우리는 여성 간의 유대를 쌓아가는 친밀한 한 쌍이 되었고 유쾌한 그의 가족과도 연을 맺었다. 그렇게 모쒀 마을에서의 모험이 시작되었다. 지금 생각하면 어머니의 나라에 입장한 계기가 여성 간의 유대에서 비롯된 건 아주 자연스러운 일이었다.

나의 대녀는 모쒀족인 그의 어머니와 오래 사귄 아샤오, 즉 우리네 사회에서는 그의 남편에 해당하는 남자 사이에서 태어난 맏이였다. 이 남성은 모쒀족이 아니라 푸미족이었다. 산에 사는 부족인 푸미족은 가모장제를 따르지 않는다는 점만 제외하면 향유하는 언어와 문화가 모쒀족과 비슷했다. 이 남성은 강인한 모쒀인을 만나 사랑에 빠진 이래로 그의 집에 들어와 함께 살고 있다.

라주는 태어나면서부터 엄마와 엄마의 아샤오의 기쁨이자 장손녀로서 할머니의 자랑이 되었다. 라주 전에도 손자가 두 명 있었지만, 할머니는 모쒀식 전통에 걸맞게 한 집안의 세 번째 대에 첫 손녀가 태어났다는 사실을 가장 큰 경사로 여겼다. 라주가 태어났다는 건 이 가족의 대가 이어진다는 뜻이었기 때문이다.

할머니의 이런 반응은 다른 중국사회 어디서도 찾아볼 수 없을 뿐만 아니라 정반대의 서사를 만들었다. 오랜 옛날, 중국의 할머니는 여아가 태어나는 것을 재앙으로 여겼다. 물론 가족 중에 딸밖에 없는 집안이라면 더 심했다. 모계제를 이루는 모쒀인들과는 정반대되는 이유에서였다. 가부장제 사회인 중국에서는 오직 아

들이 태어나는 것만 집안의 경사일 수 있었다. 가족의 성을 이어
갈 남자가 태어나지 않으면 그 집안의 대가 거기서 끊긴다는 이
유였다. 아직도 중국에서는 아이가 버려졌을 때 그 성별이 여자
일 확률이 훨씬 높다.

라주는 세 살 터울의 남동생이 있었다. 남동생의 이름은 농부
로, 내가 성년식을 맡아준 바로 그 아이였다. 라주가 나를 대모로
삼았을 때, 농부는 나더러 자기도 대자로 삼아야 한다고 우겼다.
쾌활하고 장난기 가득한 열한 살짜리 남자아이의 넘치는 기운은
손쉽게 나를 이겼다.

이혼을 했고 아이가 없는 내게, 라주와 농부는 이곳에 머물면
서 얻게 된 여러 명의 대자녀 중에서도 첫 번째 아이들이었다. 라
주와 농부는 거무 축제를 떠날 때 나를 자신들의 집으로 오라고
열렬히 불렀다. 아이들은 자신들의 집이 거무산 너머 작은 마을
에 있다고 했다. 다음날 운전사가 모는 차를 타고 그들의 집으로
가자, 아이들의 엄마는 문 앞에 선 이방인을 보고 저잖이 놀란 모
습이었다.

'아이고, 아이들이 엄마에게 내가 온다고 말하는 걸 잊었구나.'
나는 속으로 생각했다.

나는 어색하게 고개를 끄덕인 뒤 인사말을 건넸다. 아이의 엄
마가 나의 인사에 포근한 미소로 화답하는 것을 보고 기쁜 마음
이 들었다. 아이들은 나를 중국어로 대모를 뜻하는 '간마'라고 소

개했다.

"우리 아이들의 대모님이고 나보다 나이가 많으니 아무르라고 부를게요." 라주의 엄마가 말했다. 아무르는 모쒜 말로 언니라는 뜻이었다. "나를 구미라고 부르면 돼요. 여동생이라는 뜻이에요."

그리고 구미는 곧바로 내게 점심을 먹고 가라고 했다. 나는 이렇게 초대받지 않은 손님이라 할지라도 환대를 베푸는 데 주저함이 없는 것이 모쒜인들의 특징이라는 것을 차차 깨닫게 되었다.

"점심은 뭘로 할래요, 닭 아니면 오리?" 구미가 물었다.

"닭이 좋을 것 같아요." 마당에서 꼬꼬거리는 닭들 중 어느 한 마리에게 때이른 죽음을 선고하는 말이라고는 생각지도 못한 채 내가 답했다.

"좋아요." 구미가 아들에게 말했다. "농부, 닭 잡아 와."

어린 농부는 지체 없이 달려가서 애를 쓰다가 닭 한 마리를 잡아 왔다. 손쉽게 닭의 양 발을 붙잡은 농부는 곧 점심거리가 될 닭을 엄마에게 넘겨주었다. 구미는 닭의 다리를 묶고 옆으로 눕혔다. 나는 의아했다. 구미가 닭을 그 상태로 내버려두고 다른 부엌일을 하러 가버렸기 때문이었다.

구미가 닭의 존재를 다시 언급한 것은 한 시간쯤 뒤에 집에 온 자신의 아샤오에게 말을 걸면서였다.

"저기 닭이 있어."

말을 듣자마자, 구미의 아샤오는 그 의미를 정확하게 알아차렸다. 그는 고기용 손도끼를 가지고 신속하게 닭을 잡았다. 그러고는 깃털을 뽑고, 내장을 발라내고 요리하기 좋게 토막 낸 닭고기를 구미에게 건넸다.

"왜 아샤오가 올 때까지 닭을 잡지 않고 기다렸어요?" 내가 구미에게 물었다. "우리 모쒀 여자들은 절대 살생을 하지 않아요." 구미가 답했다. "우리는 죽은 사람도 절대 만지지 않고 장례를 지내려고 시체를 염할 때도 일절 아무것도 하지 않아요."

농부가 닭을 잡으러 달려갈 때부터 닭을 잡아 난롯가에서 요리를 준비하는 일련의 과정에 모쒀인 특유의 생활방식이 깃들어 있었다. 방금 직접 지켜본 이 장면은 모쒀족 사회에서 여성이 차지하는 특별한 위치를 요약한 것이나 마찬가지였다. 이 사회에서는 여성을 새로운 생명을 탄생케 하는 힘의 원천으로 받아들이기 때문에, 삶과 빛의 영역을 담당하는 것이 여성의 신성한 의무라고 믿었다.

이 사회에서 삶과 빛을 맡는다는 건 죽음과 거리를 둔다는 뜻이기도 했다. 여기엔 동물을 잡거나 직간접적으로 시체를 다루는 일이 전부 포함되었다. 더럽다고 여겨지는 일은 남자들이 도맡아 했다. 같은 의미에서 여자들은 장례식에서 시체를 염하고 만지는 일을 해서는 안 되었다. 달갑지 않은 이 일은 남자들의 몫이었다.

내게 점심식사를 대접하던 날, 닭을 잡지 않고 그의 아샤오를 기다리던 구미를 보니 삶과 빛이라는 아름다운 상징이 떠올랐다.

시간이 흐르면서 나는 똑같은 장면을 보게 되곤 했다. 가축을 도살할 때면 여성들은 언제나 멀리 떨어져서 눈을 가렸고, 남자들이 동물을 죽이고, 속을 정리한 뒤에 고깃덩어리로 만들어서 여성들에게 건네주었다.

여성을 배려하고 보호하는 이러한 행위를 보고 있자니 모쒀 여성들이 부러웠다. 이들은 자신이 여성이라는 점을 특별하게 여기고 반갑게 느낄 것이 분명했기 때문이다. 지독한 성차별주의가 군림하는 중국사회에서는 절대로 이런 기분을 가질 수 없었다. 중국인인 나의 할머니는 가족 식사를 처음부터 끝까지 혼자 준비했고, 그 와중에 크고 작은 부엌살림을 다 해내야 했다. 날생선, 닭, 오리를 잡는 것도 할머니가 했다. 한 집에 사는 남자들은 이런 일과 아무 상관이 없었다. 비천한 여자들이 해야 마땅하다고 여겨지는 일이었기 때문이다.

이외에도 라주의 집안에는 모쒀 사회에서 여성이 차지한 특별한 지위에 얽힌 이야기들이 더 많이 숨어 있었다. 예를 들어, 라주의 집은 그의 어머니 집이지 아버지 집이 아니었다.

"이 땅은 내 거야." 구미가 말했다. "내 아샤오가 내 집에 들어와서 살겠다고 말한 뒤로 어머니가 내게 자기 땅의 일부를 물려줬어."

구미와, 모쒀 말로 남동생이라는 호칭으로 부르는 구미의 아샤오 '기지'가 함께 살고 있는 이 집은 네모난 마당의 각 면을 소나무 자재로 둘러싼 단출한 형태였다. 집 안에서는 다양한 용도로 쓸 수 있는 '가모장의 방'이라고 알려진 커다란 방이 중심이 되었다. 모쒀 집이 어디나 그렇듯이, 구미는 이 방을 다용도로 사용했다. 집안의 가장이 쓰는 침실이자, 온 가족이 함께 사용하는 난롯가이기도 했고, 부엌이며 거실이었고, 집에서 기르는 돼지를 잡아 소금에 절여서 건조시키는 건조실이었다.

마당의 다른 세 면은 네 개의 침실과 가족 농장에서 기른 곡식과 감자를 저장하는 세 개의 방으로 이루어져 있었다. 현대화에 발맞추어 구미와 기지는 텔레비전이 갖춰진 가족방도 마련해두었다. 마당 바깥쪽에 있는 헛간에서는 새끼 돼지, 닭, 오리, 거위, 물소, 말 등을 길렀다. 구미는 농사가 잘되면 여기에 소나 말을 더 추가할 생각이었다.

집 뒤에 있는 구미의 농장은 1에이커가 조금 넘는 면적인 7모우㇯*로, 가족들끼리 자급자족하고 물물교환에 쓰는 쌀과 가족들과 농장에서 기르는 동물들이 먹고살 만큼의 옥수수와 감자를 기르기에 충분한 규모였다.

구미네는 양이나 염소를 치지 않았지만, 다른 이웃들은 산염소나 양을 쳐서 고기나 털을 얻기도 했다.

이 집에서, 농가와 농장의 관리인 겸 주인 역할을 하는 쪽은 명

---

*1모우=666m².

백하게도 구미였다. 가장으로서, 구미는 농장의 모든 것을 관리하고, 경작과 농사 일정을 계획하고, 어떤 동물을 몇 마리나 기를지 전부 결정했다. 구미는 몸소 실천하고 계획을 실행하기 위해서 직접 나서기를 마다하지 않는 유형의 리더였다. 무거운 물건을 들거나 체력이 필요한 일을 할 때 기지의 도움을 받는 것을 제외하고, 구미는 대부분의 농사일을 해냈다. 낫을 들고 돼지를 먹일 꼴을 베어 바구니에 짊어지고 돌아와, 풀을 손으로 갈가리 찢어서 다진 감자와 쌀겨를 섞은 뒤 돼지에게 먹였다. 이렇게 농장에서 기르는 동물들을 먹이고, 경작하고, 추수하고, 쌀과 옥수수, 감자를 저장하고, 집안의 식사를 전부 책임졌다. 여기서의 식사에는 가족 구성원뿐 아니라 기르는 동물들까지 전부 포함된다. 그러니 구미가 가계의 재정을 관리하는 역할까지 맡은 것이 놀랄 일도 아니다. 기지의 입을 통해서 집안에서의 이런 질서를 확인하게 되었다는 건 큰 의미가 있었다.

"구미가 집안의 돈을 관리해. 농작물이나 가축을 팔고 나서 버는 돈을 구미가 갖고 있어. 내가 나무를 베서 버는 돈도 다 가지고 있고. 나는 구미한테서 돈을 받아 쓰고, 구미가 돈에 관해서 어떤 결정을 내리든 따르지."

중국 여성이 집안에서 구미와 같은 위치를 가질 수만 있다면 자신이 가진 무엇이든 주겠다고 할 것이다. 전통적인 중국 시골에서는 어떤 여성도 이와 같은 소유권을 가질 수 없다. 가계 혈통을 충실히 따라서, 집안의 재산은 오직 할아버지에서 아버지로, 아버지에서 또다시 아들로 건네진다. 아내는 가족의 재산을 관장할 수 있는 어떤 권력도 가지지 못한다. 오직 남편만이 결정을 내릴 수 있다. 부인이 가계 지출내역을 관리한다고 하더라도 소비를 행사할 수 있는 힘은 모두 남편의 손 안에 있기 때문에 아내는 남편에게 돈을 받아서 쓴다.

현대적인 중국 도시에서라면 이런 남성중심주의가 힘을 잃는 모습을 종종 마주친다. 여성의 교육수준이 높아지고, 임금노동에 뛰어들어서 배우자와 함께 돈을 벌기 때문이다. 그러나 그 와중에도 기본적인 사상은 변하지 않고 남아 있다. 베이징에서 사업을 하는 친구가 있는데, 그의 모부님은 둘 다 대학을 졸업하고 중산층에 해당하는 직종에 종사하고 있으나 그의 친조모부는 시골에서 농사를 짓는 농부였다.

가부장제가 그에게 어떤 영향을 미쳤는지에 대해 이야기할 때 그는 이렇게 말했다. "나는 모부님이 나이가 드시면 그분들을 봉양할 거라는 큰 기대를 받고 있어. 내 여동생에게는 아무도 그런 기대를 하지 않아. 내 여동생은 결혼해서 아이가 있고 남편한테 속해 있으니까, 출가외인으로 취급되는 거지."

구미가 사는 세상으로 돌아가보면, 구미가 농장을 운영하는 방식은 내게 공동체 생활에 대한 교훈을 일깨워주었다. 언젠가 내가 공교롭게도 추수철에 루구호에서 지내고 있었는데, 구미가 내게 전화를 걸었다.

"나 내일 모내기 할 건데, 와서 볼래?"

다음날 구미의 집으로 가자, 여러 명의 여성들이 구미의 마당에 모여 있었다. 그들은 찐빵과 차로 아침식사를 끝낸 참이었다.

"시작하자." 구미가 머리에 긴 천을 감으며 말했다.

구미와 여덟 명의 친구들은 긴팔 옷에 작업용 바지를 입고서는 맨발로 집 뒤에 있는 논으로 향했다. 이들은 구미가 이전에 농장 구석에 심어둔 모를 한 움큼씩 붙잡고 물을 댄 논으로 발을 디뎠다. 그러고는 철벅거리면서 논으로 걸어 들어간 뒤에 일렬로 섰다.

마치 큐 신호를 받은 듯이, 사람들은 동시에 움직이기 시작했다. 허리를 굽히곤 일렬로 깔끔하게 들고 있던 모를 심었다. 아홉 명의 사람들이 고요한 리듬에 맞추어 함께 일했다. 그들은 첫 번째 열을 마칠 때까지 같은 속도를 유지했다. 그러고 나서는 솜씨 좋게 뒤로 물러나며 그 다음 열에 새로 모를 심기 시작했다.

세 번째 열에 다다랐을 때, 목청 좋기로 유명한 구미가 갑자기 노래를 불렀다. 다른 목소리가 민요가락에 합류하면서 일을 하고 있는 서로를 북돋았다. 이 강인한 여인들은 해가 중천에 뜰 때까지 계속해서 일했다.

구미는 일손을 돕는 친구들을 먹일 새참을 준비하기 위해 집으로 달려갔다. 머리부터 발까지 땀에 흠뻑 젖은 친구들도 같이 돌아와서는 잠시 휴식을 취한 뒤 새참을 먹기 전에 손을 씻었다.

"준비 됐어?" 점심을 먹고 나서 구미가 말했다.

점심을 먹고 난 이들은 이제부터 몇 시간 동안 더 일해서 오늘 하루 동안 들인 수고를 마무리하기 위해 논으로 돌아갔다. 오후의 태양이 이들의 등 위로 작열할 쯤, 나는 그들의 체력이 고갈되고 있다는 걸 알 수 있었다. 그러나 이들은 땅거미가 질 무렵에 구미가 신호를 보낼 때까지 손을 놓지 않았다.

"이제 그만해. 집에 가자."

모두 지친 미소를 띠며 구미의 마당으로 향했다. 온몸에 진흙을 묻히고 돌아온 사람들은 차례대로 손발을 헹궜다. 그리고 저녁을 기다리는 동안 즐겁게 떠들었다. 오늘 하루치의 일은 마쳤지만 논일은 절반밖에 끝나지 않았다. 내일은 내일의 일이 기다릴 터였다.

"친구들이 어떻게 이렇게 기꺼이 도와주는 거야?" 설거지를 마친 구미에게 내가 물었다.

"친구들과 나는 최근 몇 년 동안 서로 도와주었어. 올해는 우선 내 농장을 시작으로 해서 일이 끝나면 저기 저 친구 농장 일을 도울 거야." 구미가 설거지를 돕고 있던 친구를 가리키며 말했다. "모를 심는 데는 이틀에서 사흘 정도 걸려. 이달이 가기 전

에 농장 일을 전부 끝내야 해. 이 일은 품앗이야. 친구들이 내 농
장 일을 도와주고 나는 그 보답으로 친구들 농장 일을 도와주는
거지. 그렇게 함께 일하면 더 빨리 끝낼 수 있으니까."

"도움을 받고서 잊어버리거나 보답으로 도움을 주어야 할 때
를 잊어버린 적 있어?" 내가 구미에게 물었다.

"아니, 절대!" 학교를 하루도 다녀보지 않은 구미가 말했다.
"우리는 전부 다 기억해. 도움을 주고받은 게 얼마나 오래된 일이
든 상관없이 말이야. 우리는 절대 실수하는 법이 없어."

노동력을 교환하는 혁신적인 방법에 깃든 공동체 정신에 나는
깊은 감명을 받았다. 이런 형태의 품앗이가 모쒀족 문화에만 존
재하는지는 모르겠지만, 이들의 노동 방식은 몇 년 전 친할아버
지 댁을 방문하러 중국 남부 마을로 향했던 때 겪었던 정반대의
일화를 떠올리게 했다.

내가 그 마을에 갔던 때는 모내기 철이었다. 나는 마을 출신 여
성 몇 명과 함께 인근 논에 모를 심으러 가자는 데 여자다운 씩씩
한 기세로 동의했다. 그들은 젖은 논에 들어가기 전 나를 부츠와
장갑으로 무장해주었다. 노동력을 교환하여 서로에게 도움을 주
는 방식과는 거리가 멀었고, 우리에게 약속된 대가는 돈이었다.
그날 오후 내내 일하고 받은 돈은 20위안이었다.

모쒀족을 둘러싼 공동체 정신은 아주 강력하다. 그래서 도움
은 종종 어떤 이유를 요구하지도 않고 셈을 필요로 하지도 않고

기꺼이 그리고 자발적으로 주어지곤 한다. 어느 새해맞이 축제가 진행되던 날, 바주 마을에서 출발해 구미의 집으로 가던 길이었다. 운전을 하던 나는 사람들이 빈 양동이를 들고는 소리를 지르고 달리면서 소란을 벌이는 광경을 목격했다. 이어 그들이 어디로 향하는지 보고는 충격을 받았다. 어마어마한 불길이 인근의 한 집을 파괴하고 있었던 것이다. 나는 가던 길을 멈추고 행렬에 동참했다.

마을 사람들은 이미 물 양동이 줄을 만들어놓았다. 사람들은 불이 난 집을 향해 일렬로 서 있고, 연못가 곁에 있던 사람들이 양동이를 채워서 줄 선 이들에게 건네주었다. 줄 맨 끝에 선 사람들은 불타고 있는 집에다 양동이에 담긴 물을 끼얹고 양동이를 던졌다.

양동이로 물을 긷고 그것을 건네받아 뿌리는 일련의 과정에 틈이 생기는 것을 보며, 나는 빈 양동이 두 개를 주워서 연못가로 달려가 물을 긷는 이들에게 건네주었다. 열 명이 넘는 사람들이 대략 한 시간 가까이 쉬지 않고 일하고 나니 드디어 불길이 다소 잡혔다.

마을에서 출발한 소방차는 그제야 모습을 드러냈다. 우리는 잠깐 멈추어서 드디어 도움의 손길이 도착했다는 사실에 기뻐했다. 그러나 소방수들이 노력하고 또 노력했지만 양수 펌프를 작동시키지 못하는 것을 보았다. 호스로 물이 나오지 않았다. 마치 보이지 않는 지휘자의 지시를 받은 듯, 우리는 즉각 원래 자리로 복귀해 불이 꺼질 때까지 공동 소화작업을 계속해 나갔다.

바주 마을 구성원 전체가 협력하여 불을 끄는 장면은 경이로웠다. 나중에 알게 된 것이지만, 촌장은 마을의 모든 가정에 화재로 타격을 입은 가족을 물심양면으로 돕도록 격려했다고 한다. 그야말로 참된 공동체 정신이 실현된 예였다.

공동체 단위로 협력하는 데는 역효과도 따르는 일이다. 마을에 거주하는 개개인의 삶이 공동체의 삶과 너무 밀접하게 연결되어 있기 때문이다. 마을에서 살아가는 모든 가족들은 마을의 모든 대소사에 참여하여 도움을 줄 것이라고 기대될 뿐 아니라 참여를 강요받기도 하기 때문이다. 모든 아기들이 맞는 첫 번째 보름달, 모든 아이들의 성년식, 새 집에 대한 모든 축복 의식, 마을에서 치르는 모든 장례식마다 가족 중에서 적어도 한 사람씩이라도 참석시킨다. 일손 없이는 열릴 수 없는 행사이기 때문에 일손을 보태어 기여한다는 사회적인 강요가 암묵적으로 존재하기 때문이다.

이러한 공동체 정신은 특이한 방식을 거쳐 공동체가 소유하는 재산이라는 관념을 낳는다. 이전에 나는 소유물을 개인의 사적 재산으로 인식하기보다 공동체 전체의 자산으로 간주하는 고대 사회에 대해 읽은 적이 있다. 당시 이 내용을 머리로 이해하기는 했지만, 시간이 지나 실생활에서 마주하게 되자 책으로 이해한 것과는 딴판이었다.

처음으로 이 개념을 실생활에서 겪은 건 구미가 이웃에게 달려가 소금 두 자루를 '빌리던' 광경을 보았던 때로 기억한다. 그 다음에는 한 남자 친구가 자신의 삼촌 집에 가서 숯을 한 짐 가져오는 것을 보았다. 집에서 바비큐를 할 때 필요하기 때문이었다. 친구는 집 안에 있는 누군가에게 허락을 구하지도 않았다. 그는 숯을 들고 뒤도 한 번 돌아보지 않고 집으로 향했다.

어떨 때에는 숯보다 더 큰 것도 공공재로 취급된다. 어느 날 구미의 집에 이웃 남성이 찾아와 구미 가족이 사용하는 오토바이의 열쇠를 달라고 했다. 남성은 시내에 가야 하는데 거기까지 갈 교통수단이 필요하다는 것이었다. 기지는 잠시 주춤하는 기색도 없이 열쇠를 넘겨주었다. 남성은 오토바이를 타고 신속하게 사라졌다.

"그렇게 아무것도 안 물어보고 오토바이를 빌려준 거야?" 도저히 믿지 못하겠다는 투로 내가 물었다.

"그럼, 당연하지." 애초에 거절하는 선택지는 가지고 있지도 않은 양 기지가 답했다.

"나였어도 똑같이 했을 거야." 기지가 덧붙였다.

비로소 나는 공공 재산의 개념이 소금 한 자루에서 오토바이까지, 즉 작은 것부터 큰 것에까지 걸쳐 있음을 이해할 수 있었다. 이렇게 나는 모쒸인들의 실생활에서 재산의 공유라는 현상이 어떻게 일어나는지 직접 보게 되었다. 하지만 이때까지도 여전히 추상적인 수준에서의 관찰자에 머무는 수준이었다.

공유 재산의 의미가 확실하게 와닿았던 순간은 그것을 직접적으로 경험했던 때였다. 일전에 나는 루구호 주변을 이동할 때 쓰기 위해서 새 차를 샀다. 차는 호수 부근의 튼튼해 보이지만 무너지기 쉬운 산길과 미끄러운 진흙탕 길 위를 잘 다녔다.

루구호를 장기간 떠나게 되었을 때, 차를 남겨놓고 가야 했기에 나는 좋은 친구인 한 남성에게 차 열쇠를 맡겼다. 당시 나는 이 차 열쇠가 어쩌다 차에 시동을 거는 데 쓰일 것이라고 예상할 뿐이었다. 나는 아무것도 모르고 있었다. 어떤 남성이 내게 그 친구가 내 차를 타고 시내를 돌아다니더라는 말을 전해주기 전까지는 말이다. 다시 한 번 루구호에 머물다 떠날 때가 되었을 때, 나는 차를 사용해도 되는 상황을 보다 구체적으로 제한하기로 했다.

"너는 내 차를 써도 돼. 하지만 너 말고 다른 사람은 안 돼!" 나는 말했다. 그리고 이렇게 덧붙였다. "내 차 가지고 호숫가 주변으로 관광객들 데려다주고 그러지 말아줘. 보험 적용이 안 되거든."

"걱정하지 마." 열쇠를 넘겨받으며 그가 답했다.

다시금 안도한 나는 이 이상의 협의는 생각하지 않았다. 그런데 루구호로 돌아온 뒤에 나는 경악을 금치 못했다. 서로 다른 사람들이 길 위에서 내 차를 목격했다는 증언을 늘어놓았고, 그들

역시 한 차 가득 실린 관광객들과 함께 호숫가 주변을 차로 돌았
다는 것이다. 차 열쇠를 건네받은 친구는 차를 썼을 뿐 아니라 내
차가 자기 것인 것처럼 행동했다. 자신의 친구들에게도 차를 넘
겨주었던 것이다. 친구는 차를 공동체에 속한 재산으로 여겼고
내 지침은 완전히 무시했다.

개인적으로, 그리고 감정적으로 공유 재산이라는 개념을 받
아들이기 위해 열심히 노력했지만 이 일련의 일들은 내 화를 돋
웠다.

나의 모쒀 친구에게, 누군가의 재산을 사용하는 데 제한을 두
는 일은 이기적일뿐더러 그가 공동체 재산에 대해 가진 감각에도
어긋나는 것이었다. 나는 개인이 가진 재산에 대해 이들이 보이
는 격의 없는 태도를 내면화해보고자 무진 애를 썼음에도 도무지
소유물에 대한 애착을 떼어버릴 수 없는 나 자신에게 놀랐다. 루
구호에서 보낸 시간이 몇 년이나 되었지만 내가 명시적으로 동의
하지 않았는데 누군가가 내 물건을 쓸 때면 여전히 속 깊은 데서
부터 울컥 하는 기분이 든다.

모쒀인들이 공동체 구성원들의 자산에 대해 보이는 태도를 내
것으로 만들 수는 없다는 간단한 사실을 깨닫게 되면서, 결국 나
는 자시에게 차를 팔았다. 나는 차의 가격을 할인해주었고, 자시는
내가 루구호에 머무는 동안 차를 이용해도 된다는 데 동의했다.

모쒀 사회를 중국사회와 나란히 놓고서 비교하며 알아가다 보면 여지없이 가모장제로 향하는 나를 발견하게 된다. 특히 모쒀식 가정에 들어가면 이 여성적인 세계에서 얻을 수 있는 또 다른, 그리고 가장 중요한 깨달음이 있다. 나 역시 모계 가정에 처음 발을 들였을 때 그런 깨달음을 얻었다. 언젠가 구미의 마을에 이웃해 사는 한 젊은이를 집에 내려주었더니, 그가 나를 초대해주었던 적이 있었다.

그는 나를 가모장의 방으로 인도했고, 방 안에 있던 한 노인과 두 젊은이를 소개해주었다. 모두 나무 침대 곁에서 방석을 깔고 바닥에 앉아 있었다. 나는 화로에 불을 때는 가모장에게 미소를 지었다.

"안녕하세요, 제 이름은 아홍이에요. 저는 싱가포르에서 왔고 루구호를 여행하는 중이에요." 내가 말했다.

"안녕? 우리 가족 이름은 아하란다." 가모장이 담배를 한 모금 빨며 말했다. "앉아서 차 한잔 들어." 화로 반대편에 놓인 방석을 가리키며 그가 덧붙였다.

얼마 지나지 않아 다리를 저는 나이 지긋한 남자가 더 젊은 남자의 부축을 받으며 방으로 들어왔다. 그 남성들은 반대편에 일렬로 앉아 있는 여성들을 마주보고 자리에 앉았다. 마당 바깥에는 십대들이 있었는데, 목소리로 보아 적어도 네 명쯤 되었다.

더 나은 방법을 알지 못한 채, 나는 내게 익숙한 중국의 핵가족이라는 도식에 맞추어 아하 가족 구성원을 파악해나갔다. 이 대가족 중에 저 노인이 친할아버지, 그 부인인 친할머니, 세 딸 중 한 명은 젊은 남자와 결혼했고 두 명은 미혼, 그리고 결혼한 부부가 슬하에 네 명의 자녀를 둔 것이 명백해 보였다.

다만 나를 혼란스럽게 한 것은 아이들의 수였다. 중국에는 산아제한 규정이 있었다. 대도시일 경우 한 부부당 자식이 한 명으로, 시골 지역에 한해서는 두 명까지로 제한되어 있었다. 나는 아마도 이 가족이 허용되는 수보다 더 많은 아이를 낳은 모양이라고 생각했다.

하지만 내가 있던 곳은 부족 특유의 모권제가 존재하는 모쒀인들의 땅이었다. 이 아하 가족은 모쒀인들의 말대로 '모계 대가족'이었다. 여기에 가부장제 하의 핵가족이 따르는 규칙은 적용될 수 없었다.

전통적인 가부장제 가족 구성의 프리즘을 통해 이 가족을 바라본 것이 나의 오산이었다. 이 관점은 일부일처를 이룬 1세대, 그 아들과 며느리로 이루어진 2세대, 아들과 며느리 부부에게서 난 아이들로 이뤄진 3세대로 구성된 3대 가족이 존재하는 현대 중국에서나 유의미할 수 있었다. 이 가족 구성은 집안의 남자가 그 남자 조상에서부터 오직 아들 쪽의 자식들로 이어져 내려오는 가계 혈통을 잇는다는 불가침의 믿음에 기반한 것이다.

그제야 나는 가모장제라는 동그란 구멍에 가부장제라는 네모난 말뚝을 끼워넣으려 하고 있었음을 깨닫게 되었다. 아하 가족은 남성 지배로 정의되는 세상과는 완전히 다를 뿐 아니라 아예 그와 정확히 반대되는 세계에 살고 있었다. 그들의 가족구조는 우리에게 친숙한 세계의 이면에 존재하는 것이었다. 누가 아하 가정을 만들었는지 이해하기 위해, 나는 마치 렌즈를 뒤집어 반대편에서 바라본 것처럼 이 구조를 의식적으로 다시 상상해야만 했다.

사회학 도서를 많이 읽고 모쒀 친구들과 많은 대화를 거친 끝에, 나는 모계 혈통이 모쒀 문화의 핵심임을 알게 되었다. 모쒀식 가족 구성은 간단했다. 가계의 중심인 할머니와 핏줄로 직접 연결된 사람이라면 누구나 가족의 일원이 되었다. 이 가족은 집안의 여자가 그 여자 조상에서부터 오직 딸 쪽의 자식들로 이어져 내려오는 가계 혈통을 잇는다는 불가침의 믿음에 기반해 이루어진 것이다.

3대 모계 가족을 상상하려면 3대를 이어주는 축과 거기 연결된 세 개의 관계를 생각해야 한다. 우선 첫 번째 관계는 1세대인 할머니에서 시작한다. 나를 초대해준 그 젊은이의 어머니에게서 태어난 남자형제는 내가 '할머니-남자형제' 공식이라고 부르는 이 첫 세대에 포함된다. 할머니의 자매들은 이 세대에 포함되지 않는데, 각각의 자매들은 각자 자기 소유의 온전한 가정을 꾸렸기 때문이다.

다음 관계는 할머니에게서 태어난 모든 자식들을 포함한다. 이 단계에서는 별다른 설명이 필요 없다. 할머니가 낳은 자식들이 므로 할머니와 핏줄을 나누었기 때문이다. 독특한 것은 이 '할머니-딸/아들' 조합에 그 자식들의 아샤오, 즉 연인은 일체 거론되지 않는다는 점이다. 모쒀족에게 가족에 아샤오가 포함되는 시도는 결코 상상도 할 수 없는데, 아샤오는 성별을 막론하고 다른 모계 혈통에서 태어나 다른 모계 혈통을 이을 것이기 때문이다. 보다 간단히 아샤오는 연인으로 가족 중 딸이나 아들과 성적으로 연결되는 관계일 뿐, 모계 혈통 바깥에 위치하므로 가족의 일원이 될 수 없는 존재다. 아샤오가 남자일 때, 그는 한 가족 내의 여성을 만나기 위하여 그 집에 들르기는 하지만 어떤 형태로도 연인과 함께 영구적인 결합을 이루지 않는다. 모쒀 사회에는 결혼이라는 개념이 부재하는 만큼, 우리의 관점에서 보면 모든 성인가족 구성원은 독신이다.

세 번째 세대를 이루는 관계는 오로지 할머니가 낳은 딸 쪽 손주들로만 이루어진다. 모계 혈통으로 세대를 나눈다면 이 구분이 이치에 맞는 게 된다. 할머니가 낳은 자식 중 오직 딸만이 다음 세대로 혈통을 이을 수 있는 존재다. 마지막 세대에서는 손녀와 손자 모두 할머니 가정에 속한다. 딸이든 아들이든 엄마의 피를 이어받았기 때문이다. 이때 손자가 아샤오와 아이를 만들게 되면, 아이는 또 다른 가족에 속해 있는 제 어머니의 혈통을 따른다. 즉, 다른 혈통을 이어받은 아이는 손자와 서로 다른 가족에 포함된다. 아이는 손자가 할머니라고 부르는 가족의 일원으로 치지 않는다는 것이다.

할머니-엄마-손주로 이어지는 모쒀식 가족을 이해할 때의 핵심은 자식이 오로지 엄마에게만 속하지 그의 아샤오에게는 속하지 않는다는 점이다. 여기서 여성이 엄마가 되려면 남자 아샤오의 존재가 필수라는 사실은 아무 상관이 없는데, 왜냐하면 남성이라는 요소는 모계 혈통에 영향을 주지 못하기 때문이다.

전통적 모계 가족 내에서, 아샤오의 자리는 어디에도 없다. 할머니에서 시작되는 1세대든, 할머니의 딸이나 아들로 이루어지는 2세대든, 할머니의 딸이 낳은 손녀나 손자가 만든 3세대든 마찬가지다. 이 원칙들을 적용해서 아하 가족 내에서 누가 누구와 연결되어 있는지 알아보기란 어려운 과제인 동시에 통찰력을 얻을 수 있는 기회였다.

화롯가에서 담배를 피우는 노인을 보며, 나는 처음으로 배운 것에 의거하여 추측하기 시작했다.

"선물이에요, 할머님." 나는 다른 누구도 아닌 바로 이 노인이 아하 가족의 가모장일 것으로 믿으며 그에게 담배 한 갑을 선물했다.

"고마워." 노인이 말했다. 그가 아하 가의 가모장이 맞다는 사실을 확인시켜준 셈이었다.

그는 아무 말도 하지 않은 채 내가 집에 태워다준 젊은이를 바라보았다. 노인의 눈에는 가장으로서의 권위가 언뜻 내비쳤다. 새로 사귄 나의 친구는 무엇을 해야 할지 정확히 알아채고 주전 자에 담긴 뜨거운 물로 차를 우려주었다. 다른 가족 구성원처럼 그 역시 권위 있는 가장의 지시에 의문을 제기할 엄두를 감히 내지 않았다.

아하 가족의 할머니는 가모장이라는 이름에 걸맞게 가장 높은 여성에게 주어지는, 그러니까 집안에서 가장 중요한 자리에 안 락하게 앉아 있었다. 곁에는 가모장의 침대가 놓인 가모장의 방이 있었다. 방을 지탱하는 두 개의 소나무 기둥 중에서 더 큰 기둥이 이쪽을 가리키고 있는 것이 일종의 표식 역할을 했다. 나는 이것이 가모장제에서의 상징임을 놓치지 않았다. 또한 가족 내의 우두머리인 그에게 먼저 인사를 올려야 한다는 것도 알고 있었다.

"내 오빠야." 그는 내가 화로를 사이에 두고 자신과 마주보고 앉아 있는 남자 노인에게로 방향을 틀자 그렇게 말했다. 방금 내가 이해했던 대로 할머니-남자형제 관계가 성립하고 있음이 확인되었다. 아샤오는 가족 구성원이 될 수 없기에 남자 노인은 할머니의 연인일 수 없었다. 그리고 둘은 어머니 쪽 핏줄로 연결되어 있어야 하기 때문에 남매관계일 것이었다. 비록 더 작은 기둥이 세워진, 방 안에서 덜 중요한 쪽인 남자 자리에 앉아 있었지만, 그 쪽에서 가장 높은 자리에 앉아 있다는 점은 그가 집안의 남자 중에서 가장 높은 서열이라는 사실을 알려주었다.

"나머지 가족들이야." 할머니는 방 안에 있는 젊은이 넷을 가리키며 말했다.

"안녕, 구미." 라주의 엄마가 알려준, 여자 동생을 정중하게 칭하는 모쒸식 호칭을 써서 그들에게 인사하자, 세 명이 차례로 내게 미소를 지어주었다.

세 명의 여성들이 전부 아하 할머니의 딸이리라고 짐작했다. 모계 가족의 두 번째 세대에 해당하는 할머니-딸/아들 공식을 떠올리며 정답일 것이라는 예감이 들었다. 그들은 전부 독신이었고 남편이 없을 것이었다.

아샤오가 가족에 포함되지 않으므로 이 세 여성들 중 누구도 삼촌 곁에 앉은 젊은 남성과 연인관계가 될 수 없다. 그 역시 같은 이유로 이 세 젊은이 중 누군가의 아샤오일 수 없다. 그러니 그 역시 독신이었다. 동일한 모계 혈통을 공유해야만 집안에 있을 수 있으므로 이 남성은 할머니의 아들이자 세 딸들의 남자형제여야 했다.

"안녕, 얘들아." 마당에 있는 세 명의 아이와 가장 어린 십대 남자아이 한 명에게 빨간 봉투에 담긴 용돈을 주면서 내가 말했다. 할머니-딸-손녀/손자라는 세 번째 관계로 미루어보면 아마 이들이 할머니의 딸들이 낳은 손주들일 것이라고 추측했다. 성별을 불문하고, 아하 가의 가장이 낳은 딸 쪽 자식만이 할머니의 핏줄을 이을 수 있었다. 아하 성을 가진 아들이 어느 여성과 함께 만든 아이라면 아하 성을 물려줄 수 없기 때문이었다.

"누가 누구 아이인지 말해줘요." 세 여성들에게 나중에 묻자 그들은 답을 알려주었다. 답은 내 짐작과 맞아떨어졌다. 현대 중국사회에서 이들은 아마도 독신모로 비쳐질 것이라고 생각했다. 아이들은 아하 할머니의 아들을 '삼촌'이라고 불렀다. 아이들이 이 성인 남성과 모계 친척이리라는 추론을 확증해주는 답이었다.

모쒀식 모계 가족구조라는 복잡한 미로를 이해하기 위해 무진 애를 쓰고 나니, 내가 기울인 노력이 흡족하게 느껴졌다. 나는 아하 가족의 수수께끼를 풀어냈다. 내 머릿속 어딘가에 이 산악지대 부족사회가 품은 모호함을 이해해낼 수 있는 구석이 있었음을 알게 되었다.

아하 가족에 대한 전체적인 그림을 그려내면서, 나는 모쒀 사회가 여성을 축으로 삼아서 구성되는 독자적인 방식이 독특하기도 하고 자못 급진적이라는 데 놀랐다. 이 사회는 여성에서 시작해 여성으로 끝났다. 가부장제 사회 어디에서도 볼 수 없는, 완전히 다른 방식이었다.

여성중심적인 모쒀인들의 세계에 내재된 논리에 감탄함으로써 나는 기존의 중국 가부장제 사회를 한 발 물러나 볼 수 있었고 그 사회 역시 나름의 논리를 가지고 있다는 점을 깨닫게 되었다.

어떤 사회에서든 사회 내부에 성별 편향적인 원리가 작동하고 있었다. 각 사회체계는 가치 있다고 여기기로 결정한 권력을 보존하는 방식으로 굴러간다. 가부장제가 세계 전반에 보편적으로 받아들여지고 있다고는 하지만, 내가 선택할 수 있는 문제였더라면 모쒀식 모계제라는 대안을 선택했을 것이다.

5

대모가 되다

미처 몰랐던 사실이지만, 한 모쒸 아이의 대모가 되어주는 일은 온 동네 아이들의 대모가 되는 길로 나를 인도했다.

간마, 즉 대모가 되는 건 내 문화적 배경을 고려할 때 그리 새로운 일이 아니었다. 중국사회에서 대모는 흔한 문화이기 때문이다. 내가 살면서 대모 풍습에 대해 처음 알게 된 건 엄마, 동생과 함께 엄마가 아는 어느 나이 지긋한 선생님 댁에 갔을 때였다. 아직도 동생이 그 선생님을 '간마'라고 부르던 것이 기억난다. 그때 나는 곁에 서서 그런 동생을 흥미롭게 바라보았다. 새롭게 동생의 대모가 된 선생님은 진지한 얼굴로 고개를 끄덕였다. 그러고는 대모가 되었음을 공식적으로 인정하는 의미로 동생에게 빨간 봉투에 담긴 돈을 주었다. 이후에 어머니는, 자주 아프던 나의 여동생이 자신 말고도 또 다른 사람을 엄마라고 부르면서 운이 바뀌는 행운을 얻었다는 말을 했다.

라주가 나를 대모라고 불렀을 무렵에는 난 이미 대모 노릇에

통달한 상태였다. 친구들이 이미 몇 년에 걸쳐서 자신이 낳은 아이의 대모가 되어달라고 했다. 이때는 아이의 운을 바꾸기 위해서라기보다는 행여나 어떤 일이 생길 때 내가 올바른 일을 해줄 것으로 믿는, 내게 신뢰를 표현하는 방식이었다. 나는 여러 번에 걸쳐 아이들의 대모가 되었고 늘 대모로서의 내 역할을 진지하게 받아들였다.

그러나 루구호에서 머무는 동안에 이 역할을 이렇게 대대적으로 맡을 생각은 없었다. 일은 천천히 커져갔다. 루구호에서 나는 새 집을 짓고 그곳에 자리를 잡는 느긋한 속도에 맞추어 새 친구들을 알아갔다. 점차 그 친구의 가족들이 차례로 내 친구가 되었고, 마을 내에서 지인의 범위가 넓어졌다. 그 당시 나는 나도 모르는 사교 일정을 소화하고 있었던 것이다.

대체로 친구들은 미리 약속을 잡는 대신 일상적으로 저녁식사를 같이 하자고 했다. 때로는 라주가 전화를 걸어서 자신과 자신의 동생과 함께 사과나 버섯을 따러 가지 않겠냐고 묻기도 했다. 나는 한 번도 초대에 응하지 않은 적이 없었다. 소환될 때마다 거의 모든 요청을 수락하면서, 새로 사귄 친구와 오래된 친구의 집을 오갔다.

내 사교생활에 가장 꾸준히 등장하는 인물은 구미였다. 매번 집을 나설 때마다 첫 식사나 마지막 식사는 구미 집에서 하게 되었다. 그 사이사이에도 구미는 항상 나를 끌고 시장으로 가서 쇼

핑을 하거나 마을에서 일어나는 대소사에 나를 데려갔다. 그가 그의 대가족에게 나를 소개할 때면 인맥이 즉각적으로 넓어지곤 했다.

"여덟 자매형제 중에서 내가 막내야." 구미는 우리가 서로를 알게 된 지 얼마 되지 않아 이렇게 말했다. "내 집에서 굉장히 가까운 곳에 엄마가 살고 있어. 우리 엄마도 만나볼래."

구미가 자신의 엄마를 부르던 '아마'라는 말은 엄마를 뜻하는 모쒀어였다. 아마는 노령에 접어드는 나이 대였다. 그는 젊고 예쁘던 시절에 피부가 까무잡잡하고 잘생긴 아샤오를 만났다. 아샤오는 아마의 집에 자주 들렀는데, 아마는 모쒀 전통에 따라 그와 주혼 관계를 이어나갔다. 주혼이란 결혼과는 다른 모쒀만의 풍습으로, 남성 아샤오가 여성과 밤을 보낸 뒤 아침이 되면 자신의 집으로 돌아가는 것이다.

혼인한 상태는 아니지만 비교적 오랜 관계를 이어나갔던 둘은 한 명의 딸과 네 명의 아들을 낳았다. 전부 아샤오가 아닌 아마의 아이들이었다.

모쒀족의 역사에 소용돌이가 일지 않았더라면, 아마는 자신의 아샤오를, 혹은 새로운 아샤오를 자신의 집으로 계속해서 부를 수 있었을지도 몰랐다. 1960년대에 새롭게 들어선 중국 중앙정부는 10년 이상 중국을 통치했다. 당시 공산당 지도부는 외딴 지역인 윈난성에까지 토지 재분배 정책을 적용했다. 바로 그 정책이 아마로 하여금 자기 소유의 땅을 가지게 한 것이다. 게다가 모 쒀족과 같이 규모가 작은 소수민족 사회의 풍습에는 중앙정부가 관여하는 일이 거의 없다시피 했기 때문에, 모쒀인들은 긴 세월 동안 중국 제국의 통치 하에서 늘 그러했듯 가모장제 전통과 혼 인 없이 유지되는 가족 구성을 이어나갈 수 있었다.

오히려 변화는 문화혁명이 중국 전체에 퍼져나가던 시기를 맞 아 순식간에 이루어졌다. 혁명의 군사였던 홍위병들은 산속 깊이 자리한 루구호에까지 도달했다. 그들의 사명은 봉건시대의 구식 풍습을 전부 지워버리겠다는 것이었다. 모쒀인들이 결혼하지 않 은 상태로 누군가와 성적인 관계를 유지한다는 걸 알게 된 이들 은 모쒀족의 풍습을 야만적이고 원시적이라며 규탄했다.

이들의 전언은 분명했다. 모든 모쒀인들이 낡은 주혼 풍습을 벗어던지고 현대를 살아가는 문명인으로서 영구적인 결속을 이 루는 형태인 일부일처의 법률혼을 받아들여야 한다는 것이었다. 이로써 그들은 한 번에 부족이 유지하던 규범 중 두 가지를 바꾸 어놓았다. 혼인을 의무로 만들어놓은 동시에 일부일처제까지 설 정한 것이다.

격변기를 거치면서 모쒀인들은 일부일처혼에 편입되도록 설 득되거나 압력을 받았으며, 나중에는 강요당했다. 당시 한 명 혹 은 여럿의 아샤오를 두었던 모쒀 젊은이들이 그러했듯, 아마와 아샤오 역시 격랑에 휩쓸린 세대로서 별다른 이견 없이 서로를 아내와 남편으로 칭하게 되었다.

"엄마는 모계가족과 함께 살던 집을 떠나서, 아빠와 부부가 되어 바주 마을에 집을 새로 얻었어. 내 언니와 오빠들도 함께 갔고." 구미가 내게 말했다.

"그러고 나서 엄마는 내 위로 오빠 두 명을 더 낳았어. 내가 막내고 우리는 총 여덟 남매야."

아마와, 아샤오에서 남편으로 지위가 변한 그의 배우자에게 작은 농장을 가지고 이 많은 입을 먹여살리는 것은 여간 어려운 일이 아니었다.

"아빠는 때때로 오랫동안 집을 떠났어. 차마고도에서 마방 일을 하러 가서 식구들 먹일 곡식이나 고기를 얻어 왔지." 구미가 말했다. 마방은 마부라는 뜻이었다. "우리는 엄청나게 가난했거든. 엄마는 언니 한 명과 오빠 두 명을 친척들에게 보냈어. 자시는 티베트 불교 사원에 보냈고."

근근이 먹고사느라 분투하는 바람에, 아마와 남편은 아이들을 학교에 보낼 수가 없었다. 한 아들만 2년 정도 학교에 다녔고, 다른 아들 하나는 사원에서 읽고 쓰기를 배웠다. 다른 여섯 아이들은 모쒀족 가운데 1960~1980년대의 궁핍한 시절에 자라난 세대가 대부분 그랬듯 글을 모른 채 컸다.

구미와 남매들에게 글을 읽고 쓸 줄 모른다는 건 별다른 걸림돌이 되는 것 같지 않았다. 이들을 전부 만나보고 나서 나는 이들

각자가 서로 다른 방식으로 변화하는 세계에 잘 적응해나가고 있다고 확실히 말할 수 있었다. 구미가 휴대전화를 쓰는 것만 봐도 나의 말을 입증하기에 충분했다. 구미는 기지의 도움을 받아 주소록에 중국어로 사람들의 이름을 등록했지만, 그 이름을 읽을 수는 없었다. 그래도 문제될 것이 없었다. 구미는 목록을 넘겨 전화번호를 보면서 전화를 걸고자 하는 사람에게 한 치의 실수도 없이 전화를 걸었다. 구미가 친구들의 전화번호 뒷자리 4개를 전부 외우고 있는 것은 그 때문이었다.

글을 읽거나 쓸 수는 없었지만, 구미 세대의 모쒀인들은 전부 만다린어를 할 수 있었다. 그들은 자신들이 언어를 익히는 유일한 방식인 귀와 입으로만 중국어를 배웠다. 이렇게 대강이나마 중국어 회화를 하는 덕에, 일상에서 공동체 밖의 사람들과 그럭저럭 상호작용할 수 있었다.

몇 년간 나는 아마와 구미의 남매 몇 명, 그리고 그들의 아이들과 아는 사이가 되었고 점차 대가족의 일부로 여겨질 만큼 가까워졌다. 루구호에서의 나의 삶은 그들을 중심축으로 삼아 움직였다.

구미의 여섯째 오빠인 지주오는 내 친구가 되었다. 그는 달 호수 곁에 내 통나무집을 지을 무렵 말 농장에서 일하고 있던 충실한 일꾼으로, 내 집을 포함해 농장의 모든 대소사에 관여했다. 수도꼭지에서 물이 샌다 하면 그가 렌치를 가지고 나타나 금세 고쳐주었다. 지주오는 무거운 내 가방이나 스토브에 쓰이는 육중한 가스통을 제일 먼저 옮겨주었다. 또한 그는 식물을 잘 다뤘는데, 테라스에서 자라나는 장미나 국화의 가지를 쳐주기도 했다. 글을 읽지 못하는 점과는 상관없이 지주오는 팔방미인이었다.

"나는 도시에 있는 으리으리한 승마 학교에서 마부로 일하기도 했어." 지주오는 내게 삶에서 길어올린 지혜를 나누어주면서 자랑스레 말했다.

어느 겨울 날, 전기가 나가 어두컴컴한 부엌에서 식사를 하다가 닭 뼈가 목에 걸려 숨이 막힐 뻔한 적이 있었다. 절박한 상태에서 나는 지주오에게 전화를 걸었다.

"부신 러!" 나는 껵껵거리며 중국어로 말했다. '가망이 없어'라는 뜻의 이 말을, 나는 절망적인 마음에 내뱉은 것이었으나 그는 내가 죽어간다는 뜻으로 알아들었다. 그는 전화기를 내려놓고 단숨에 달려와 나를 구해주었다. 내가 평생 그에게 빚을 졌다는 걸 그는 잘 알고 있다.

지주오는 아샤오와 사이에 딸 둘을 두었다. 첫째의 이름은 얼처로, 가족들과 다 함께 식사를 여러 번 하면서 친해진 매력적인 여인이다. 둘째의 이름은 샤오메이로 나의 대녀였다. 얼처도 자식이 둘 있다. 중국 가족계획정책이 도시에서는 부부당 자식 한 명, 농어촌에서는 두 명으로 정해지면서 얼처 세대가 갖는 자식 수는 아버지 세대보다 훨씬 줄어들었다.

얼처가 막내를 낳았을 때, 그는 내게 예상치 못한 질문을 했다.

"아이의 간마가 되어줄래요?"

나는 픽 놀랐다. 그의 사촌인 라주와 동생인 샤오메이에게 대모 역할을 해주는 모습을 보고서 감명을 받았나 보다고 생각했다. 그렇게 대녀와 대자의 머릿수가 점점 늘어났다. 이외에도 라주의 사촌인 어느 40대 남성이 자신을 대자로 삼아달라고 우기는 바람에 또 다른 대모 역할을 수락하기도 했다. 그 역시 나를 간마라고 불렀다.

물론 나의 모쒀 대녀와 대자 중에서 첫째는 라주였다. 내가 처음 라주를 알았을 때, 그 아이는 중학생이었다. 그리고 얼마 되지 않아서 라주와 남동생 농부가 둘 다 마루에 쪼그려 앉아서, 등받이 없는 동그란 의자를 탁자 삼아 그 위에 공책과 펜을 올려놓고 숙제를 하고 있다는 것을 알게 되었다. 그들을 위한 나의 첫 번째 선물은 두 명이 쓰기에 충분한 크기의 탁자였다. 아이들이 편안히 공부할 수 있도록 하기 위해서였다. 그 다음으로는 보충학습 교과서와 다른 읽기 교재를 사주었다.

또한 나는 라주가 춤추기를 좋아한다는 것을 알게 되었다. 라주는 언제 어디서나 벌떡 일어나 공연을 펼쳐 보였다. 아버지의 휴대전화에서 흘러나오는 음악의 곡조에 맞추어 민속 무용을 선

보였다. 라주를 보고 있노라면 한때 마고 폰테인*의 뒤를 잇는 무용수가 되고 싶었던 열 살의 내가 떠올랐다. 주변에 수소문한 결과, 쿤밍 소재 윈난예술원에서 오는 봄학기 신입생 모집을 위해 춤 오디션을 볼 것이라는 소식을 들었다.

"무용학교에 갈 생각 있니?" 나는 열다섯 살이 된 라주에게 물었다.

"네, 네!" 라주가 쏜살같이 답했다.

답을 듣자마자 나는 즉시 행동을 개시했다. 라주의 아빠에게 집 안에 나무로 된 임시 바를 만들어달라고 했다. 라주에게 발레 레슨을 해주기 위해서였다. 잊고 있던 기억을 끄집어내어 아이에게 다섯 가지 발레 기초 동작과 다른 춤 동작을 알려주었다.

우리는 다가오는 오디션을 준비하기 위해서 두 가지 안무를 짰다. 하나는 전통 모쒀 무용이었고 다른 하나는 티베트 춤이었다. 나는 라주네 집을 방문할 때마다 연습을 시키는 엄격한 춤 선생이 되었다.

오디션은 너무나 빨리 다가왔다. 라주는 쿤밍으로 향하느라 생애 처음으로 비행기를 탔다. 마지막 오디션 자리를 잡을 수 있는 시간에 겨우 도착했다. 쌀쌀맞은 표정의 선생님이 깐깐하게 바라보는 가운데, 라주는 춤을 추기 전 몇 가지 포즈를 잡아보라는 요

---

*영국의 발레리나로 20세기 가장 위대한 고전 발레 무용수로 알려져 있다.

구를 받았다. 아이는 긴장했지만 올바른 동작을 선보이기 위해서 최선을 다했다.

"쯧쯧!" 라주가 끝마치기도 전에 선생님이 혀를 찼다.

"몸이 너무 뻣뻣해. 어깨가 접히지 않고 등이 충분히 유연하지 않아. 열다섯이면 무용수가 되기에 늦었어!"

바로 그 순간, 우리의 희망이 와장창 깨져버렸다. 라주와 나는 둘 다 대단히 낙담한 채 오디션장을 빠져나왔다. 라주를 위로하기 위해 해줄 수 있는 말이 별로 없었다. 2년만 일찍 아이를 만났더라면 상황을 바꿀 수 있었을 것이라고 생각했다. 라주는 내가 끝내 될 수 없었던 무용수가 되었을지도 몰랐다.

라주에게 찾아온 좌절은 이게 끝이 아니었다. 다음 해 라주는 중학교 졸업시험에 낙방해 고등학교에 진학할 수 없게 되었다. 모두가 충격에 휩싸였다. 구미는 라주가 이제 일을 해야 할 때라고 생각했다.

"리커 공연장의 가무단에 들어갈 수 있을 거야." 구미가 딸에게 말했다.

라주 아빠는 생각이 달랐다.

"간호학교에 갈 수도 있어." 그가 말했다.

"너는 뭘 하고 싶니?" 내가 라주에게 물었다.

당혹스러운 얼굴로 라주가 우리를 바라보았다. 라주는 마땅한 생각을 가지고 있지 않았다.

나는 포기하고 싶지 않았으므로 다른 대안을 찾아나섰다. 다음 날 누군가가 내게 루구호에서 그리 멀지 않은 곳인 바오산 마을에 위치한 직업 교육원에 관광업 과정이 있다고 알려주었다. 나는 내 집으로 라주네 가족들을 소집해 회의를 열었다. 그리고 라주에게 두 가지 선택지를 제시했다. 하나는 간호학교에 가는 것이었고 다른 하나는 호텔·요식업을 배우는 것이었다. "간호학교에선 공부를 많이 해야 하고 비위가 좋아야 해." 내가 말했다. 접객업을 배운다면 간호학보다 더 쉽기도 하고, 루구호의 관광업이 성장기에 있다는 것을 생각하면 기회가 많이 주어질 터였다.

"결정해, 라주." 라주의 모부가 딸을 채근했다.

"관광업을 배울래요." 몇 분간 숙고한 끝에 라주가 말했다.

총 4년 과정 중에서 입학 첫 해에 드는 비용은 내가 맡아서 처리하고 그 다음부터는 모부와 나누어 내겠다는 것을 모두에게 확실히 말한 뒤에, 나는 이제 시간이 별로 남지 않았음을 상기했다.

관광학교 지원자들은 이틀 내로 면접을 봐야 했다. 바오산까지 가려면 하루를 꼬박 운전해서 가야 했으므로 우리는 바로 내일 떠나야 했다.

바오산에 간 이래로 모든 게 잘 풀렸다. 라주는 면접을 훌륭하게 통과했고 입학 허가를 받았다. 그게 벌써 3년 전의 일이다. 라주는 이제 학교에서의 마지막 1년을 보내고 있고 리장의 오성급 호텔에서 실습과정을 갓 시작한 참이다.

내가 학업을 도운 아이가 라주만 있는 것은 아니다. 얼처의 여동생이자 구미의 오빠 지주오의 딸인 샤오메이는 나와 처음 만났을 때 바오산 대학 2학년생이었다. 이 아이는 구미의 자매형제들이 낳은 아이들 중 처음으로 대학에 간 아이이기도 했다. 샤오메이는 첫 해에 과에서 수석을 할 정도로 똑똑하고 공부를 열심히 하는 학생이었다. 그래서 학자금의 일부는 보조금으로, 일부는 독일 재단의 장학금으로 충당하며 관광경영을 전공하고 있었다. 학비가 지원금보다 많이 나올 때는 내가 도와주기도 했다.

관광학을 전공한 샤오메이는 최우등 졸업을 뜻하는 숨마쿰라우데로 졸업했다. 현재 샤오메이는 미얀마 국경과 접한 지역에 있는 유명한 윈난성 온천마을에서 공인 관광안내사로 일하고 있다. 비록 공식적으로 대녀로 삼지는 않았지만, 샤오메이는 항상 나를 자신의 멘토로 여겼다.

샤오메이와 라주를 비롯한 루구호의 젊은 세대는 모부 세대보다 훨씬 더 운이 좋은 축에 속했다. 이 아이들은 학교에 다닐 수 있었다. 모부 세대는 가능하지 않은 일이었다. 중국 14억 인구 중 취학 연령에 해당하는 모든 아이들이 초등교육을 의무로 받게 되어서 외딴 지역에서도 학교를 다닐 수 있게 되었다는 것은 참으로 다행스러운 일이다. 하지만 도시와 농어촌 지역 간에는 교육 격차가 여전히 존재한다. 크고 작은 중국 도시는 진작부터 교육과 문자해독에 관해 저마다의 긴 역사를 자랑한다. 깊은 산자락까지 교육이 뿌리를 내리게 된 것은 신중국의 정책결정자들이 기초교육 정책을 밀어붙인 결과다.

그러나 베이징이나 상하이 출신의 아이들은 훨씬 더 살뜰히 챙김을 받으며 자라나는 데 반해 모쒀족 아이에게는 학교를 다니는 일조차 여전히 만만치 않다. 모쒀 고원에 있는 학교들은 죄다 멀찍이 떨어져 있다. 모퉁이를 돌거나 길을 따라 걷는다고 학교가 나오는 것이 아니다. 초등학교는 촌락 두세 개당 하나씩 있고, 중학교는 루구호 주변 모든 마을을 통틀어 융닝 중심부에 하나밖에 없다. 통학 버스도 없기 때문에 중학생들은 비좁은 기숙사에 끼어 살아야 한다.

내 대자는 초등학생 시절 걷거나 친구의 자전거를 얻어 타고 무려 집에서부터 8킬로미터에 달하는 거리를 다녔다. 대녀는 일요일 오후마다 학교 기숙사로 향하기 위해 집을 나섰다. 걸어서 한 시간 반 거리에 있는 기숙사는 싱글 침대 하나를 둘이 나누어 쓰고 한 방에서 스물네 명이 함께 사는, 말 그대로 미어터진 곳이었다.

대학에 간 샤오메이와는 달리, 대부분의 십대 모쒀 아이들은 교육에서 소외를 경험했다. 경제적으로 지금보다 훨씬 어려웠던 1990년대에 자라난 샤오메이의 사촌 언니오빠들은 학교에 가기는 했으나 기껏해야 중학교만 겨우 마쳤다. 샤오메이의 언니이자 새롭게 대녀로 삼은 아이의 엄마 얼처는 중학교를 마친 뒤 인근 관광지인 다리^{大理}에서 민속 공연단에 들어갔다. 구미의 오빠가 아샤오와 낳은 아이인 자시*와 마오니우는 큰 트럭을 몰면서 생계를 꾸렸다. 대녀와 대자 세대의 다른 사촌들은 학교를 중간에 그만두고 웨이터나 요리사로 일했다.

그러나 아마 가의 3세대, 즉 아마 할머니의 손주 세대는 교육을 받고 문해력을 갖추어, 모부를 위해 통역을 하기도 하고 그들 대신 글을 읽고 써주면서 눈과 손이 되어주었다. 요즈음 들어 이들이 네 번째로 대를 이을 아기들을 낳았다. 나의 새 대녀가 된 아기가 여기 속한다. 관광업의 결실을 누린 모부 밑에서 자란 이 아기들은, 모부 세대가 꿈도 꾸지 못했던 삶으로 향해 가고 있다. 이 아기들은 조모부에 해당하는 구미 세대가 누더기를 입고 맨발로 자랐던 것과는 달리 새 옷을 입고 새 신발을 신는다. 조잡하게 직접 만든 장난감을 가지고 놀아야 했던 모부와는 달리, 어른들은 이 아이들에게 도시의 백화점에서 구입한 선물을 퍼부어준다. 21세기에 자라나는 이 아이들 앞에는 무한한 기회가 펼쳐져 있다.

내가 구미 가족에서 태어난 여러 아이들의 대모가 되었다는 사실은 바주 마을에서 천천히 주목을 받았다. 우리가 어딜 가든 구미가 계속해서 나를 간마라고 소개했기 때문이었다. 라주의 대모

---

*Zhashi, 구미의 오빠인 자시(Zhaxi)와는 다른 인물.

가 라주를 학교에 보내는 데 도움을 주었다는 이야기가 퍼지고 퍼져, 마을 사람들은 나를 찾아와 칭찬의 말을 전했다.

승려이자 자칭 루구호 마을의 박애주의자인 내 친구 두오지에에게까지 이 소식이 전해졌음이 틀림없었다. 어느 날 그는 내게 와서 융닝에 사는 한 십대 소년에 대한 이야기를 했다. 참 똑똑한 소년인데, 사는 곳으로부터 120킬로미터나 떨어진 루구호 지역에 있는 유일한 고등학교에 다니느라 기숙사에 살아야 했기에 비용을 부담하는 데 어려움을 겪고 있다는 것이었다.

"이 아이가 고등학교 마지막 학년을 마치는 데 드는 생활비를 내줄 수 있겠어?" 두오지에가 내게 물었다. "무척 똑똑해서 대학 입학시험에 반드시 붙을 수 있어."

그가 언급한 금액은 얼마 되지 않았으므로 나는 기꺼이 동의했다. 이 남학생은 지금껏 내가 했던 투자 중에서 최고의 선택으로 밝혀졌다. 다음 해 시험을 좋은 성적으로 통과해 윈난성에 있는 좋은 대학에 들어간 것이다. 나는 그가 대학에 들어간 이후로도 생활비를 일부 지원했다.

또한 나는 윈난성 출신 소수민족 학생들 중 수석으로 가오카오高考, 즉 대입시험을 통과한 한 여학생을 도와주면서 공덕을 쌓았다. 전국적으로 실시되는 이 시험은 고대 중국 제국 시절, 나라 안에서 내로라하는 수재들과 실력을 겨루고 싶은 이라면 누구에게나 열려 있던 과거시험의 현대적인 버전이다. 이 시험에 합격하면 평생 동안 국가 공직을 유지할 수 있는 보답을 받았다. 오늘날 이에 상응하는 보답은 시험에 합격하면 자신이 원하는 대학에 진학할 수 있는 기회를 얻는 것으로 바뀌었다.

모쒀족 공동체에 내 명성이 자자해진 계기는 따로 있다. 이 이야기를 하려면 모쒀인들이 섬기는 신인 거무신과 그를 기리는 축제인 주안샨지에 참여하던 처음으로 돌아가야 한다. 몇백 년 동안 해마다 치러진 이 축제는 짧은 기간 동안 열리는데, 오래된 관행들이 새로운 것들에 길을 내어줄 때 으레 그러하듯 그 중요성이 점차 줄어들던 참이었다.

처음 축제에 참여한 이래로, 나는 이 연례행사의 참여자들이 줄어드는 것이 가슴 아팠다. 주안샨지에는 내게 즐겁고, 북적거리던 첫 해의 기억으로 남아 있었다. 지역색으로 가득한 축제에는 루구호 주변의 촌락과 여러 모쒀 마을 출신의 사람들과 그들의 아이들이 모였다. 티베트 불교 종파 중 황모파인 겔루파[Gelupa]가 텐트 한쪽에서 노래를 부르고 그 반대편에서는 홍모파인 사캬[Sakya]가 작은 절에서 의례를 진행하고 있었다. 중앙에서는 나이를 불문하고 여러 사람들이 모여 거무 사당에서 경의를 표했다. 마을 사람들은 옷을 차려입고 열광적인 몸짓으로 춤을 추었다. 이렇게 해서 눈길을 사로잡는 한 폭의 멋진 그림이 완성되었다.

한 해가 지나, 다음 해 축제에 참여한 이들이 반으로 줄어든 것을 보았다. 축제에 참여한 이들 중 애써 축제 의상을 갖추어 입은 사람들도 거의 없었다. 소수의 사람들이 모여 춤 추기를 시도했지만 관심을 거의 받지 못했다. 몇 명은 모닥불을 피웠다. 군중이 모여드는 듯하다 일찌감치 흩어졌다. 한낮에 집으로 돌아가려 말 등에 오를 때쯤에는 거의 아무도 남지 않았다.

세 번째 해에는 축제의 규모가 더 작아지고 그래서 한층 더 슬퍼졌다. 소수의 사람들만이 축제 의상 대신 일상복을 입고 거무 사당에 기도를 드린 후 아무것도 없는 축제 터로 내려왔다. 의식도, 음악도, 춤도, 피크닉도 없었다. 축제라고 볼 수가 없었다. 돌아다니는 사람들이 아무도 없었다. 축제는 한 시간도 되지 않아 끝이 났다.

"올해 왜 이렇게 된 거예요?" 딱히 누군가에게 말한다는 생각 없이 크게 말했다. 내가 본 것을 도저히 믿지 못해서였다.

"당국이 후원을 끊었어요." 옆에 있던 누군가가 대답해주었다. "이 축제를 가치없는 행사로 생각한 거예요. 이건 축제가 아니에요."

나는 실망감을 감출 수 없었다. 이 축제는 모쒀족에게 일 년 중 가장 중요한 행사였음에도 생의 마지막 고통 속에서 죽어가는 환자처럼 보였다. 나이든 이들에게는 참으로 슬픈 날이었다. 그들이 언제나 한 해의 절정이라 기억하던 날에 대한 모욕이었다. 젊은이들에게는 더욱 안타까운 일이었다. 오늘날의 젊은이들은 모쒀족의 일원이 된다는 의미를 잊은 채 자라나기 때문이었다. 누구보다도 슬픈 건 왕년의 우상으로 잊혀져가는 거무신 자신일 것이었다.

침울해하던 나는 이내 깨달음을 얻었다. 아무도 이 축제를 살리기 위해 나서지 않는다면 나라도 무언가를 해봐야겠다는 생각이었다. 모쒀인의 고유한 문화적 전통이 사라지게 둘 수 없었다.

이윽고 나는 변호사로서의 기지를 발휘하여, 주안샨지에를 소생시킬 훌륭한 계획을 하나 떠올렸다. 현지인 중 명망 있는 이를 선봉에 세워, 축제 후원금을 얻어내기로 했다. 내 집을 지어준 건축가이자 루구호의 세력가인 자시를 선택한 건 당연했다.

"리커에서 숙박업소와 식당을 운영하는 사람들에게 가서 한 사람당 500런민비人民幣*를 기부해달라고 말하려고 하는데 같이 가지 않을래? 그러면 내년 축제에 필요한 자금이 충분히 모일 거야."

500런민비는 50파운드가 조금 넘는 금액으로, 사업을 하는 사람이라면 하찮게 느껴질 액수라고 납득시키며 자시에게 물었다.

"여기에는 숙박업소와 식당이 약 30~40곳 정도 있는데, 전부 관광업의 성행 여부에 따라 매출이 결정돼. 주안샨지에를 후원

---

*한화로 8만 4000원 정도.

한다면 관광이 활성화될 거야. 500런민비를 서른 곳에서만 받아도 내년 거무신 축제를 여는 데 충분해." 내가 덧붙였다.

자시는 내 이야기를 차분한 태도로 들어주었지만, 그의 눈이 뜨뜻미지근한 속마음을 드러내고 말았다.

"우리가 충분한 후원을 받을 수 있을 것 같지가 않아." 그가 조용히 말했다. 열정 없는 그의 모습을 보니, 자시조차 큰 그림에 비해서 아주 작은 금액에 불과한 이 돈을 낼 의사가 없는 모양이었다.

'계획은 훌륭했는데 이걸로 끝이네.' 나는 낙담해서 자리를 옮기며 혼잣말을 했다.

하지만 나는 쉽게 포기하는 사람이 아니었다. 음력 달력을 유심히 주시하다가, 축제일로부터 두 달 전쯤 결심했다. 내 손으로 직접 문제를 해결하기로 한 것이다. 교사였다가 은퇴한 후 모든 현지 행사에서 문화 관리인으로 자원봉사를 하는 지바자시라는 모쒸 남성이 있었다. 언젠가 그와 안면을 텄던 나는 그에게 전화를 걸어 중요한 문제를 논의할 수 있겠느냐고 물었다. 이 일을 제안하기에 그가 적격이라는 직감이 들었다.

"만일 내가 돈을 낸다면 올해 거무산신 축제를 조직할 생각이 있나요?" 그를 만나 내가 물었다.

"무슨 소리예요?" 그가 물었다. "축제 비용을 지원하겠다는 말이에요?"

"네, 맞아요." 비용이 너무 크지 않기를 바라면서 그에게 답했다.

"5000런민비면 될까요?" 내가 물었다. 고작 500파운드밖에 되지 않는 돈이었다.

"흠, 5000런민비라. 큰 행사로 만들겠다는 욕심을 부리지 않는다면 가능할 수도 있겠네요." 그가 답했다.

"축제가 이대로 사라지게 내버려둘 수는 없어요." 내가 간청했다.

긴장되는 시간이 잠시 흐른 뒤 그가 미소를 지었다.

"좋아요. 해볼게요. 합시다!"

그가 적격일 것 같다는 예감이 맞았다. 모쒀 문화를 보존하는 데 전념하는 사람으로서, 그는 내가 제안한 바를 잘 이해했다. 그도 나처럼 이 축제를 살리고 싶어했다.

나는 들뜬 마음으로 그에게 일을 맡겼다. 축제 때 진행할 프로그램으로 무엇을 추가하면 좋을지 몇 가지 제안한 게 다였다. 그는 며칠 뒤 계획을 보여주었다. 계획은 좋아 보였다.

지바자시는 행동을 개시했다. 루구호 주변 마을을 순회하면서 촌장들에게 이번 해에는 축제가 열릴 것이라고 전하고 다녔다. 춤과 노래 경연대회가 있을 예정이고 참가자들에게는 빨간 봉투에 담긴 소정의 상금이 전달될 것이라는 이야기도 전했다. 며칠 뒤, 다섯 개 촌락이 참여를 결정했다는 소식을 들었다. 우리는 신이 났다. 드디어 축제가 열리는 것이다!

축제 날 아침, 말을 타고 일찌감치 도착한 나는 축제장이 북적거리는 모습을 보고 놀랐다. 축제에 참여한 이들 중 많은 수가 모쒸 의상을 차려입었다. 주변을 둘러보니 이들이 각자 자신의 마을을 나타내는 의상을 입었음을 알 수 있었다. 전통 의상의 다채로운 색감이 뒷마당에 천천히 모여드는 군중과 어우러져 축제 분위기를 더하고 있었다. 사람들은 이내 가족 천막을 설치하고 밥을 짓기 위해 불을 피우기에 좋은 자리를 물색하느라 서둘렀다. 재작년과 작년보다 더 많은 사람들이 북적거렸고 분위기는 훨씬 더 활기찼다. 보기 좋은 광경이었다.

문화 관리인인 지바자시는 축제의 시작을 알리는 역할을 뛰어나게 해냈다. 무당인 다바 복장을 갖추어 입은 그의 모습은 무척이나 인상적이어서 축제에 참여한 모든 이의 눈길이 그리로 쏠렸다. 그는 울림이 깊은 징 소리로 축제를 시작했다. 그리고 마이크를 들고서 거무산신을 부르는 주문을 읊조리면서 소나무 가지 무더기에 불을 붙였다.

"우리 모두가 사랑하는 거무신님께서 행복한 하루를 보내시길 바랍니다." 다바가 공중에 성수를 흩뿌리면서 주문을 외웠다. "이제 축제를 시작합니다!"

"하지만 이에 앞서," 지바자시가 마이크를 넘기기 전에 이렇게 말했다. "이번 축제는 우리 모쒸인들의 싱가포르 친구가 보여준 따뜻하고 열정적인 지원이 없었더라면 불가능했을 것입니다."

그는 나를 가리키며, 의식에 따라 노란 보자기인 하닥을 건네주었다. 나는 성스러운 하닥을 받아들고 아침나절 내내 연습한 짧은 모쒜어 두 문장을 더듬거리면서 말했다.

"안녕하세요, 모쒜 친구들. 거무신을 기리는 주안샨지에서 모두들 즐거운 시간 되세요."

그리고 익숙한 광경이 펼쳐졌다. 피리 연주자가 나타났고 이어 바주의 이웃 마을에서 온 사람들이 춤을 추었다. 춤은 각 마을에서 온 이들이 서로 춤 솜씨를 겨루면서 계속 이어졌다. 관광객들은 휴대전화로 사진을 찍고 비디오카메라로 영상을 녹화했다. 춤 경연대회가 끝나고 노래 경연대회가 이어졌다. 몇 명의 참가자들 가운데, 날카로운 목소리로 현지인들이 가장 좋아하는 아카펠라를 부른 바주 마을 중년 여인이 우승을 거머쥐었다.

우승자가 발표되자 바주 마을 사람들이 신나게 박수를 쳤다. 마을 촌장이 다가와 내 등을 두드렸다.

그러나 이듬해에는 재앙이 찾아왔다. 모쒜인들이 생전 처음으로 지진을 겪은 것이다. 축제 두 달 전이었다. 리히터 규모 진도 6에 해당하는 지진으로 모든 가정이 피해를 입었다. 비록 사상자의 수는 한 명이 사망하고 두 명이 부상을 입는 데 그쳤으나, 나의 친구들은 망가진 집에서 나와 옆 마당에 설치한 긴급 구호 천막에서 지내야 했다.

"축제를 다시 열 돈이 없어요." 지바자시가 말했다. "당국은 지진 때문에 심란해하고 있어요."

당시 나는 사람들 사이에서 거무신이 지진으로 인해 크게 타격을 입고는 너무 놀라버려서 모쒀족을 버리고 도망갔다는 소문이 도는 것을 듣게 되었다.

"이럴 때일수록 축제를 열어야 해요." 내가 지바자시에게 말했다. "거무신이 모쒀인을 버리지 않았다는 믿음을 심어야 해요. 정부 돈이 없어도 괜찮아요. 우리가 할 수 있어요. 지원금을 작년보다 두 배로 늘릴게요."

우리는 전보다 더 열심히 일했다. 축제를 시작하는 역할의 다바를 두 명으로 늘리고, 지역 내 초등학생들이 거무산신 이야기를 구연동화로 들려주는 프로그램도 추가했다. 내가 할 모쒀어 인사말도 더 길게 늘렸다.

"거무신님, 만일 정말로 지진으로 떠나버리셨다면 오늘 우리가 다시 맞이하겠습니다. 원래의 자리로 돌아와주세요. 모쒀인들을 품어주세요. 돌아와서 우리를 지켜주세요."

그 이래로 나는 지금까지 거무산신 축제를 진행하고 있다. 친구들이 축제에 참여하기 위해 싱가포르나 베이징에서 찾아오곤 하는데, 그럴 때면 축제를 열 자금을 모을 수 있게끔 그들에게 약간의 산신세를 걷는다.

내가 축제 지원금을 냈다는 사실이 알려지자 내 팬클럽은 매해 늘어났다. 어떤 의미에서는 이것을 모성애로 해석했을 수도 있을 것이다. 대모로서, 그리고 모쒀인의 친구로서 노력한 결과 내부인으로 받아들여질 수 있었다고 생각한다. 이제 한 명의 대모에서 마을 전체의 대모로 불리게 된 이야기로 돌아가겠다.

나는 이미 구미의 마을에서 나를 아는 사람들에게는 대모라는 뜻의 간마로 불렸다. 그러나 이 호칭이 얼마나 널리 쓰이는지는 모르고 있었다. 리장이라는 큰 도시에서 모르는 사람 두 명이 나를 이렇게 부를 때까지는 말이다.

"간마! 간마!"

나는 주변을 둘러보다 어느 나이 많은 두 사람이 내게 손을 흔든다는 것을 알게 되었다. 분명 나와 모르는 사람들이었다. 그들은 길 건너편에서 계속 '간마'를 외쳤다. 나도 같이 손을 마주 흔들었다. 두 사람은 내게 활짝 웃어 보였다.

"간마, 여기서 만나다니 반갑네요." 여성이 말했다.

"안녕하세요." 내가 답했다. 그제야 이들이 구미의 마을 사람일 것이라는 데 생각이 미쳤다.

"바주에서 한참 먼 데까지 왔네요?" 나는 추측을 확인하고자 물었다.

"의사를 보러 왔어요. 바주에서 만나요, 간마." 그들은 이렇게 말하고 떠났다.

바주 사람이 맞았다. 나는 모쒀 마을 전체의 대모가 된 것이다!

6

사냥하고 채집하던 과거로 돌아가다

베이징의 대형 마트에서 이미 세척과 손질, 포장이 완료된 고기와 채소를 사던 사람으로서, 루구호 고원에 사는 동안 내가 겪었던 음식과 관련된 모든 경험은 나를 현대 중국인들이 채 떠올릴 수 없는 옛날 옛적으로 데려다주었다.

모쒀 요리의 주된 철학은 간단하다. 시간을 거슬러 올라가야만 만나볼 수 있는 단순함이 지배하는 이 땅에서, 요리의 원칙이란 찾아낼 수 있는 먹을거리를 먹고 그렇지 않으면 직접 길러내는 것이다. 모쒀인들은 아주 기본적인 형태의 식생활을 유지했다. 소나무 숲에서 먹을 수 있는 것을 채집하거나 사냥하고, 쌀과 옥수수, 감자를 경작하고 소소하게 동물을 길러내는 것이다. 이때 목표는 가족들이 함께 먹고 사는 것 이상도 이하도 아니다. 그들은 채집하고 기른 것들을 팔거나 물물교환의 대상으로 삼는 일이 거의 없다. 거의 대부분의 일이 맨손으로 이루어지고 오래전부터 사용하던 간단한 도구들을 쓴다.

이와 같이 모쒀인들이 음식을 얻는 소박한 방식은 시간을 거슬러 올라간 것처럼 느껴진다. 중국 내 외딴 지역에서 살아가는 다른 소수민족 공동체들이 영위하는 생활과도 유사할 것이다. 중국 농어촌 지역의 대부분은 소작농부터 거대 기업형 농장까지 다양한 범위를 아울러서 상업적인 방식으로 옮겨갔다.

모쒀족이 식량을 다루는 모습은 가장 기초적인 원리를 일깨워주었다. 이것은 내가 음식 모험을 떠나게 된 계기이기도 했다.

나는 독특하고도 다양한 음식들을 많이 먹어보았으나 도살장에 가본 적은 없었다. 구미가 내게 농장에 와서 돼지 잡는 것을 보라고 초대했을 때, 나는 흥미를 느꼈다.

매년 늦가을, 모쒀인들은 떠들썩한 추수제를 보낸다. 그리고 이때 돼지를 잡는다. 이 추수제는 공동체의 모든 사람들이 함께 여는 축제는 아니고 집집마다 알아서 여는 잔치다. 농장에서 기른 살진 암돼지를 잡고 그 고기를 보존하는 것이다.

구미는 나를 초대하기 전까지 이미 축제에 대한 계획을 세워두었다. 감자, 옥수수, 쌀을 추수하고 창고에 넣은 뒤, 구미와 기지는 농기구를 고치거나 집안을 치우는 등 남아 있는 집안일을 마쳤다. 농장에서 할 일이 줄어들고 해가 짧아지고 가을볕이 점점 어두워지자, 사람들은 이것을 가을 날씨에서 초겨울 날씨로 진입하는 신호로 이해했다.

구미는 바깥 공기가 점점 더 차갑고 건조해지고 바람이 세질 무렵 나를 불렀다. 달력을 읽지 못하는 것쯤은 상관없이, 구미는 제 때를 잘 짚어냈다.

"티베트 검은목두루미들이 티베트에 있는 추운 산지에서 우리 농장까지 온 걸 봤어. 겨울이 오고 있다는 뜻인 거야. 돼지를 잡아서 잔치를 벌일 때야! 내일 우리 집에 와!"

이 초대는 이후 십수 번씩 이어진 초대 중 첫 번째였다. 이들은 한 해에 딱 한 번 가능한 한 흥청망청 잔치를 벌이는 순간을 나와 나누고 싶어했다.

구미의 집에 들어서자 집 안은 매우 분주했다. 모든 이들이 돼지 잡기를 준비하고 있었다. 구미의 언니가 집에 오면서 소금 한 통을 가져다주었고, 길 아래쪽에 사는 오빠가 뒷마당에서 따서 말린 커다란 쓰촨 후추 한 봉지를 가지고 왔다. 소금과 쓰촨 후추는 돼지고기를 절이는 데 꼭 필요한 재료들이다.

"오늘 몇 마리나 잡아?" 내가 구미에게 물었다.

"두 마리." 구미가 기지와 오빠를 가리키며 말했다. "2년 넘게 먹여서 기르고 일주일 동안 굶겼어. 잡을 준비를 한 거야."

두 남자는 돼지를 한 군데로 몰아 도축을 하기 위해 묶었다. 이전까지 중국 어느 도시에서도 도축 장면을 직접 볼 기회가 없었는데, 드디어 처음 보게 된 것이었다.

농부는 아버지와 삼촌이 칼을 가는 모습을 지켜보았다. 구미와 언니들은 저 멀리 걸어갔다. 그 모습을 보니 모쒀 여성들에게 죽음에 대한 금기가 있다는 사실이 생각났다. 나와 내 카메라를 제외하고는, 오늘 돼지를 잡는 일에는 철저히 남성들만 관여하고 있었다.

마당 한가운데에 방수포를 깔고, 기지는 돼지 한 마리를 그 위에 놓은 뒤 그것을 붙들었다. 추수신에게 짧은 감사 기도를 올리고 나서, 구미의 오빠는 돼지의 심장에 날카로운 나무 말뚝을 꽂았다. 돼지는 거의 즉시 얌전해졌다.

나는 도축 장면을 난생 처음 보면서도 먹을 것을 얻기 위해 생명을 죽인다는 사실이 불편하게 다가오지 않았으므로, 돼지를 잡는 광경에서 눈을 돌리지 않았다. 오히려 나는 도축을 삶이 순환하는 데 필수적인 어떤 것으로 받아들이는 이들의 태도에 감명을 받았다. 모쒸인들은 자신들이 믿는 토속신앙에 의지하며, 도축을 자연의 풍요로움과 연결지었다. 또한 도축은 불교가 살생에 대해 내리는 금기에서 잠시 벗어나는 순간이기도 했다. 동시에 이들은 여성과 죽음을 멀리 떨어뜨려놓는 고유의 전통을 따랐다.

칼을 넘겨받은 다른 형제는 날렵한 솜씨로 돼지 목에 칼집을 냈다. 커다란 대야를 돼지 목 아래에 받쳐 아직 뜨끈한 기운이 남아 있는 피를 받았다. 그리고 남자들은 돼지 털을 뽑기 전에 몸통에 끓는 물을 부었다. 기지는 능숙하게 돼지 몸통을 가르고 맨손으로 내장을 꺼냈다. 구미의 오빠는 몸통을 큼직하게 도막 냈다.

그렇게 도축 과정이 끝나고 난 뒤에야 여자들이 돌아와 순대를 만들기 위해 내장을 씻으러 갔다.

남자들은 번갈아서 고기 위에 소금과 후추를 넉넉히 문지르고 고기를 다져서 소시지를 채울 속을 만들었다. 기지는 구미에게 숯에다 구울 안심 부위를 건네주었다. 모두가 이 부드러운 고기가 잘 구워져 전채로 나오기만을 기다리고 있었다.

"이거면 겨우내 넉넉히 먹을 수 있을 거야." 구미는 남자들이 처마 아래 나무 막대에 염장한 고기를 거는 것을 지켜보며 내게 말했다. 이렇듯 돼지의 모든 부위가 건조를 거쳐 보존되었다. 머리부터 꼬리까지 어떤 부위든 하나도 버리지 않고 남김없이 먹는 것은 모쒀족의 전통이었다.

의식의 가장 마지막 차례이자 내가 가장 좋아하는 순서가 돌아오기를 기다렸다. 구미는 어느 부위보다 맛있는, 선지 순대를 만들 준비를 했다. 이 선지 순대는 축제의 핵심이었다. 전수받은 오래된 비결대로 구미는 뜨거운 돼지기름으로 달군 팬에 촉촉한 밥을 넣고, 갓 응고된 돼지 피를 퍼 담은 뒤에 양념을 더했다. 그러고는 검붉은 색상의 반죽이 완벽해질 때까지 맨손으로 재료를 치대고 문지르기를 반복했다. 팔뚝까지 붉게 물든 구미는 마치 인간 소시지 머신처럼 보였다. 그는 한 손으로는 나뭇가지로 만든 걸개에 깨끗이 씻어 걸쳐놓은 돼지의 창자를 붙잡고 다른 손으로는 창자의 속을 채웠다. 통통하게 찐 순대는 내가 여태껏 먹어본 어느 부댕 누아*보다도 훌륭했다.

이날의 축제는 돼지고기를 이용한 성대한 저녁 만찬으로 끝이 났다. 친지와 친구들이 더 많이 참여했다. 어떤 첨가물도 더하지 않고 오로지 곡식과 옥수수, 남은 음식을 먹여 키운 집돼지의 맛은 베이징에서 구할 수 있는 여느 유기농 돼지고기만큼이나 좋았다. 나는 돼지고기를 잔뜩 먹고서야 저녁식사 자리를 떠났다. 전 세계에서 돼지고기를 가장 많이 먹는 중국인들만큼이나 돼지고기를 즐겨 먹는 또 다른 공동체를 발견했다는 사실에 기분이 좋았다.

모쒀족은 육류를 주로 섭취하는데, 그들이 최고로 치는 음식이 하나 있다. 특별한 날에만 맛볼 수 있는 이 음식의 이름은 주비아오러우猪膘肉로, 말하자면 통돼지 비계였다. 일종의 베이컨이라고 할 수 있는 이 음식은, 모양을 그대로 유지하고 있는 돼지의 피부 안에 붙은 비계를 뜻했다. 내가 처음 주비아오러우를 보게 된 것은 샤오우진의 성년식에 참석했을 때였다. 다양한 음식이 성대하게 차려진 연회 자리에서, 샤오우진의 모부가 거대한 돼지의 주비아오러우를 들고 하얀 비계를 썰어주고 있는 모습을 보았다. 우리 앞에도 한 접시가 놓이자, 그때부터 사람들은 다른 음식은 거들떠보지도 않았다. 그들이 가장 좋아하는 음식임이 확실했다.

---

*프랑스식 선지 순대로, 돼지 피로 만든 검은 소시지를 일컫는 말.

"옛날에는 집에 보관한 주비아오러우가 얼마나 되는지가 부를 측정하는 기준이 되기도 했어요." 내 옆에 앉아 있던 모쒸인이 말했다. "떠날 때가 되면 집주인이 우리에게 저걸 큼직하게 한 조각씩 선물로 줄 거예요. 한 조각이 커다랄수록 집이 부유하다는 뜻이죠."

주비아오러우를 만들기 위해서는 숙련된 기술이 필요했다. 나는 구미에게 만드는 방법을 배우고 싶다고 했다.

"우리 오빠가 잘 만들 줄 알아. 돼지를 잡을 때 한 마리를 더 잡아서 첫 주비아오러우를 받을 수 있게 해줄게." 그가 말했다.

두 번째 돼지를 잡을 때, 구미의 오빠는 돼지의 목부터 배를 지나 꼬리까지 단숨에 잘라냈다. 그러고는 맨손으로 조심스럽게 틈을 열어 내장을 빼냈다. 깔끔하게 살과 뼈를 분리하면서도 돼지 피부에 붙어 있는 두꺼운 비계는 건드리지 않았다. 순수하게 비계만 남기고는 거기에다 소금을 잔뜩 뿌렸다.

그는 커다란 바늘과 두꺼운 노끈으로 갈라진 돼지를 머리부터 꼬리까지 다시 꿰맸다. 비계를 피부 속에 단단히 가둬둔 셈이었다. 이내 돼지 모양이 납작해졌다. 남자들은 천 위에 주비아오러우를 놓고 이것을 시원하고 건조한 창고에 넣어두었다. 그리고 시간에 따라 숙성되게 놔두었다. 비계는 단단한 피부에 싸여 외부로부터 차단된 채 숙성될 것이었다. 치즈나 와인처럼 시간이 많이 지날수록 맛이 더 좋아졌다. 전통에 따라 나의 첫 주비아오러우는 내 가모장의 방에 잘 보관되어 있다.

　사냥과 채집은 모쒀인들의 삶에서 큰 부분을 차지했다. 집에서 기르는 가축과 농장에서 경작하는 작물을 보충해주는 역할을 했다. 고기를 얻기 위해 사냥을 하거나 먹을 만한 식물을 채집하는 생활은 모쒀인들이 오랜 시간에 걸쳐 유지한 삶의 방식이었으며, 여전히 한 세대에서 다른 세대로 전해지는 전통이다.

　겨울이 막 시작되었을 무렵에, 나는 늘 달 호수로 돌아가는 시베리아 야생 오리 떼를 찾았다. 오리는 수천 마리씩 찾아와서 겨우내 둥지를 틀고 머물다가, 날씨가 따뜻해지는 3월 무렵에 다시 떠났다. 어느 날, 말 농장을 성실히 지키는 지주오가 오두막을 두드렸다. 이때까지만 해도 나는 겨울에 이곳을 찾는 세 종류의 오리가 모쒀인의 영양공급원이 된다는 것은 꿈에도 알지 못했다. 지주오는 한 손으로는 손자의 손을 잡고, 다른 손에는 회색 야생 오리를 들고 있었다. 그가 오리를 내게 주었다.

　"어떻게 잡았어?" 내가 물었다.

　"호숫가 얕은 쪽에 덫을 몇 개 놓았어. 이 오리는 다리가 걸렸더라고. 자, 네 저녁식사야." 그가 말했다.

　세상에서 가장 맛있는 오리 수프를 맛볼 때까지만 해도 내가 몰랐던 건 더 있었다. 바로 보호종으로 지정되어 법의 보호를 받는 야생동물을 밀렵하는 게 불법이라는 것이었다. 산림 감독 경찰은 루구호 야생동물 보호정책을 강화하기 위해 바짝 경계하고 있었다. 친구들과 함께 산속 깊이 드라이브를 했던 어느 날, 우리는 바리케이드 앞에서 멈추어 서서 보호 대상 동물을 사냥하지 않았는지 검사를 받아야 했다.

"어제 누가 야생 오리를 잡아서 걸렸어. 벌금도 물었어." 몇 주 뒤 지주오가 말했다. "이제 오리를 그만 잡을 거야."

나는 지주오에게 달 호수 옆 작은 소나무 숲에서 꿩 한 쌍이 뛰어다니는 모습을 자주 보았다고 이야기했다. 그는 흥미를 보였다.

"개가 꿩을 쫓도록 훈련시켜서 사냥하곤 했지." 그러나 그는 머뭇거리다 이렇게 말했다. "꿩도 보호 대상일지 몰라. 그만두자."

모쒀인에게 고기는 필수였다. 가능하기만 하다면 매일이라도 고기를 먹을 거였다. 지주오는 그들의 식습관을 이렇게 설명했다.

"겨울 동안 몸에 온기를 유지하려면 고기가 필요해. 고지대에 사는 나 같은 사람들은 고기를 꼭 먹어야 해. 그렇지 않으면 추위를 견딜 수가 없어."

지주오의 이 말은 티베트족과 같이 고원지대에 사는 부족들에게 널리 알려진 통념이기도 했다. 불교 승려조차도 육류로 이루어진 식사를 했다. 이들은 중국을 비롯한 다른 아시아 지역의 승려들이 철저히 채식을 하는 것과는 사뭇 다른 방식을 고수했다. 험준한 산지에서 생존하는 것이 엄격한 규칙을 지키는 것보다 중요했기 때문이다.

환경적인 여건상, 모쒜인들은 고산 지역에서 동물성 단백질을 찾아내기 위해서 풍부한 상상력을 동원했다. 친구들이 건네는 야생 음식의 종류는 실로 놀라웠다. 예를 들어, 어느 날 옆집에 사는 두 친구들이 내게 개구리 사냥을 하러 가자고 제안했다.

길고 습한 여름은 달 호수에 개구리들이 알을 잔뜩 낳는 계절이었다. 시끄럽게 개굴거리는 소리가 한밤중에 나를 깨웠기 때문에 알 수 있었다.

우리의 목표는 개구리 다리를 얻는 것이었다. 한 손에는 손전등을, 다른 한 손에는 비닐봉지를 들고 호수 가장자리의 얕은 물가를 헤치며 조심조심 걸었다. 전등 불빛이 비춘 곳에 작은 눈 한 쌍이 나타났다. 충격을 받은 개구리는 그대로 마비됐다. 두 친구 중 더 빠른 쪽이 달려들어 개구리를 손으로 잡았다.

"봉지 열어봐." 그가 속삭이더니 개구리를 넣었다. 한 시간이 지나자 봉지는 펄떡거리는 개구리들로 가득 찼다. 말 농장으로 돌아온 우리는 한밤중에 프랑스 별미라 불리는 개구리요리를 모쒜식으로 즐겼다.

동물성 단백질은 가능성을 열어두기만 한다면 예상치 못한 방식으로 찾아낼 수 있다. 내 친구들은 이런 가능성들을 민첩하게 잘 찾아냈다. 어느 날 오후, 남자들 몇 명이 언덕 어딘가에 위치한 벌집에 연기를 피우고 돌아왔다. 물론 여성들은 함께 가지 않았다. 남자들은 여자들에게 자신들이 가져온, 끈적이는 야생 꿀로 가득 찬 벌집을 뽐냈다. 벌꿀을 다 같이 나눌 생각에 모두 기뻐했다.

내 곁에는 자시의 아샤오인 얼쉬마가 있었다. 그는 남아 있는 벌집을 들여다보더니 활짝 웃었다.

"잠깐만," 그가 소리쳤다. "꿀벌 애벌레가 엄청 많아!"

얼쉬마는 젓가락 한 짝으로 벌집의 자그마한 구멍을 파내서 애벌레나 각다귀를 빼냈다. 한 마리를 입 안에 집어넣은 얼쉬마는 내게 흰 꿀벌 애벌레를 주었다.

"먹어봐, 맛있어."

나는 잠시 머뭇거리다 두 눈을 감은 채, 그가 시키는 대로 했다. 놀랍게도 맛이 있었다. 마른 새우 맛과 비슷했다. 나는 한 마리를 더 먹었다.

얼쉬마는 애벌레와 각다귀를 들고 내 부엌으로 가더니 기름과 야크 버터를 냄비에 발라 달구었다. 기름이 끓자 벌레를 넣고, 소금과 사천 후추를 더해서 바삭바삭한 곤충 튀김을 만들었다. 나를 포함한 모두가 어떤 말도 꺼내지 않고 젓가락을 들고 달려들었다. 모두 몇 분 걸리지 않아 게걸스레 모쒀식 간식을 먹어치웠다. 도무지 믿을 수 없게 이상한 이 음식은 내 인생에서 가장 인상적인 요리로 남아 있다.

최근 삼림지에 있는 동물들의 서식지를 해치는 사람들이 늘어난 탓에, 사냥으로 육류를 얻기란 매우 어려운 일이 되었다. 갈수록 모쒀인에게 사냥은 재미로 하는 것일 뿐, 지속적인 고기 섭취는 농장에서 기르는 가축으로 해결해야 했다.

이미 이야기했듯 한 해 동안 돼지를 잡는 일이 드물기는 하지만 모쒀인에게 돼지고기는 주요한 영양 공급원이다. 모쒀인들은 주로 암돼지 두 마리와 암돼지가 낳은 새끼들을 몇 마리 기른다. 이들이 가장 흔하게 먹는 고기는 농장에서 풀어 기른 닭이다. 이들이 기르는 닭 역시 암탉 몇 마리와 병아리 몇 마리다. 오리나 거위를 기르는 농장도 흔히 찾아볼 수 있다.

농장에서 기르는 모든 동물들은 농장 안을 자유롭게 돌아다닌다. 돌아다니며 땅에서 벌레를 쪼아먹기도 한다. 또한 집집마다 기른 감자나 옥수수에다 남은 밥과 겨를 섞어 먹이로 준다. 모쒀인들은 화학물질이나 첨가제 없이 동물들을 기른다는 데 자부심을 가지고 있다. 이들이 기른 고기는 오로지 가정 내에서 가족들을 잘 먹이는 데만 쓰인다. 따라서 상업을 목적으로 가축을 기르지 않으니 동물들을 인공적으로 기를 필요가 없다.

농업과 목축업 기술이 발전하자 그 영향이 모쒀 마을까지 미쳤다. 생산성을 높여주는 진보적인 기술이 도입되고 최신 화학물질과 사료가 소개되었다. 모쒀 농부들은 이런 기술이 어떻게 돌아가는지에 대해 대강의 지식을 가지고 있었음에도, 이 신식 기술을 일상에 적용하겠다는 생각은 비웃었다. 그러나 중국 내 발전

된 다른 농경 지역에 있는 농부들이 보기에 이곳은 또 다른 출발점처럼 보였다.

옛날 방식대로 닭을 기르려면 닭장에 가두어 성장 호르몬을 맞히는 방식보다 훨씬 더 오랜 시간을 필요로 했다. 닭을 잡아서 저녁식사에 쓰려면 최소 5, 6개월이 필요했다. 돼지는 2, 3년을 길러야 잡을 수 있었다.

모쒸 친구들은 자연의 섭리대로 길러 얻은 계란과 오리알을 내게 주곤 했다. 이들에게 받은 신선한 계란과 오리알을 아침 식탁에 올릴 수 있다는 것은 커다란 기쁨이었다. 다시 도시로 돌아가 공장식 축산업으로 얻어낸 계란에 적응하기가 무척 힘들었다.

루구호 고원에서 잘 자라는 또 다른 동물은 염소였다. 고기를 얻기 위해서 기르는 산염소와 산양은 골짜기에서 풀을 뜯어먹고 자랐다. 양고기나 염소고기를 일상에서 자주 먹지 않는 만큼, 염소와 양을 치는 이유는 주로 특별한 때 지역 주민들에게 팔기 위해서였다. 양고기는 시장에서 조각으로 팔지 않았다. 양고기를 구하려면 양치기에게 가서 한 마리를 통째로 사야 했다.

언젠가 미식가 남동생 리가 캘리포니아에서 나를 보러 오기로 했을 때, 나는 그에게 별미를 대접하기 위해 양을 한 마리 산 적이 있었다. 리는 양을 잡는 과정을 처음부터 끝까지 다 보고 싶어했기에, 나는 그가 원하는 대로 해주기로 했다. 그래서 말 농장 관리인에게 양 잡는 일을 해줄 수 있는지 물어보았다. 그는 5분

만에 양을 죽이고 가죽까지 벗겨냈다. 그날 밤 우리는 양고기 파티를 실컷 하고도 고기를 잔뜩 남겼다.

오랜 풍습을 이어가는 모쒀인들은 험난한 일상의 또 다른 식량으로 야생식물을 채집한다. 루구호에 봄이 오면 야생화가 많이 피고, 시골 전역에 다양한 식물군이 자라난다. 계절이 변화하면 모쒀족 한가운데 잠들어 있던 오래된 채집가 정신이 깨어난다. 먹을 수 있는 녹색 채소, 산딸기류, 과일, 약초와 구근까지 전부 다 있다.

대녀, 대자와 숲을 오르던 어느 날, 나는 놀랍게도 숲 길가에 있던 덩굴에 야생 딸기가 자라난 모습을 보게 되었다. 농부가 빨갛고 작은 딸기를 한줌 따다 내게 주었다. 예상치 못했지만 딸기 맛이 가득 담겨 있었다.

집으로 돌아왔을 때, 구미가 다른 야생식물을 한 바구니 들고 왔다. 구미 역시 혼자 산책을 나갔다가 캐온 것들이었다.

"뭘 찾았어?" 내가 물었다.

"감기 걸렸을 때 쓸 수 있는 약용 식물이야." 그가 커다란 다발을 보여주며 말했다. "이 뿌리는 수프 끓이는 데 써. 체력을 보충하는 데 좋아."

윈난성에서 찾을 수 있고 중국 전역에서 쓰이는 야생 약초, 잎

사귀, 과일과 뿌리는 100여 가지나 된다. 구미가 캔 약초와 뿌리는 그 중 두 가지에 불과했다. 넓은 중국 대륙에 사는 중국인들은 야생식물과 동물을 활용한 전통 중국 의학체계에 무한한 신뢰를 가지고 있다.

몇천 년 전부터 전해져 내려온 중국 전통의학은, 연구와 조사를 거쳐 여러 개업의와 거대 약학 산업단지를 비롯해 건강과 생활습관 분야에서 커다란 입지를 차지하고 있다. 윈난성이 이 단지에 공급되는 약용 식물 중 3분의 1을 조달하고 있다.

하지만 윈난성에서도 외딴 곳에 있는 구미의 마을에서는 이 분야에 신규로 진입하는 이들을 탐탁해하지 않았다. 이들은 그저 각자 집에서 쓸 약용 식물을 캐는 데 만족했다. 마을 사람 중 몇 명만이 상업적으로 사용할 목적으로 전통 약재를 팔거나 키웠다.

여름이 찾아오자 소나무가 빽빽한 언덕은 강렬한 햇빛으로 샤워를 하고 세차게 쏟아져내리는 여름비로 또 한 번 몸을 씻었다. 야생 버섯이 자라나기에 딱 좋은 조건이었다. 해마다 이 시기는 모두가 버섯 사냥에 나서는 때였다.

내가 아는 모든 사람들도 윈난성 언덕으로 갔다. 서른 가지나 되는 식용 버섯을 따기 위해서였다. 이맘때의 이들에게 버섯 사냥은 최고의 스포츠였다. 나는 말 농장에서 일하는 한 염소지기에게 아침에 버섯을 따러 함께 가겠다고 말했다. 엄청난 버섯 무더기를 발견하는 데는 채 300걸음도 걸리지 않았다. 나는 버섯

하나를 따려고 손을 가져갔다.

"아니, 그건 안 돼. 독버섯이야." 그가 크게 말했다.

그 뒤로 다양한 종류의 버섯을 자루 두 개에 가득 담을 때까지는 별 일이 없었다.

숲에서 찾을 수 있는 가장 귀한 야생 버섯은 중국어로 송롱이라고 하는 송이버섯이었다. 포르치니버섯을 닮은 송롱은 강한 흙 내음과 풍부한 식감과 맛을 선사하기로 유명한 버섯이었다. 이름에서 알 수 있듯이, 이 버섯은 소나무 주변에서 자라기 때문에 소나무 숲이 있는 루구호 주변에서 많이 난다. 여름 동안 송롱이 자라는 시기는 짧지만 그런 만큼 달콤했다.

나 역시 현지인들처럼 시장에서 자리를 깔고 버섯을 파는 채취꾼들에게 1킬로그램씩 샀다.

송롱은 다른 버섯 종류보다 비교적 비싼 축에 속하며, 일본으로 건너가면 그 가격은 천문학적으로 뛰어오른다. 일본의 까다로운 미식가들에게 마츠다케라 불리는 이 송롱은 버섯계의 귀족이다. 이 고급 별미가 루구호에서 발견되고부터, 버섯 사냥은 큰 사업이 되었다.

송롱은 보존 수명이 짧기 때문에, 새벽녘에 루구호 근처 숲에서 채취한 이 버섯이 마을 시장에서 팔리는 가격보다 몇 배나 뛰어오른 값에 도쿄의 츠키지 시장에서 팔리려면 그 다음날까지는 일본에 도착해야 한다.

이탈리아 시골에서 송로버섯을 찾기 위해 일었던 열풍과 유사하게, 소나무 숲에서의 송롱 사냥은 은밀한 사업이 되었다. 매일 이른 아침부터 '전문' 사냥꾼들은 하루 종일 버섯을 찾아다녔고, 자신이 찾아낸 비밀 장소를 어느 누구에게도 들키지 않기 위해 애썼다. 매년 같은 시기에, 이들은 자신들만의 비밀 구역으로 돌아와 송롱을 채취해서는 가장 값을 많이 부르는 경매업자에게 꾸준히 공급하여 이윤을 남겼다.

"송롱 따러 가는 데 데려가줄래?" 송롱 거래에 몸담고 있는 이들을 마주칠 때면 나는 그들에게 자주 이렇게 물었다.

"물론이지, 언제든 같이 가자." 그들은 주로 이렇게 상냥하게 대답하지만, 내가 시간과 장소를 정하려 하면, 하나같이 다음에 연락하겠다는 의미심장한 답을 남겼다. 그 뒤로 누구에게서도 연락을 받지 못했다.

모쒀인들은 야생에서 얻을 수 없는 것은 직접 키운다. 요즘에는 쌀, 옥수수, 감자가 루구호 주변의 주요 작물이다. 모쒀인들은 40여 년 전부터 쌀 재배를 시작했는데, 그 이전에는 수수와 보리, 옥수수, 감자 등을 길렀다. 당시에 이들은 수수와 보리를 빻아 만든 시리얼을 아침으로 먹고, 굵게 빻은 옥수수를 점심과 저녁으로 먹었다. 이전에는 낱알을 가는 데 맷돌이나 물레방아를 이용했지만, 오늘날에는 동력이 달린 기계가 그 자리를 대체했다.

"할머니가 묽은 옥수수 죽을 만들어주던 시절이 아직도 기억

나. 우리는 너무 가난해서 식구들이 부족함 없이 먹을 수 있을 만큼 옥수수가 충분했던 적이 한 번도 없었어."

말 농장에서 나를 도와 감자 추수를 하던 얼쉬마가 자신의 어린 시절 이야기를 들려주었다.

나는 이제껏 감자 줄기를 한 번도 본 적이 없었다. 감자 추수는 뜨거운 오후에 하기에 가장 좋은 운동이었다. 나는 감자를 바구니에 넣는 비교적 쉬운 일을 하고, 얼쉬마를 비롯한 여자들은 땅을 파고 감자 더미를 쌓아올렸다.

두 명이 흙을 파서 감자를 꺼냈다. 이들은 약 120센티미터에 해당하는 4피트 길이의 괭이를 위로 높이 들어올렸다가 중력을 이용해 아래로 깊숙이 내리꽂으면서 그루터기를 파냈다. 괭이 날을 이용해 흙을 파내니 감자가 모습을 드러냈다. 뼈가 빠질 것만 같이 힘든 작업이었으나 두 사람은 한 쌍을 이루어 오후 내내 쉬지 않고 일했다. 감자밭에 기다란 띠 같은 고랑이 생겨났다. 다른 여성들은 감자를 캐는 쪽의 속도에 맞추어 허리를 굽혀 계속 감자를 주웠다.

이 감자를 바구니에 넣는 건 그 중에서 가장 쉬운 일이었는데도 나는 이 강인한 여성들과 겨우겨우 보조를 맞추었다.

추수기의 하이라이트는 명랑한 목소리로 걸려오는 구미의 전화였다.

"벼 베기 철이야!"

이 대대적인 행사를 위해서 구미의 농장에 갈 때면, 항상 일을 도울 사람들이 나보다 먼저 와 있었다. 모두 어서 일을 시작하기를 기다리고 있었다. 이 여성들은 절대로 힘든 일을 회피하는 법이 없었다. 모든 일을 손으로 해내야 했는데도 그랬다.

세 명씩 무리를 지어서, 첫 번째 무리가 기다란 벼를 자르고 모아서 묶었다. 다음 무리는 각각 커다란 묶음을 붙들고 방수포 위에다 털었다. 쌀알을 털어내기 위해서였다. 쌀알이 충분히 떨어지면 세 번째 무리에 있던 사람들이 손수 만든 나무 도구로 겉껍질이 떨어지도록 타작을 했다.

이 도구는 1970년대 중국 쿵푸의 대가 브루스 리로 인해 유명해졌던 무기인 눈차크, 즉 쌍절곤의 원조 버전이었다. 중국 농장에서 쓰이는 몇백 년, 혹은 몇천 년 전에 만들어진 이 도구가 아직도 루구호에서 쓰인다니 믿을 수가 없었다.

모쒀인들이 쓰는 이 도구는 세 개의 나무막대가 노끈으로 연결된 형태다. 한 사람이 도구의 한쪽을 붙들고 부드럽게 뒤로 흔들었다가 다시 앞으로 가져오면, 세 개의 막대 중 마지막 다리가 둔탁한 소리를 내며 쌀알을 친다. 솜씨 좋은 이들의 동작을 보고 있노라면 이미 지나버린 시절이 눈앞에 다시 펼쳐지는 듯했다.

중국 다른 지역에 현대적인 농업기술이 도입되면서 루구호 역시 새로운 시대를 맞이하고 있었다. 바주 마을에는 전동 탈곡기 한 대가 기존의 탈곡기 자리를 꿰찼다. 마을 사람들은 어느 진취적인 주민이 구입했다던 이 자동 탈곡기를 빌리기를 고대했다.

구미는 가족의 일원으로 받아들인 내게 매년 농장에서 직접 재배한 쌀을 커다란 포대로 두 포대씩 주었다. 혼자 감당하기에 너무나 많은 양이었지만 나로서는 그의 땀과 눈물이 어린 이 진심 가득한 선물을 거절할 수 없었다. 그래서 나는 받은 쌀의 대부분을 싱가포르와 베이징으로 가져가서 친구들과 나누곤 했다.

쌀을 추수하는 시기는 과일이 제철을 맞을 때와 맞물렸다. 모쒀인들의 뒷마당에는 사과, 복숭아, 배가 수확을 기다리고 있었다. 모쒀인들이 주로 먹는 간식이자 친지 및 친구들에게 선물하곤 하는 호두 역시 이때가 제철이었다.

앞으로 얼마나 시간이 지나든 간에, 나는 모쒀인들이 자신이 채집하고, 사냥하고, 혹은 직접 길러서 얻은 음식을 소중히 여기는 오래된 관습을 지켜갈 것이라고 확신한다. 모쒀인들의 집집마다, 난로 위에는 돌로 지어진 제단을 뜻하는 추오두오가 놓여 있다. 여기에 모쒀인들은 매년 처음으로 추수한 결실을 바치는 짧고도 진심 어린 의식을 치른다. 한 가정의 가모장이 그들의 주된 식사 중에서도 가장 좋은 음식, 주로 닭의 머리를 추오두오에 올려둔다. 모계 조상들에게 바치는 의미다. 그러고는 모쒀어로 축복을 빈다.

"마부들이 안전하게 돌아오게 해주십시오. 길을 떠난 말들이 가시를 밟거나 뱀이 지나다니는 길로 가지 않게 해주십시오. 우리 가족을 지켜주시고 평화가 있게 해주시고 대를 이어 강성하게 해주십시오. 우리가 살아가며 쏜 화살이 제 목표를 찾게 해주시옵소서."

2부

고향

이상한 일이지만 정말 사는 동안 이렇게 나를 나 자신으로 받아들여주는 환경에서 편안하게 있었던 적이 한 번도 없었다. 여성인 나를 그저 나로 존재하게끔 하고, 그럴 수 있도록 북돋아주고, 그 이상의 어떤 것도 요구하지 않는 세계에서 포근하게 보호받는 기분을 느낀다. 직관적으로, 나는 모쒀인들과 살아가는 이곳이 훨씬 더 고향처럼 여겨졌다.

7
모쒀 여자는 멋지다

모쒀 여성은 팔색조다. 나는 모쒀 여성들과 몇 년간 함께 살면서 이들의 다양한 모습들을 좋아했고, 이들의 자신감 있는 태도를 통해 여성과 여성스러움이라는 속성을 이해할 수 있었다는 데 고마움을 느낀다.

모쒀 여성에 대한 나의 첫인상은 조용하다는 것이었다. 별다른 짐작이 가지 않았다는 뜻이기도 했다. 모쒀 여성은 그리 훤칠한 편은 아니어서, 5피트 4인치(약 162.5센티미터)인 나보다 딱히 크지도 않았다. 이들에게는 예쁘다는 말보다는 잘생겼다는 말이 어울렸다. 가느다랗고 검푸른 매력적인 눈매, 살짝 들린 콧날, 단단하고 흰 이가 드러나는 환한 웃음. 여기에 햇볕에 그을린 커피색 피부를 가진 모쒀 여인들은 흑단같이 검고 긴 머리를 하나로 묶어 느슨하게 쪽을 쪘다.

모쒀 여성들은 외모를 과시하지 않았다. 수수하게 입고, 팔찌나 부적이 들어 있는 소박한 목걸이 정도를 제외하면 장신구를 하지 않았다. 다른 여성들과 경쟁적으로 미모를 가꾸는 다른 문화권과는 달리, 모쒸 여성들은 치장을 삼갔다. 이들은 화장도 하지 않았는데, 외모에 이목이 집중되기를 별로 원치 않았기 때문이다.

리커 마을의 호숫가로 산책을 나갔던 어느 날, 나는 자신의 배에 태울 관광객을 기다리며 여물통 모양의 배에 앉아 있는 모쒸인에게 립스틱을 하나 선물했다. 그는 미소를 지었지만 거절했다.

"괜찮아요." 그는 쑥스러워하며 말했다. "이렇게 빨간 건 민망해서 못 써요."

할아버지의 마을에 사는 중국인들에게 립스틱을 선물할 때와는 전혀 다른 반응이었다. 그곳에서는 모두들 손을 내밀고 선물을 덥석 가져갔다. 모쒸인을 알아간다는 건 결코 쉬운 일이 아니었다. 어린 시절부터 겸손을 배웠고 사회학자들의 말을 빌리자면 수줍음의 문화에서 자라났기 때문에 속마음을 잘 드러내지 않아 외부인과 우정을 쌓는 데까지는 시간이 걸렸다.

하지만 모쒸인들은 지인들과 있을 때면 완전히 다른 얼굴을 했다. 모쒸 여인은 당당한 태도를 보였다. 이들의 자신감은 공격적인 느낌과는 거리가 멀었고, 내면에서 우러나오는 자기 확신에서 비롯된 자신감이었다. 이들의 자신감은 꼿꼿한 자세로 성큼성큼 걷는 그들의 걸음걸이와 모닥불을 둥그렇게 둘러싸고 춤을 추는 부족 사람들 사이로 자연스럽게 끼어들 때 보이는 우아한 모습에서 드러났다. 모쒀인들은 절대 구부정하게 앉지 않았고 윗몸을 팽팽히 당겨 앉았다. 내가 본 모쒀 여인 중에서 평퍼짐한 몸매를 가진 이는 없었고 대부분 마르고 강직했다. 농장에서 고되게 이어가는 생활이 몸으로 나타난 결과였다.

나와 친구가 된 아하 할머니는 할머니 집에서 멀리 떨어진 온천으로 데려가겠다고 말할 때면 함박웃음을 지었다. 동년배 마을 사람들이 그러했듯이, 아하 할머니에게도 온천 방문은 특별 행사였는데, 온천은 과거 젊은 연인들이 서로 어울려 놀기 위해 모이던 만남의 장소였기 때문이다. 옷을 벗고 온천 안으로 들어갈 때, 나는 눈앞에 선 노년의 아마조네스를 보고 감탄하지 않을 수 없었다. 알몸의 아하 할머니는 66세의 나이임에도 날렵하고 우아한 몸매에 누구나 부러워할 복근을 가지고 있었다.

모쒀인을 묘사하는 또 다른 단어로는 강인한 신체와 정신이 있다. 나의 모쒀인 동생, 구미가 적절한 예다. 구미는 30킬로그램짜리 쌀포대를 아무렇지 않게 등에 지고 나른다. 이토록 강한 내 동생에게 너무 힘든 작업이나 너무 부담스러운 농장 일 같은 건 존재하지 않는다.

얼쉬마 역시 다른 부류의 강인한 여성이다. 오랫동안 얼쉬마의 아샤오였던 자시가 리커에 처음으로 민박집을 짓겠다는 이야기를 꺼냈을 때, 얼쉬마는 집을 자신의 땅에 짓도록 허락하고 거기에다 자시의 이름을 붙여주었다. 방 일곱 개짜리 소박한 여관은 어느새 바비큐 레스토랑이 딸린 방 스무 개짜리 호텔로 커졌다. 자시는 숙소의 얼굴을 맡았고 얼쉬마는 방을 정리하고, 식품 구매 목록을 만들고, 호텔 주방장으로 일하고, 사업의 재무 및 회계를 관리하는 것까지 모든 일을 혼자 했다.

얼쉬마가 자시와의 사이에서 낳은 두 아이 중 막내인 샤오우진은 엄마를 빼 닮았다. 우진의 성년식에 참석했을 때, 아이는 이미 운동선수를 키우는 학교에 다니며 촉망받는 수영선수로서 훈련을 받던 중이었다. 아이는 이미 2년 전이던 열한 살 때 수영선수가 되겠다는 단호한 결심을 했다. 아직 어린 나이에 놀라운 독립심을 보여준 우진은 모부에게 자신을 그 학교에 보내달라고 졸랐다.

이후 우진은 원난성 수영선수 중 1등급을 획득했고, 나는 전국 수영대회에 나간 우진을 응원하기 위해 베이징 올림픽 수영 경기장으로 갔다.

"우진! 우진!" 나는 주특기인 접영으로 출전한 우진의 이름을 연호했다. '작은 5근짜리'라는 이름을 가진 아이가 꿈을 실현한 이 이야기는 여성의 기개, 그리고 모쒀 여남 모두가 여성에게 보내는 지지에 대한 본보기 그 자체였다.

세상에 몇 없는, 여성이 가족 내에서 주도권을 행사하는 사회에서 자라난 우진과 같은 모쒀 여자아이에게는 스스로를 믿고 자신감 있게 성장하는 일이 매우 자연스러웠다. 거의 모든 모쒀 여성에게서는 침착함이 자연스레 풍겨나왔다. 세계 다른 곳에서 살아가는 여성들이 애써 가진 척하고 살아가는 바로 그것이었다.

주도권을 쥐는 것은 자신감 넘치는 모쒀인에게 가장 자연스러운 일이었다. 모쒀 여성들은 사회 내에서 높은 위치를 점했고, 일상에서 흥미로운 특유의 에티켓을 지키며 살아갔다. 이는 중국 사회나 서구 사회를 살아가는 여성들에게서는 거의 보지 못했던, 가히 화려한 기교라 할 만했다.

어느 날 마을 술집에서 여자들의 밤을 보내는데, 구미의 언니가 모쒀 남자들이 있는 테이블로 성큼성큼 다가가서는 맥주를 몇 병 샀다. 중국 다른 지역에서 으레 볼 수 있는 광경과는 반대로, 구미의 언니는 남자들에게 먼저 다가갔다.

"리-처" 구미의 언니는 우렁찬 목소리로 건배를 외쳤다. 수줍음 따위는 타지 않았다. 그는 남자들과 함께 앉아서, 주변으로 번지는 웃음과 익살맞게 던지는 추파로 그날 저녁 분위기를 이끌어갔다.

놀라운 점은 모쒀 여성들이 자신들의 부족사회 내에서 자기 주장을 확실하게 할 수 있을 뿐 아니라, 바깥세상에 나가서도 똑같이 자신감을 유지했다는 것이다.

얼쉬마와 함께 리장이나 쿤밍에 여러 번 간 적이 있는데, 그때마다 나는 얼쉬마가 친숙하지 않은 장소와 상황에서 얼마나 능란하고 편안하게 행동하는지 감탄을 금치 못했다. 특히 얼쉬마가 글을 모르므로 식당 메뉴나 길에 세워진 표지판을 단 한 단어도 읽지 못한다는 점을 감안한다면 더더욱 그랬다. 누군가 메뉴에 없는 음식을 주문하거나 화려하게 꾸며진 상점에서 가격을 흥정하는 얼쉬마를 곁에서 보았더라면, 절대로 그가 글을 읽지 못하는 걸 알아차릴 수 없었을 것이다.

어느 날은 쿤밍에서 열린 성대한 결혼식에 두오지에 라마의 누나와 동행한 적이 있었다. 그날의 손님 목록에는 저명한 사업가, 정치가, 문호 등이 포함되어 있었다. 그날, 나는 저녁식사에서 두오지에의 누나가 그 누구에게도 뒤지지 않는 모습에 참으로 놀랐다. 시골 출신에 글도 모르는 이 여성에게서 자신이 없다거나 수줍어하는 태도는 단 한순간도 찾아볼 수가 없었다. 그는 진정 자신감의 현신이었다.

모계 혈족의 장으로서 할머니를 중요한 기준점으로 삼는 가정과 사회에서 자라난다는 것은 여성이 자신을 특별한 존재로 느끼게 만든다. 특히 아주 어린 나이에 모든 가족 구성원이 성별을 불문하고 할머니의 뜻을 따르는 모습을 보고 배운다면 말이다. 또한 이 여성은 자라나는 과정에서 모든 모쒀 가족이 여성의 심장으로 뛴다는 말의 뜻을 온전히 이해하게 된다.

최소한 모쒀 여성은 가부장적 가정에서 한 발 뒤로 밀려난 자리에 앉기를 강요받고, 처음에는 아버지에게 순종하고, 그 뒤에는 남편의 뜻을 따르고, 나이를 먹어서는 아들을 따르기를 요구하는 전통에서 자라난 중국 여성보다 훨씬 더 스스로를 특별히 여긴다. 중국사회에서 여성과 관련된 모든 것은 보다 낮은 지위로 밀려나버린다. 그러나 모쒀 여성은 태어난 날부터 특권이라는 옷을 입고 자라난다. 모쒀 가정에서, 여자아이의 출생은 오랜 중국문화에서 바라보는 것처럼 결코 비극적인 일이 아니라 경사이기 때문이다.

항상 나를 미소 짓게 하는 모쒀인의 또 다른 면모는 농담을 좋아하는 성격이다. 모쒀인들은 누구나 파티를 좋아한다. 특히 내가 보기에 모쒀 여자들의 파티는 남자들의 축제보다 더 격렬하고 더 자주 열리는 듯하다. 모쒀 사회에서 여자는 소박한 점심식사나 우아한 다과회, 혹은 조용조용한 저녁식사를 즐기지 않는다. 여자들이 한 번 파티를 열면, 먹고, 마시고, 노래하고, 춤추느라 무조건 밤을 새고 논다. 파티를 즐기는 이들을 보고 있노라면 마치 내일이 없는 것만 같다. 나는 직접 고생을 하면서 이것을 알게 되었다. 새 집에 축복을 내린 것을 기념하기 위하여 친구들을 불러모아 파티를 열었던 날이었다. 약 스무 명의 친구를 불러놓고 점심을 먹을 생각이었다. 나는 내가 부른 인원수에 맞게 점심식사를 마련했다.

나는 당시에 구미를 초대하면서 가족들을 데려오라고 했다. 그러니까 아샤오인 기지와 구미의 엄마, 대녀와 대자를 데려오라는 얘기였다. 그런데 구미가 이해한 바는 좀 달랐다. 구미는 자신의 모계 혈족 전부에게 내가 그들을 초대했다고 전했다. 즉, 자매형제 일곱 명, 모계 사촌 몇 명, 그들의 자식과 대자녀, 친구와 친지를 전부 의미했다.

그러니 거의 한 부대가 출동한 셈이었다. 등장한 인원이 대략 40명쯤 되었다. 모쒀식대로 하면, 내가 구미에게 한 것과 같은 초대는 누구나 올 수 있는 공개적인 초대였다. 나 역시 직접 초대받지 않은 모쒀인들의 파티에 자주 참여했다. 역시 전통에 따라 손님들은 선물을 가져왔다. 선물은 쌀, 염장한 고기, 야크 버터부터 차, 계란, 살아 있는 닭 몇 마리, 갓 잡은 새끼 돼지까지 다양했다.

당황한 나는 얼쒀마에게 내가 미리 계획했던 음식보다 더 많은 분량을 만드는 것을 도와줄 수 있겠느냐고 물었다.

"당연하지." 얼쒀마가 곧바로 여성들에게 요리를 시작하자는 지시를 내리며 자신이 가져온 선물을 냄비에 넣었다. 유능한 얼쒀마는 점심으로 먹을 닭고기, 돼지고기, 양고기 요리를 재빨리 만들어냈다.

맥주와 현지 방식으로 빚은 밀주가 어우러지는 가운데, 어떤 이들은 세 개의 작고 낮은 식탁에 나누어 앉은 손님들에게 점심을 나르는 일을 자진해서 도왔다. 매우 신속하게, 첫 번째 순서로 식사를 한 사람들이 다른 사람들을 위해서 자리를 비켜주었다.

점심식사가 끝나고 나서, 나는 손님들이 집으로 돌아갈 것이라 생각했다. 그러나 사람들은 가지 않았다. 연이어 술을 마시거나 떠들면서 그 자리에 머물렀다.

석양이 불타기 시작했다. 얼쉬마가 나를 쿡 찔렀다. 저녁을 준비할 시간이라는 의미였다. 점심 파티는 어느새 점심 및 저녁식사 자리로 바뀌었다. 저녁식사도 어찌어찌 만들었으나 파티는 끝나지 않았다. 손님들은 다시 술을 마셨고, 자정이 되어서야 파했다. 여태껏 내가 연 파티 중 가장 긴 파티였다.

하지만 모쒀 여성들과의 파티에서 본격적인 신고식을 치른 순간은 나중에 다가왔다. 얼쉬마가 세계 여성의 날을 위한 파티를 제안한 때였다. 세계 여성의 날은 오래전부터 모든 여성들을 위한 공휴일로 지정되어 있었다.

"우리를 위한 날이야. 루구호의 여성들 말이야. 파티를 하자." 얼쉬마가 말했다.

이른 아침, 얼쉬마는 네 명의 친구를 데리고 내 집으로 왔다. 얼쉬마는 농담 삼아 이들을 모쒀 주류 회사 사장이라고 소개했다. 이들은 맥주 궤짝과 중국 백주를 가모장의 방으로 옮겼다.

그렇게 술판이 시작되었다. 마부들은 아침 내내 술을 마신 우리를 위해 점심을 만들어주었다. 우리는 마을로 가서 저녁을 먹기 전까지 내내 술을 마셨다.

"술집에 가자!" 우리 가운데 가장 어린 이가 저녁을 먹자마자 외쳤다.

마을에서 가장 잘나가는 나이트클럽을 찾아나섰다. 세계 여성의 날을 기념하는 다른 여성들로 실내가 꽉 차 있었다. 댄스 플로어에서 또다시 파티가 시작되었고 우리는 노래하고 춤추고 마시면서 밤을 보냈다. 열여섯 시간 내내 술을 마신 것 역시 난생 처음이었다.

모쒐 여성들은 파티를 오래, 그리고 열심히 즐기기만 하는 것이 아니었다. 그들은 자신의 여자 친구들을 아주 좋아했다. 여자들끼리 밤을 즐기는 것 역시 파티의 일종이었다. 이때 흥이 많은 남자 친구들이 함께 어울리기도 했는데, 남자들은 여자들만의 밤에 분위기를 돋워주는 역할을 했다. 여기서 독특한 점은 모쒐 여성들이 자신의 아샤오를 데리고 나오는 일이 거의 없었다는 것이다.

나는 그 이유를 결코 알아내지 못했다. 아마 모쒐 여성들은 결코 아샤오 없는 자신이 불완전하다고 느끼지 않기 때문이었을 수도 있다. 아니면 아샤오가 동반된 자리에서는 자신의 끼를 마음껏 펼칠 수 없기 때문일 수도 있다. 그래서 많은 남성과 함께 어울려 놀 기회를 택했을지도 몰랐다. 내가 아는 건 이유가 무엇이든 이곳에서 내가 배울 점이 있다는 것이었다.

모쒐인의 또 다른 매력은 유머 감각이었다. 무언가 재미난 것을 발견하면 모쒐인들은 먼저 유머 감각을 발휘할 기회를 절대 놓치는 법이 없었다. 이들은 유머 감각으로 남자들을 자주 이기곤 했다. 모쒐인들은 성별을 가리지 않고 언제 어디서나 실컷 웃었다. 모쒸 여성들은 자신감 넘치게 사는 만큼, 익살스럽다는 평가도 남성과 동등하게 들었다.

나는 남성중심적인 기업 환경에서 여성이 유머를 뽐내기가 얼마나 어려운 일인지 잘 알고 있다. 이전에 직장생활을 했을 때, 자기 확신이 너무나 강력한, 소위 우두머리 수컷이라고 불리는 유형의 남성이 주도권을 잡고 농담을 던지는 비즈니스 미팅에 숱하게 참여했다. 회의에 참여한 지 몇 년이 되어서야 나는 여성이든 남성이든 좌중을 웃게 만드는 사람이 그날을 이끌었음을 깨닫게 되었다.

이곳, 어머니의 나라에서 여성들은 원한다면 얼마든지 무리의 중심에서 능숙하게 스탠드 업 코미디를 이끌어갈 수 있었다. 여남 모두 농담하기를 좋아했다. 그렇기 때문에 그들과 함께 어울리는 일은 늘 즐거웠다. 내가 감명 깊게 생각했던 부분은 여남이 섞여 있는 상황에서 여성이 남성과 똑같이 농담을 했다는 것이다. 모쒸 사회에서 여성의 위치를 시사하는 대목이었다. 가정 내에서도, 모쒸 여자에게 져주는 법이란 없었다. 그들은 의견을 가진 한 그것을 표현하는 데 수줍어하지 않았다. 여성의 목소리에는 무게가 실리고, 최후 결정권은 할머니가 행사했다.

어느 날 나는 얼쉬마와 얼쉬마의 가족들이 가족 소유의 땅을 분배하는 중요한 문제를 두고 토의하는 것을 우연히 들었다. 이 땅 문제에는 자시의 민박집이 위치한 자리 역시 포함되어 있었다. 열띤 대화가 계속 이어지던 가운데, 누군가 이런 질문을 했다.

"자시는 뭐래?"

"자시는 이 문제에 발언권이 없어. 가족이 아니잖아." 얼쉬마가 대꾸했다. 자시는 얼쉬마의 오랜 아샤오였는데도 그랬다.

비록 가모장제이기는 했지만, 모쒀 여성들은 전통 중국문화에서처럼 성별 간에 우열을 두는 것이 아니라 성평등의 세계에서 살았다. 이들의 사회적 상호작용을 바라보노라면, 가부장제 사회에서보다 권력구조가 더 균형 잡혀 있는 예를 많이 목격할 수 있었다.

이 사회 속에서는 모두가 모두를 동등하게 대했다. 여성이 남성을, 여성이 여성을, 남성이 여성을, 남성이 남성을, 나이 많은 이가 적은 이를 대등한 사람으로 취급했다. 지주오의 집에 가면, 할머니가 손주를 대할 때 아이가 아니라 동등한 성인에게 할 때와 똑같이 하는 모습을 자주 보았다. 말할 때도 마찬가지였다. 할머니는 손주에게 이야기를 건 뒤 인내심 있게 답을 기다렸다. 혹은 자시가 누군가와 일상적인 대화를 나누고 있는 모습을 보기도 했다. 나는 자시가 상대를 존중하는 모습을 보면서 상대가 친구나 사업 파트너일 것이라고 생각했다. 그러나 그는 자시의 직원이었다. 중국에서 상사가 말투나 몸짓을 통해 직원을 자신의 아래로 본다는 것을 명백하게 드러내는 것과는 전혀 다른 모습이었다.

여성들은 때로 남성이나 남성적인 행동을 비하하는 말을 하기도 했다. 모쒀어 중에는 그런 용어가 많았지만, 남성을 불공평하게 대하는 분위기가 제도화되거나 고착된 체계로 발전되지는 않았다. 모쒀인들은 여남 간의 관계에서 특이하고 공정한 가치 체계를 유지하고 살아갔다. 중국에서 만연한 여성을 폄하하는 경향과는 정반대되는 방식이었다.

　기본적으로 모쒀 여성이 자신의 존재를 완성하는 핵심 요소는 엄마가 될 수 있는, 즉 그로 인해 모계 혈족 식구를 늘려갈 수 있는 능력이었다. 처음으로 엄마가 되는 순간은 모쒀 여성의 삶에서 가장 축복할 만한 사건이었기에 친지와 친구들로부터 축하가 쏟아졌다. 반대로 아이를 낳은 적 없는 여성은 주변으로부터 동정심을 샀다.

　모쒀족 엄마들은 어머니로서의 자신을 자랑스러워했다. 그래서 이들은 언제나 아이를 띠로 매어 등에 업고 다니는 옛날 방식을 고수했다. 리커에 사는 얼처가 갓 태어난 자기 자식이자 나의 대녀를 자랑스레 데리고 다닐 때도 그랬다. 아기에게 젖 먹일 시간이 되면, 루구호에 사는 모든 엄마들이 그러하듯, 얼처는 모두가 보는 앞에서 자연 그대로의 행동을 취했다. 아기띠를 풀고, 아기를 팔로 감싸안은 다음, 블라우스를 들추고 양쪽 젖가슴을 번갈아가며 젖을 먹였다. 아무도 움찔한다거나 그를 바라본다거나 하지 않았다. 얼처가 만일 상하이나 베이징에서 공공연하게 이런 행동을 했다면, 조롱과 비난의 대상이 되고 수유하는 장면이 찍힌 비디오가 모든 온라인 메신저 그룹에 퍼졌을 것이다.

모쒀족 엄마에 대한 두드러지는 특징이 하나 있다면, 바로 외부인의 관점에서 바라보았을 때 이들이 언제까지나 독신모라는 점이다. 모쒀 여성이 낳는 아이는 어떤 아이든 간에 혼외자식일 수밖에 없다. 왜냐하면 이들은 결혼을 하지 않고, 따라서 아이에 대한 소유권을 주장하는 남성이 존재하지 않기 때문이다. 중국 가부장제 사회의 관점에서 바라본다면, 모쒀 여성들이 아이를 낳는 매 순간은 하나의 추문이자 가족에게 불명예를 안겨주는 사건일 것이다.

하지만 가족이 모계 혈족으로 만들어지는 구조의 이 공동체에서는 엄마 됨을 축하할 뿐 어떤 식의 비난도 일지 않는다. 모쒀족 아기는 결혼이라는 개념을 떠올릴 수조차 없는 엄마에게서, 누군가가 아버지가 되었음을 일체 염두에 두지 않는 사회에서 아버지 없는 자식으로 태어날 수밖에 없다.

모쒀 여성에게서 발견할 수 있는 가장 흥미로운 사실이자, 중국을 비롯한 다른 사회가 관심을 집중한 사실은 바로 그들의 연애생활이다. 이것은 사실상 단순한 연애생활을 넘어서는 문제다. 모쒀 여남이 살아가는 동안 아샤오가 될 상대와 그 수를 고르는 건 철저히 그들의 자유다. 여남이 결혼을 해서 핵가족을 이루어야 할 필요로부터 자유로운 공동체에서 사는 모쒀 여성은 자신의 모계 가정에서 안락하고 사생활을 존중받는 방식으로 연애 상대를 골랐다. 그에게는 꽃방의 문을 잠시 사랑을 나누었던 상대에게는 닫고 또 다른 이에게 열어줄 자유도 있다. 모쒀 사회에는 없는 결혼이라는 제도가 가족생활의 시작점으로 설정된 우리에게는 이 점이 모쒀 여성의 삶에서 가장 혁명적인 부분이다.

무한한 가능성이 존재하는 이 공간에서, 모쒀 여성이 남성 아샤오를 고르는 기준이 결혼을 위해 영원히 삶을 함께할 배우자를 고르는 기준과는 근본적으로 다를 것이라 추측하는 건 매우 타당하다. 모쒀 여성에게 아샤오란 고된 일상에서 자신을 잠시 벗어나게 해줄 즐거운 일탈이자 잠재적인 정자 기증자다. 그러니 아샤오를 고르는 기준은 이 목적에 부합해야 한다.

나의 친구인 저명한 중국인 사회인류학자 차이후아蔡華는 모쒀 아샤오 체계에 대해 분석한 자신의 저작『아버지나 남편이 없는 사회』에서 이렇게 설명했다. '오래전, 모쒀인들은 여성이 가진 씨앗이 땅 위에서 파란 풀로 자라나려면 하늘에서 내리는 비를 맞아야 한다는 것을 알아냈다.' 생명의 씨앗을 품고 있는 여성은 그것을 실제 생명의 탄생으로 이끌어내기 위하여 씨앗에 물을 줄 남성을 필요로 했던 것이다.

그러니 외관상으로 좋은 가치를 가진 자가 물을 주어야 씨앗을 크고, 강하고, 아름답게 길러낼 수 있다는 건 더 말할 나위가 없었다. 아이를 원하는 여성의 관점에서, 물 제공자인 남성은 무엇보다도 잘생기고 몸매가 좋아야 했다.

생식적인 관점에서 이야기하자면 짝짓기 상대를 찾아나선 여성은 신체적으로 매력적인 남성을 찾았다. 이들이 가진 목록에 가장 먼저 등장하는 건 건장함과 아름다움이었다. 이보다 더 솔직하고 직설적일 수가 없다.

물을 가진 자, 즉 남자들을 보면서 여성의 마음속에는 다음과 같은 질문들이 떠오르게 된다.

"키가 크고 건장한가?"

"얼굴이 잘생겼는가?"

"크고 듬직한 손을 가졌는가?"

"힘든 육체노동을 할 만큼 튼튼한가?"

밤에 여자들끼리 외출하기를 반복하면서, 나는 모쒀 여성들이 남자들을 상대로 던지는 외설적인 농담과 그들이 남자를 볼 때 위와 같은 이상형에 따라서 점수 매기는 것을 듣게 되었다.

"저 남자 어때?" 말소리가 들리지 않을 거리에서 남자가 지나가면 무리 중 한 명이 반드시 이렇게 물었다.

"별로 잘생기지 않았어." 누군가 이렇게 대답하면 모두가 와자지껄하게 웃었다.

"쟤 맛있게 생겼다." 무대 위에서 춤을 추는 늠름하고 잘생긴 남자를 보면서 한 젊은 모쒀인이 외쳤다.

우리의 밤은 이런 식으로 계속되었다.

'물뿌리개'가 가족에 포함되지 않기에, 따라서 남성 아샤오가 가족의 부에도 기여할 수 없는 모쒀만의 가족 구성 때문에 모쒀 여성은 상대의 재력에는 신경을 쓰지 않았다. 그러니 베이징의 부호라 해도 이런 상황에서는 별로 알맞은 상대가 아니었다. 어떤 남성이 좋은 차나 커다란 집이나 너른 농지를 가지고 있다고 해도 이 모든 건 여성이 원하는 것과 거리가 멀었다. 상대가 책임감이 강한 성격이냐 아니냐도 관련이 없었다. 결국 모쒀인은 남성과 가정을 꾸리지 않으므로 당연하게도 자신과 가족들의 생계가 그에게 달려 있지 않기 때문이었다. 남자는 그저 양질의 물을 주는 본분을 다하기만 하면 됐다.

보기 좋은 외관을 갖추는 것 말고도, 함께 보내는 시간이 더 즐겁기 위해서는 쾌활하거나 유머러스한 성격도 이점이 될 수 있었다. 모쒀 여성에게 사랑이란 스쳐 지나가는 순간의 사건이었다. 다시 생각해본다면 모쒀 사회에 살지 않는 우리에게도 그리 이상하게 여겨질 말이 아니다.

모쒀 여성은 남성에 대한 욕망을 표현하는 데 부끄러워하지 않는다. 남성과 만날 때는 수줍어해야 한다거나 거부한다거나 하는 특별한 규칙도 존재하지 않는다. 뻔뻔하게 밀고나가는 데 창피함을 느낄 이유는 아무것도 없었다. 이들에 대한 어떤 사회적인 비난도 존재하지 않기 때문에, 여성들은 아무 제약도 받지 않고 욕망하는 대상 혹은 대상들을 응시함으로써 마음이 자신을 이끄는 대로 따라갔다.

모쒀 여성의 애정생활을 반추하면, 어느새 루구호 표면에서 모쒀 여성의 모습을 발견할 수 있다. 푸른 물 위에 희고 아름다운 꽃망울을 가진 수초들은 아무렇게나 흩뿌려진 채, 물살을 따라 마치 바라보는 이에게 가까이 오라고 손짓하듯 우아하게 움직였다. 물 아래에는 바닥까지 뻗은 꽃의 뿌리가 시종 움직였다. 중국어에는 이런 꽃에 대한 성어로 수이싱양화水性楊花라는 말이 있다. 이 말은 이중적인 의미를 가지고 있는데, 글자 그대로 '물 위에서 나부끼는 꽃'이라는 뜻인 동시에 비유적으로는 '지조 없는 여성'을 가리킨다.

남성중심적인 중국문화에서 바라본 모쒀 여성은 문란하게 여겨질 것이 뻔했다. 그러나 모쒀 여성은 그들의 문화 속에서 결코 지조 없는 여성이라는 이유로 비난을 받는 일이 없었다. 오히려 여러 아샤오의 마음을 끌었다는 이유로 칭찬을 들을 것이었다.

모쒀 여성과 닮은 점을 찾기에는 '떠다니는 꽃잎'이라는 비유가 너무 단순하게 느껴진다면, 눈을 돌려 거대한 호수 옆에 비스듬히 서 있는 수호신을 바라보면 된다. 웅장한 거무산신이야말로 멋진 모쒀 여성의 정수였기 때문이다.

거무신은 내가 아는 그 어느 신과도 달랐다. 전 세계의 독선적이고, 위선적이고, 일신론적인 남자 신들이 자신을 뽐낼 때, 모쒀족의 수호신인 거무신은 훨씬 더 인간적인 면모를 갖추고 자신이 보호하는 사람들에게서 기운을 얻었다. 모쒐인들은 거무신이 저지른 사소한 실수에 굴하지 않고 믿음을 간직하면서 삶과 사랑에 대한 자신들만의 관점을 지켜나갔다.

설화에 따르면 거무신은 처음에는 인간이었다. 하지만 그렇다고 해서 평범한 인간은 아니었다. 거무는 뛰어난 지성을 가지고 있어서 살아온 세월보다 훨씬 더 현명했다. 게다가 그는 놀랄 만큼 아름다워서 모든 인간 남자들과 심지어 온 우주의 신과 악마까지도 그에게 반하고 말았다. 그러다 거무는 그토록 매혹적인 존재로 태어난 대가를 톡톡히 치르게 되었다.

어느 날 루구호에서 노래를 부르고 있을 때, 악마 신이 그를 납치해 하늘로 데려가버렸다. 모쒐인들은 자신들이 사랑하는 거무를 볼 수 없게 되자 슬픔에 젖어 엄청나게 큰 목소리로 울었다. 그 바람에 하늘에 있는 가장 높은 신에게까지 거무를 돌려달라는 그들의 간청이 들리게 되었다. 가장 높은 신은 거무를 모쒐인들에게 다시 돌려주라는 명령을 내렸다. 그러는 과정에서 사소한 말썽이 있었다. 거무를 유한한 생명을 가진 인간이 아닌 거대한 산으로 만들어 내려보낸 것이다. 신은 거무에게 모쒐인들의 수호신이 되기를 명했다.

어머니 호수의 품으로 다시 돌아온 거무는 자신의 모계 공동체를 돌보고 관리하는 역할을 맡았다. 이 평화롭고 목가적인 공간에서 거무는 낮에는 자신의 일을 하고, 저녁과 쉬는 날에는 여가를 즐겼다. 거무신을 흠모한 모쒀인들은 거무를 재미를 추구하는 착실한 수호자로 묘사한다. 모쒀인들의 그림 속에서 거무신은 쾌락을 추구하는 성향과 명랑한 성격을 반짝거리는 눈으로 드러내며, 흰 말 위에 영롱한 자태로 앉아 있다. 거무는 파티와 재미있는 일을 좋아하므로, 술 마시기를 즐기고 도박이나 주사위 던지기를 좋아한다.

모쒀인들이 연애에 대해 가지고 있는 독특한 관점에 충실하게도, 거무신은 남자 친구들과 누리는 즐거움에도 흠뻑 젖어 있었다. 거무에게 구애를 하는 이가 끊일 리가 없었으므로 거무는 가장 크고 훌륭한 남자 산신인 푸나를 자신의 주 연인으로 삼았다. 푸나는 거무의 충실한 애인이 되었다. 그가 거무의 곁에 있을 때는 말이다. 그가 남성 산신으로서의 일을 하러 자리를 뜰 때면 거무는 기회를 놓치지 않았다. 거무는 다른 산신들이 남성성을 과시하며 자신을 유혹하는 순간을 잘 누렸다. 북쪽의 잘생긴 산신인 아샹은 늘 연애할 기회를 노리는 거무의 마음을 사로잡았다. 북서쪽에도 한 산신, 남쪽에도 두어 산신, 이렇게 다양한 산신들이 거무의 단기간용 아샤오가 되었다. 모쒀 방식의 사랑놀이에서는 모든 일이 온당하게 여겨졌기 때문에 잘못된 것은 아무것도 없었다.

나는 다른 신들과 연애를 즐기는 거무신 이야기를 좋아했다.

거무신에게서 낭만과 사랑에 대한 영감을 얻는 모쒸인들 역시 이 이야기를 좋아했을뿐더러 이 이야기를 통해 여러 상대와 사랑을 즐기는 이들의 방식에 타당성을 부여했다. 오랜 모쒸식 속담대로였다. '거무신이 한다면 우리 역시 할지어다.'

나는 모쒸 여성의 삶에 깃든 다양한 면모를 관통하는 하나의 공통된 요소를 발견했다. 바로 여성에게 힘을 실어준다는 것이다. 모쒸인 엄마가 딸에게서 가장 높게 사는 가치는 지성이다. 아이가 시간이 지나면 가장 지위를 물려받아 어머니의 가정을 다스려야 하기 때문이다.

모쒸족 여자아이에게는 파티를 즐기고, 웃고, 자리를 주도하고, 일하고, 사랑하는 데 어떤 문화적, 사회적 제약도 따르지 않는다. 태어난 순간부터 그런 힘을 부여받고 태어났기 때문에 따로 힘을 얻기 위해 싸울 필요가 없다. 아이는 힘을 가진 엄마와 할머니들, 나아가 공동체의 주요 구성원으로서 존경받는 모든 이들의 손에서 자란다. 이 여성들을 거슬러 올라가면 그 정점에는 거무산신이 있다. 그렇기 때문에 아이는 자신이 힘을 가진 존재라는 데 너무나 익숙해진 나머지 모든 것을 있는 그대로 받아들인다. 구태여 이 사실을 소매에 적어놓거나 산꼭대기까지 올라가 외칠 필요가 없다. 시작해야 할 투쟁 같은 건 없다. 아예 처음부터 아이는 지금의 높은 위치에서 태어나고, 여성을 기리는 세계에서 평생토록 이 힘을 유지하며 안온하게 살아간다.

내게 모쒸 여성들의 삶을 본뜬다는 건 거울의 뒷면을 몰래 바라보는 것과 같았다. 이들은 산뜻한 역할 반전을 보여주었다. 하나이던 국면은 하나 이상의 다양한 방법으로 뒤집혔다. 모쒸 자매들과 있을 때면 그들과 하나인 듯한 경이로운 감정이 들었다. 그것은 한마음으로 발을 단단히 붙이고 서서 서로에게 느끼는 동지애였다.

모쒸 여성들은 순수하게 신체적인 속성만을 보고 보기 좋은 외모의 남성을 감상하는 나 같은 모든 여성들이 옹호받는다는 기분이 들게 해주는 존재였다. 내 생각에 이런 방식은 아무 문제가 없었다. 여성은 상대에게서 나와 상관도 없고 눈에 보이지도 않는 자질을 찾아내는 방식에서 해방될 수 있었다. 상대와 일시적으로 관계를 맺는다면 더더욱 그랬다. 여성들이 남성의 외모만 따진다면 나쁜 선택을 하게 될 것이라는, 기존 사회에 만연한 인식과는 대조적으로 모쒸 여성들은 미모와 건장함을 모든 것보다 우선에 놓았을 때 어떤 일이 일어나는지 기꺼이 입증해줄 준비가 되어 있었다.

모쒸 여성의 다양한 면모를 한 단어로 말한다면 '걸 파워', 그러니까 여성의 힘이 가장 적절하다고 생각한다. 나는 자신감 넘치는 모쒸 여성들이 보여준 예시로부터 힘을 받은 한 명의 여성으로서 이 점을 매우 잘 이해했다. 다섯 살, 자신만만한 소녀일 때로 돌아가 생각해보아도 분명 그랬다. 당시의 나는 나를 너무나 믿었기에 겁 없이 오빠와 이웃 남자아이들끼리 벽에 대고 하던 오줌싸기 시합에도 끼어들었다. 비록 시합에는 졌지만 이 기억은 그 후로 평생 여성의 권리와 세상에서 여성들에게 주어져야 할 정당한 지위를 위해 싸우게 해준 좋은 자극제가 되었다.

나의 관점이 중국 주류 사회의 관점과 일치하지 않으리라는 것을 잘 안다. 중국 남성에게 수이싱양화란 늘 문란한 여성을 가리킬 뿐이고, 부인이나 딸이 이런 여성이 된다면 나쁜 일이라고 여길 것이다. 반면 그 자신이 어떤 문란한 여성과 하룻밤, 혹은 이틀 밤을 즐길 수 있다면 그건 그저 좋은 일로 여길 것이다.

관광객으로 머무는 며칠 동안 자신의 수이싱양화가 되어줄 여성을 찾아 루구호를 찾는 중국 남성들이 많다. 간혹 이들은 운 좋게 자신이 원하는 경험을 하게 된다. 그러나 요구하는 게 더 많은 관광객들의 경우, 운 좋게 이런 경험을 할 것을 기대할 뿐만 아니라 기꺼이 값을 지불하려고 한다. 문제는 모쒀 여성이 자신의 사랑을 팔라는 제안에 기꺼이 동의할 것이냐는 점이다.

관광업이 시작되던 초기에, 리장과 루구호가 만나는 고속도로의 경계에 가장 먼저 자리잡은 모쒀 호숫가 마을인 뤄수이洛水에 성매매 업소를 연 사업가들이 있었다. '섹스 명소'라 이름 붙은 그곳에 버스가 관광객들을 내려주면, 남성들은 자그마한 방들로 들어갔고 그 사이에 여성들은 차를 마시거나 은으로 된 장신구를 구경하느라 바빴다. 모쒀식으로 차려입은 여성이 각 방에서 남성들을 기다렸다. 베이징에서 온 내 친구는 10년 전쯤 가족과 함께 루구호를 관광하러 왔을 때, 자신의 아버지가 이 방에서 나오기까지 한참을 기다렸다는 이야기를 들려주었다. 그의 아버지는 방 안에서 무슨 일이 있었는지 절대 말해주지 않았다.

뤄수이에서 성매매가 너무나 만연해지자 마을 사람들은 지방 당국에 이 문제를 해결해달라는 청원을 넣어야 했다. 그들의 해결책은 이 업소들을 전부 뤄수이 마을 내에서 외딴 구석자리로 옮기는 것이었다. 마을 사람들은 나중에 이곳을 홍등가라 불렀다. 홍등가는 아직도 그대로 있다. 모쒀인 친구들과 이야기할 때 이 주제를 꺼내자, 그들은 하나같이 성매매업에 종사하는 여성들이 모쒀인이 아니라 인근의 쓰촨성에서 원래부터 성매매를 하던 여성들이라고 말했다. 많은 경우 이 말이 사실이겠지만, 몇몇 모쒀 여성 역시 분명히 여기에 연루되어 있었다.

뤄수이 일을 겪으며 얻게 된 긍정적 결과는 루구호 주변 다른 마을들이 섹스 관광을 금지했다는 것이다. 하지만 스카프 직조와 성매매로 지역 경제가 뒷받침되는 마을이 하나 더 있다. 모쒀 언덕에 위치한 유명한 온천이 있는 웬취앤温泉이라는 마을이다.

"웬취앤에서는 한 집 건너 한 집 딸이 성매매를 해." 한 친구가 내게 말했다. "가족들은 그걸 부끄러워하지 않아. 오히려 딸이 가족들을 위해 돈을 벌어온다는 걸 자랑스럽게 여겨."

여러 명의 상대와 성관계를 하는 확률이 높은 모쒀인들의 생활방식에 성매매가 더해지니 성매개 질환의 확산은 피할 수 없는 현상이 되었다. 성매개 질환은 여남을 가리지 않고 공동체 내에서 반복적으로 야기되는 건강 문제였다. 그러나 누구도 이 주제에 대해서 대놓고 이야기하는 법이 없었다.

모쒀 공동체 내의 어느 누구도 통계를 할 줄 몰랐고, 현대적인 의료 설비는 최근에 들어서야 융닝에서 이용이 가능해졌다. 질병의 결과 몇몇 아이들은 장애를 가지고 태어났다. 그 결과가 즉각적으로 드러난 것은 아니었지만 공동체에서 살아가면서 태어날 때부터 눈이 보이지 않는 아이나 손발이 변형된 남성을 만났다. 정신병을 앓던 40대 여성이 결국 자살에 이르렀다는 이야기도 있었다. 성매개 질환이 이런 질병의 원인인지는 확실치 않다. 이 질환이 생식력에 영향을 주는지도 확실하지 않다. 중국의 가족계획정책으로 낳을 수 있는 아이의 수가 정해져 있기 때문에 이 점을 알아내기도 어려울 것이다. 중국 다른 지역에서처럼 모쒀 여성들은 피임을 통해 아이의 수를 한 가정당 두 명으로 조절했다.

돈을 위한 섹스냐, 사랑을 위한 섹스냐는 모든 사회에서 영구히 제기되는 질문이며 루구호도 예외가 아니다. 그러나 이 질문은 모쒀 사회가 가부장제 사회에 제시한 여성에 대한 더 광범위한 논점들을 가리지는 못했다. 첫 번째 논점은 전 세계를 뒤덮은 가부장제라는 광대한 바다에 둘러싸인 여성중심 사회의 존재 그 자체에 대한 것이다. 모쒀족의 사회 양식이 계속해서 존재하고 있다는 사실은, 인간 사회가 발전하면서 남성중심의 전형을 따른다는 필연성에 대해 의문을 제기한다. 어머니의 나라인 모쒀족은 대안적인 사회가 가능하다는 것을 보여주었다.

두 번째는 여성이 남성과 똑같이 사회에 이바지할 수 있는 온전하고 믿음직한 인간으로서의 잠재력을 실현할 수 있도록, 여성을 길러내고 발전시키는 데 더 적합한 환경을 조성하는 일에 대한 것이다. 과거와 오늘날 세계가 여성을 어떻게 대하느냐를 보고 있노라면, 가부장제의 남성중심 사회는 분명 해결책을 줄 수 없다. 모쒀 사회는 남성을 연옥으로 끌어내리지 않고도 여성을 중심에 두면서 훨씬 나은 선택지를 제시하고 있다.

세 번째는 이등시민인 여성의 자리를 주요한 위치로 끌어올리는 일이 인류의 종말을 야기할 것인가에 대한 것이다. 물론 모쒀인들은 그렇지 않다는 것을 우리에게 보여주었다.

마지막 논점은 모쒀 여성들이 중국사회 내의 모든 독신 여성들에게 가르쳐준 귀한 교훈이다. 중국에서 독신 여성들은 버려진 위치에 놓인 취급을 받고, 결혼할 남자를 찾는 데 실패한 불쌍한 존재로서 사회 내 위계관계에서 다른 어떤 여성들보다도 낮은 등급이 매겨진다. 이들은 내가 그러했듯 모쒸인들로부터 혼자임을 기쁘고 명예롭게 받아들이는 방법을 배울 수 있을 것이다.

나의 통나무집에서 유독 커다란 행복감을 느끼던 어느 때, 나는 내가 전생에 모쒸 여성이라는 것을 확신하게 되었다. 그렇지 않고서야 어떻게 전에 다녔던 싱가포르의 로펌 내에 만연하던 남성우월주의와 맞서거나 전부 남성으로 구성된 로스앤젤레스의 변호사 네트워크 안에서 옆 자리 남성만큼이나 공격적인 기질을 더 이상 드러낼 필요 없이, 모쒸 친구들에 둘러싸여 느끼는 이 유대감을 설명할 수 있겠는가.

심지어 나는 구미와 내 유전자가 얼마나 일치하는지 검사까지 했다. 혹시나 같은 조상으로부터 나왔는지를 확인하기 위해서였다. 나는 구미의 안쪽 볼을 면봉으로 긁어 옥스퍼드에 있는 유전자 연구소로 보냈다. 구미의 직계 조상은 오늘날 아시아 남쪽과 태평양 제도, 몽골, 한국, 인도, 파키스탄에 뿌리를 내린 말락쉬미라는 결과가 나왔다. 나는 폴리네시아 동쪽의 쿡아일랜드의 이나 부족의 직계 후손이었다. 이나는 몇천 년 전 동아시아에 있다가 북미와 남미를 지배했던 네 개 씨족의 모계에 해당한다.

나는 결과에 실망했다. 나의 모쒸 동생 구미와 나는 같은 씨족을 공유하지 않았다. 우리는 모계 핏줄로 이어지지 않은 존재였다. 하지만 마음 깊숙한 곳에서는 확실히 알고 있었다. 우리는 영예로운 여성의 정신을 공유한 자매였다.

8
모쒀 남자도 멋지다

이제 어머니의 나라를 이루는 나머지 절반에 대해 말할 시간이다. 우리가 믿고 있던 거의 모든 것들이 거꾸로 뒤집힌 이 세계, 여성을 중심으로 돌아가지만 남성에게 부차적인 동시에 특별한 지위가 주어지는 유일한 모쒀족 연대기의 남성 편이다.

중국사회의 남성중심성을 요약하는 오래된 성어가 하나 있다. 바로, '종난칭뉘重男輕女'다. 열 살쯤 된 내가 친할머니에게 왜 나보다 장남인 오빠를 더 좋아하느냐고 물었을 때 답으로 나올 법한 말이다. 이 사자성어는 한자 그대로 '남자를 중시하고 여자를 경시한다'는 뜻이다. 가부장적 중국사회에서 남아를 여아보다 더 잘 대우하는 일이 종교 같은 차원의 믿음임을 나타내주는 말이기도 하다.

남성이 여성을 지배하고 여성은 이에 순종한다는 이 금언은 중국문화 속에서 몇천 년 동안 팽배해 있었다. 중국 당국이 많은 도시들에 한 가정당 아이를 한 명으로 제한하면서 이런 문화가 약간 약화되기는 했지만, 오늘날에도 사회 전반에 규범으로 작용한다는 것은 변함이 없다.

이 말을 빌려와 약간만 바꾼다면 모쒀 사회 속 여아와 남아의 지위를 가장 잘 드러낼 말이 될 수 있을 것 같다. 바로 '종뉘부칭난重女不輕男'이다. 문자 그대로 '여아를 중시하지만 남아를 경시하지 않는다'는 뜻이다. 이 두 말은 동전의 앞뒷면이 될 수 없는데, 남자를 중시하고 여자를 경시한다는 말을 여자를 중시하고 남자를 경시한다는 말로 바꾸어놓은 게 아니기 때문이다. 모쒀인들은 여성이 남성보다 우월하고 남성은 열등하다는 생각을 하지 않는다. 중국인들과 달리 모쒀인들은 더 평등한 사고체계를 가지고 있다. 모계 혈통을 이을 존재로서 여자아이들을 아끼지만, 동시에 남자아이들을 더 낮고 하찮게 취급하지 않는다. 남자아이들은 여자아이들과 같이 양지 바른 곳에 자신의 자리를 가지고 있다.

이 말을 더 올바른 맥락에서 이해하기 위해서는, 모쒀 남성이 가진 자리가 무엇인지부터 논의를 시작해야 한다. 첫째, 모쒀 남성은 모쒀 여성과 같이 영원히 독신으로, 결혼이 없는 사회에서 살기에 남편이 될 수도 없다. 둘째, 모쒀 남성은 우리가 일반적으로 이해하는 의미의 아버지가 될 수 없다. 모쒀 사회에는 아버지도 없기 때문이다.

이 두 가지를 제외하고 살펴볼 모쒀 남성의 삶은 가부장제 사회 속 남성의 삶과 너무나 다르기 때문에 상상력을 동원해야 이제부터 이어질 이야기들을 이해할 수 있다. 우선 외부인인 우리가 처음으로 알아차리게 될 모쒀 남성의 특징은 이들이 마마보이라는 것이다.

"엄마랑 저녁 먹으러 가야 해." 이 말은 장거리 관광버스 운전기사로 생계를 유지하기 때문에 이동이 잦은 남자인 나의 친구에게서 자주 듣는 말이다.

"미안해. 엄마를 리장에 있는 의사 선생님께 모셔다드려야해." 구미의 집에 저녁식사 초대를 받자 다른 남자가 말했다.

모쒀 남성을 마마보이라고 부르는 말은 사실상 적절한데, 왜냐하면 평생토록 모계 가정에서 어머니와 함께 살기 때문이다. 그는 모계 가족 구성원의 어엿한 일원으로서, 어머니에게서 태어난 다른 자매형제들, 그리고 어머니 쪽 친척과 함께 산다. 이들에게 어머니, 그리고 나아가 할머니는 자신들이 삶에서 가장 중요하게 여기는 연장자들이다.

"엄마에 대한 사랑을 노래하는 모쒀 민요를 부르겠습니다." 모쒀인 친구들과 노래방에 갈 때면, 남자가 노래를 선곡하면서 늘하는 말이다. 어머니의 사랑에 바치는 이 송가는 나와 친구가 된남자들의 애창곡이다.

모쒀 남성의 또 다른 자리는 자매들이 낳은 아이들에게 삼촌으로서의 역할을 하는 것이다. 모쒀 남성들은 자신이 아샤오(들)와 낳은 아이들의 아버지로서는 어떤 의무도 가지지 않지만, 어머니 쪽 조카들을 돌보는 것에는 책임감을 지닌다. 남성인 삼촌으로서 그는 가족 내에서 아이들에게 중추적인 영향력을 행사한다. 삼촌의 역할은 아이들에게 생존에 필요한 기술을 전승하고 도덕의 잣대가 되는 전통 문화를 알려주는 것이다.

이들의 삼촌과 조카 관계는 언제 보아도 흥미롭다. 자시가 자신의 조카이자 나의 대녀인 라주와 함께 어울려 있을 때, 자시는 라주의 손을 잡고 그와 길게 이야기했다. 이런 따뜻한 관계는 구미의 오빠와 구미의 아들인 농부 사이에서도 똑같이 관찰되었다.

모쒀 남성이 나이가 들어 집안에서 최고 연장자가 되면, 가장의 형제라는 자격으로 모계 가정에서 가모장과 공동으로 큰 어른 자리를 갖는다. 아하 가정에서 할머니 아래로 두 세대, 즉 자식과 손주들이 아하 할머니의 형제에게 깍듯이 예의범절을 갖추는 모습을 보았다. 가장과 더불어 집안의 큰 어른인 그의 목소리에는 가장만큼이나 큰 권위가 실린다. 집 밖에서 그의 역할은 마을 회의와 같이 공동체 내에서 벌어지는 일들에 가족 대표로 참석하는 것이다. 이와 같이 남성은 모계 가정 내에서 작지 않은 입지를 갖는다.

나의 대자 농부는 필요할 때 도움을 줄 수 있는 삼촌이 여섯이나 된다. 농부는 그들로부터 예절과 사회생활에 요구되는 여러 기술을 배웠다. 말을 타거나, 새에게 새총을 쏘거나 개울에서 낚시를 하는 일상적인 기술 역시 삼촌들에게서 배운 것이다.

농부와 라주, 그리고 또 다른 사촌들은 사실 이모나 삼촌에서부터 마을의 연장자들이나 외부인인 나에 이르기까지 자신들보다 나이가 많은 사람들에게 예의를 갖추는 엄격한 행동 규범을 배운다. 내가 마주친 모쒀 아이들은 하나같이, 중국 아이들에게서는 아주 보기 드문 수준의 예의를 갖추고 있었다.

농부는 씩씩하고 사려 깊은 젊은이의 표본이었다. 나는 그와 처음 외출하던 날 이 사실을 알게 되었다. 열 살밖에 되지 않았던 농부와 그의 누나는 나를 자신들의 집 뒤에 있는 언덕으로 이끌었다. 버섯을 따러 가기 위해서였다. 누나가 선두에 서고 어린 농부가 그 뒤를 따랐는데, 농부는 자신과 누나를 뒤따라가는 나에게 길을 내주기 위해서 쏜살같이 빠르게 뛰어갔다. 키 큰 나무덤불이 숲길을 막고 있자, 그는 즉시 한쪽으로 비켜서서 손으로 가지를 치며 길을 내었다.

"대모를 위해서 길을 치워줄게요." 아직 변성기도 지나지 않은 어린 목소리로 농부가 말했다. 농부는 내가 지나가고 나서야 가시가 난 덤불을 손아귀에서 놓았다.

우리가 언덕을 오르고 나서도 농부는 부지런히 주변을 살폈고, 때때로 뒤를 보면서 내가 괜찮은지 확인했다. 가파른 비탈에 다다랐을 때는 작은 손을 내게 내밀었다. 내가 손을 잡자 농부는 온 힘을 끌어모아 나를 위로 올렸다.

이때 나는 어린 소년에게서 이토록 정중한 모습이 드러난다는 데 매우 놀랐다. 그의 사려 깊은 태도는 나이가 들어간다고 바뀌지 않았다. 그는 내 곁에서 걸을 때 짐을 혼자 들게 두는 법이 없었다. 이 짐은 쇼핑백이 될 때도 있었고 커다란 핸드백이 될 때도 있었다. 농부는 어깨에 내 커다란 가방을 올려메고 발랄하게 걸어갔다.

모쒀인은 여성이든 남성이든 정중함이 몸에 배어 있다. 주위에 모쒀 남성이 있을 때 나는 여행가방을 혼자 든 적이 없었다. 시장에서 여성이든 남성이든 아는 사람을 만나면, 이들은 내 장바구니를 들어주겠다고 말했다.

모쒀 남성이 성인이 되면 자신의 주 역할은 가족 농장에서 고된 일을 하는 것임을 깨닫게 된다. 가족들을 위해 자신의 체력과 근육을 사용할 것으로 기대된다.

구미의 오빠인 지주오의 일과를 들여다보노라면 마치 고된 노동이 모여 있는 카탈로그를 읽는 것만 같다. 어느 날이든, 지주오는 장작을 패는 것으로 하루를 시작한다. 그러고는 집을 둘러싼 진흙 벽을 다듬는다. 나는 언젠가 그가 기존에 있던 마구간을 혼자서 증축하던 것을 보았다. 또한 그는 친척에게 자주 부름을 받기도 한다. 지주오는 친척에게 가서 새로 집을 짓는 데 주춧돌이 될 커다란 바위를 끌어준다. 논을 가로질러 소가 모는 쟁기를 밀기도 하고, 벼가 익고 나서 추수한 쌀포대를 집에 쌓아두기도 한다. 집 안팎에서 가장 힘을 많이 써야 하는 일은 전부 그의 몫 이다.

구미는 아버지 이야기를 자주 하는데, 아버지가 마부로서 견뎌야 했던 힘든 순간들에 대해서도 말하곤 한다. 아버지는 젊은 시절에 집의 식품 저장고가 비게 되면 다른 남자들과 함께 짐 나르는 말을 끌고 루구호에서 티베트까지 갔다. 그들은 차와 약용 식물을 말 등에 싣고, 목적지에 닿기까지 두 달이나 걸리는 여정을 이어가기 위해 차마고도로 향했다. 돌아오는 길에는 티베트에서 가져온 카펫과 수공예품을 실어 왔다. 그는 그것들을 기장이나 보리, 혹은 염소 가죽으로 만든 외투로 바꾸었다.

구미의 두 오빠는 서로 번갈아 대형 트럭을 모는 기사로 일했다. 그들은 화물수송으로 큰 수입을 올렸는데, 그들이 제공하는 서비스는 사실상 장거리로 화물을 운송하는 것뿐 아니라 무거운 짐들을 올리고, 내리는 궂은일도 포함되어 있었다.

모쒀 남성은 고된 일을 마치고 집으로 돌아오면 충분한 대접을 받는다. 가장인 할머니는 밤에 가족들이 함께 식사를 할 때면, 얼마 보이지 않는 고기 중 가장 큰 덩어리를 남자들의 몫으로 떼어준다.

가장인 할머니는 아들이나 손자가 돈을 벌어올 때면 그에 합당

한 대우를 해준다. 모계 가정 내에서 여남에게 공평하게 대하는 나름의 방식이다.

이 이야기는 특별히 가부장적인 중국 남부 차오저우(潮州)계* 싱가포르인 친구의 가정에서 목격한 비현실적인 장면을 떠오르게 했다. 내가 놀랐던 것은 음식이 나왔을 때 식탁에 남성들만 앉아 있었던 것이다. 그들이 실컷 저녁식사를 즐기고 우리에게 자리를 내어주고 나서, 여자들은 남은 음식을 주워먹었다. 이런 불공정한 대우는 모쒀족 가정에서는 일어나지 않을 것이다.

힘들고 고된 일을 하는 틈틈이 모쒀 남성들은 즐겁게 시간을 보내며 휴식을 취한다. 그들은 '남자다운 남자'들이 하는 일을 하며 노는데, 그들은 주로 남자들끼리 먹고, 마시고, 술 마시고 싸우며 시간을 보낸다. 중국 도시에서 청년들이 즐기는 여가와는 사뭇 다른, 과거로부터 온 듯한 취미들이다.

이들이 가장 좋아하는 취미는 사냥이다. 사냥은 성인 의복을 갖추어 입도록 가장에게 허락을 받은 소년들만 할 수 있는 남자들의 스포츠다. 시작 신호로 모자를 떨어뜨리고 나면, 모쒀 남자는 뛰어오르고, 눈을 빛내며 사냥 도구를 모아 친구들과 함께 언덕을 달려간다.

자시와 친구들은 말 농장을 주로 출발지로 삼는다. 이들은 야

---

*중국 광둥성 차오저우 지방 문화권의 사람들을 말한다. 중국계 싱가포르인들 중에서 5대 화교 그룹에 속한다. 테오쥬(Teochew)라고 불리기도 한다.

생이라면 무엇이든 사냥한다. 사냥감은 나무에 매달린 벌집일 수도 있고, 호수에 사는 물고기일 수도 있으며, 들판의 논새나 수풀 속 꿩, 달 호수의 야생 오리나 때로는 맷돼지일 수도 있다. 내가 본 이들은 아침 일찍 기운차게 떠나 밤중에 사냥감을 한두 개 가지고 오거나 혹은 빈손으로 돌아왔다. 그래도 이들은 오래전부터 선조들이 하던 놀이를 하고 왔다는 것에 즐거워하는 듯 보였다.

모쒀인들의 생활에서 남성이 차지하는 가장 재미있고 핵심적인 역할은 바로 '종마種馬'다. 인류학자 차이후아가 말했듯이, 남자의 역할은 땅에서 풀이 자랄 수 있도록 비를 내리는 것이다. 남자는 씨앗을 품은 여자에게 물을 주어 아이가 생길 수 있게 만드는 물뿌리개 그 자체다. 모든 여성은 모계 혈통을 이어나갈 아이를 낳고 싶어하고, 그러기 위해서는 풀에 물을 줄 남성의 도움이 필요하다는 사실을 알고 있다. 남성은 물을 주는 역할을 할 수 있다는 사실을 매우 행복해한다.

바로 이 역할을 따내기 위해서 모쒀 남성은 자신을 부지런히 갈고 닦으며 오디션도 열심히 보러 다닌다. 내 생각에 그들은 공작새를 본보기로 삼은 것 같다. 공작새 수컷은 암컷의 눈길을 사로잡기 위해서 몇 가지를 한다. 우선은 짝짓기 철을 맞이해 몸치장을 하고, 키를 키우고 강해지며 당당한 걸음걸이를 연마한다.

수컷은 실제 몸집보다 더 큰 알록달록한 꼬리깃털의 화려한 자태를 뽐내면서 짝을 찾아다닌다.

시장에 갈 때면, 정말 비유 그대로 공작처럼 자신을 뽐내고 다니는 남성에게 쏠리는 시선이 어마어마하다는 데 매번 놀란다. 젊은 남성이 주로 내 눈길을 사로잡는다. 한 남성은 튼튼한 몸집에 유행에 뒤처지지 않도록 검고 긴 머리를 하나로 묶었다. 내 앞을 성큼성큼 지나가는 또 다른 남성은 역시 키가 크고, 커다란 모자 아래로 잘생긴 얼굴을 드러내며 주위를 바라본다. 다른 남성이 눈앞에서 지나가면, 두드러진 근육질 몸매가 시야에 들어오지 않을 수가 없다.

루구호를 찾는 여성들이라면 모쒀 남성들의 외모가 대체로 대단히 매력적이라는 데 동의할 것이다. 그들은 대부분 잘생겼을 뿐 아니라, 여성들에 비해서 더 아름다운 외모를 가졌다. 그들의 매력은 단순히 생김새에서만 나오는 것이 아니다. 자기애가 강하고 스스로를 뽐내기 좋아하며, 자의식이 강한 그들의 남성성이 나머지를 채운다.

이 개념을 하나의 그림으로 완성해보겠다. 시장에서 언뜻 본 남성들 중에서 한 명을 무작위로 고른다. 그는 강렬하고 조각 같은 생김새를 가졌다. 두꺼운 눈썹 아래에는 쌍꺼풀이 진 검푸른 두 눈이 있다. 크지도 작지도 않은, 정면에서 45도 각도로 뻗은 콧날은 중국 남자들에게서 전형적으로 볼 수 있는 납작하고 넓은

코와는 다르다. 그의 입엔 짓궂은 미소가 걸려 있다. 짙게 탄 얼굴에는 삐딱한 카우보이 모자가 걸려 있다.

잘생긴 얼굴은 건장한 몸매와 함께 더욱 감탄을 자아낸다. 모쒀 남성들은 대체로 키가 작지 않고, 주로 180센티미터 정도의 신장을 자랑한다. 피트니스 클럽에 가지 않고도 울룩불룩한 근육과 식스팩 복근을 가지고 있다. 더운 여름이 오면, 허영심 많은 남자들은 자신의 잘 단련된 팔근육을 과시하기 위해 민소매를 입는다.

모쒀 남자들은 내가 본 손들 중 가장 크고 단단한 손을 가지고 있다. 평균적인 남자들의 손보다 손바닥이 크기도 하지만, 손가락도 길고 굵다. 다른 남자들도 이 점을 알아차린다.

"우와!" 어느 날 자시의 민박집에 묵던 신체 건장하고 젊은 일본 관광객이 자시의 손과 자신의 손을 비교하고 탄성을 내질렀다.

"진짜 남자답네요!"

마치 배우처럼, 모쒀 남성들은 외모가 가장 중요하다는 것을 안다. 모쒀 남성은 건장한 남자의 모습을 연출해야 여자들에게 인기가 있다는 것을 알고 있다. 그는 남성성을 표출할 만한 태도와 몸짓을 익혔다. 또한 모든 자세와 행동에서 남성적인 면모가 뿜어져나오도록 심혈을 기울여 연출한다. 나는 모든 모쒀 남성들이 집 밖을 나오기 전에 어떤 몸짓을 취할지 예행연습을 한다는 것을 확신할 수 있다. 그렇지 않고서야 말 그대로 시선을 사로잡는 자세를 취하거나 여자들 사이에 있을 때 그렇게 멋진 몸짓을 할 수 있겠는가. 이 공작새들은 완벽을 기하기 위해 몇 년에 걸쳐 그런 장기를 갈고 닦은 것이 분명하다.

모쒀 남자들은 이른 나이부터 몸단장을 한다. 지주오는 '작은 6근짜리'라는 뜻의 샤오류진이라는 이름의 손자를 두었다. 다섯 살이 될까 말까 한 이 어린 아이는 자신의 차례를 기다리는 한 마리 공작새다.

"샤오류진, 노래 불러줘." 아이가 할아버지와 함께 자시의 민박집으로 들어서자 어떤 이가 낯익은 태도로 이렇게 소리쳤다.

아이는 한 치의 망설임도 없이 종이컵을 마이크처럼 잡고, 자세를 취하더니 최신 유행가를 크게 불렀다. 샤오류진은 노래를 부르는 중간중간 박자에 맞추어 껑충대면서 화려한 춤동작을 선보였다. 손을 흔들고, 엉덩이를 흔드는 모습이 마치 노련한 록스타 같았다. 샤오류진의 공연은 극적인 피날레에서 눈을 감는 모습으로 화려하게 마무리됐다. 그는 진정한 프로였다.

노래로 구애하는 것은 모쒀 남성이 여성의 눈길을 끌기 위해 주로 쓰는 전략이다. 옛날에 모쒀 남성들은 작은 배를 타고 호수를 가로질러 노를 저어서 가면서, 뭍에서 기다리는 연인에게 노래를 불렀다. 두 연으로 된 곡조에 즉흥적으로 붙인 자신의 노랫말이 열망하는 상대로부터 긍정적인 반응을 이끌어내기를 바라며 목청껏 아카펠라를 불렀다.

아하발라 마다미,

기슭에서 아름다운 붉은 꽃을 보았어요.

거무산신이 나의 하루를 밝혀주려고 보내준 꽃일까요?

목청이 컸기 때문에 그의 노래는 호수 건너편에 자신이 원하는 상대에게 가서 닿았다. 상대는 메기고 받기라는 오래된 모쒸 풍습에 따라 같은 곡조로 답가를 보낸다.

발라야하 알루루!

저기 보이는 게 노래를 부르려고 애쓰는 뚱뚱한 돼지인가?

돼지가 노래를 부를 수 있는지 몰랐네.

'아, 관심이 있나 보다.' 그는 생각한다. '계속해서 불러봐야지.'

아하발라 마다미!

잘생긴 돼지만 아름다운 꽃에게 노래를 부른답니다.

보통 꽃들은 지금 이 목소리보다 좀 더 친절하지만요.

모쒸인들은 유행이 지난 메기고 받기를 더 이상 하지 않는다. 하지만 때로는 저녁식사를 하고 나서 여흥을 즐기는 시간에, 오래된 방식의 연애를 기억하던 중년 나이의 모쒸인들에게서 유머

러스하고 낭만적인 사랑노래를 들을 기회를 얻기도 한다.

모쒀인들은 노래와 춤을 매우 중시했다. 루구호 주변의 많은 마을은 관광객을 모으기 위해 밤마다 춤 공연을 열었다. 모쒀 남자 무용수들은 지아추오춤을 추었다. 춤을 시작할 박자에 맞추어 당당하고 활력 넘치게 발을 굴렀다. 공연이 시작되면 각각의 남자 무용수들은 옆 사람보다 춤을 더 잘 추기 위해서 더 큰 보폭으로 발을 내딛고, 다리를 더 높이 차 올리고, 땅을 더 크게 굴렀다. 후렴구를 힘껏 부르던 이들은 다음 춤으로 넘어간다는 것을 큰 목소리로 알린다. 이 모든 몸짓이 쇼맨십이 실감나도록 펼쳐진다. 모쒀 남자들은, 정말 놀 줄 안다.

모쒀 남자들은 잠재적 연애 상대인 여성들의 이목을 끌기 위해 모든 기회를 활용한다. 그렇기 때문에 모든 남자들은 예외 없이 뽐내기에 능하다. 이들은 신체적으로 얼마나 강건하고 여성들에게 자신이 얼마나 매력적인지를 뽐낸다. 그가 하는 모든 몸짓과 그가 하는 모든 우쭐거림은 전부 과장되어 있다. 모쒀 남자는 단순히 춤을 추는 것이 아니라 한 편의 공연을 선보인다. 모쒀 남자는 그저 민요를 부르는 것이 아니라 록스타처럼 한 곡의 무대를 보여준다. 모쒀 남자들은 그냥 걷지 않는다. 마치 숲속의 타잔처럼 당당히 활보한다. 이들은 여성들 앞에서 자신이 진짜 남자라는 걸 보여주기 위해 몸을 치장한다. 이 모든 것들은 모쒀 남성을 매력적으로 만든다. 이들이 가진 모든 매력은 '진정한 남자다움'

이라는 이미지로 포장되어 있다.

오늘날, 몸단장을 좋아하는 모쒀 남성들을 가장 잘 보여주는 루구호의 전설은 '모쒀 주혼의 왕자Mosuo Prince of Walking Marriages'라는 이름으로 널리 알려져 있다. 심지어 중국 여행 웹사이트에서도 이 사람에 대해 검색하면 여러 건의 결과가 검색된다. 왕자라는 단어는 분명 셀 수 없이 많은 여성들을 매혹시킨 이 남성에게 보내는 찬사일 것이다. 주혼이라는 단어는, 결혼이나 독점적인 일대일 관계에 매여 있지 않고 지금 관계를 맺고 있는 연인의 집으로 가서 하룻밤을 보내고 다음 날 아침이 되면 어머니의 집으로 돌아가는 모쒀식 연애생활을 반영한 것이다.

명성 혹은 악명 높은 이 돈 주앙 중의 돈 주앙은 바로 내 대녀와 대자의 삼촌이자 내 집을 지어준 건축가 겸 설계자, 자시다. 180센티미터의 키를 자랑하는 건장한 이 사내는 남성성의 완벽한 재현이다. 그의 잘생긴 얼굴은 다부진 몸매와 엄청난 카리스마로 처음 본 순간 모두를 끌어당긴다. 마치 모두를 정복하기 위해 산에서 내려온 북아메리카 인디언 모호크Mohawk족 족장처럼 생겼다. 깊고 걸걸한 목소리를 가진 이 멋진 남자는 지난 10여 년간 루구호에 막 시작된 관광업을 홀로 일으킨 수완가였다.

리커에 온 사람들은 모두 자시를 찾는 것 같았다. 관광객들에게 찍힌 사진이 수천 장이나 되었기에 그는 이미 포즈를 잡는 데도가 텄다. 카메라를 강렬하게 응시할 때면 톰 크루즈는 저리 가라였다. 나는 많은 여성 관광객들이 이 공작새들의 나라에서 제일가는 공작새인 자시를 보고 황홀해하는 광경을 자주 보았다. 자시를 보기 위해 근처에서, 혹은 멀리서 찾아온 여성들이 한 부대씩 있었다. 그리고 자시의 팬클럽에는 여성만 있는 것이 아니었다.

남자들도 자시를 매력적이라고 생각했다. 자시를 보는 남자들은 가감 없는 질투와 동경이 뒤섞인 감정을 내보였다. 질투가 생기는 것은 이 남자와 마주치는 순간 자신의 남성성을 돌아보게 되기 때문이고 동경을 느끼는 것은 남자란 자기보다 더 크고 남자다운 남자에게 경의를 표하는 법이기 때문이다. 자시는 자신감 넘치는 남자였기에 마을 남자들은 자시를 자신들의 리더로 삼았다. 싱가포르에서 온 나의 친구는 그를 람보라고 불렀다.

구미의 유전자를 면봉으로 수집하던 때, 나는 자시가 어떤 조상에게서 나왔는지도 궁금했다. 그래서 자시에게 볼 안쪽을 면봉으로 긁어보겠다는 부탁에 겨우 승낙을 받아냈다. 결과는 굉장히 놀라웠다. 구미와 달리 자시의 아버지 쪽 씨족은 노르웨이 신화에서 용을 죽인 인물로 나오는 시구르Sigurd족이었다. 아이슬란드, 오크니제도, 노르망디로 사냥을 하러 내려와 땅을 지배했던 노르웨이 바이킹족의 후손이 루구호에 있었다는 얘기다. 어떻게 거대한 바이킹족이 이곳, 중국의 루구호 산골짜기까지 올 수 있었는지는 여전히 수수께끼로 남아 있지만, 왜 자시와 그 형제들이 중국인이나 다른 소수민족과 그렇게 다르게 생겼는지는 알 수 있었다. 의도치 않게 아시아의 바이킹족을 만나게 된 셈이었다.

바이킹족에게서 물려받은 신체보다도 모쒀 남성들에게서 발견할 수 있는 인상적인 면은, 그들이 공작새로서의 자신의 역할에 무척이나 만족하고 편안해한다는 것이다. 나는 처음 루구호에 왔을 때 접했던 어떤 일화를 통해 이들에게 강한 호기심을 갖게 되었다.

그때 나는 호수에 장식용 단추처럼 박혀 있는 아홉 개의 작은 섬 중 한 곳에 세워진 불교 사원을 보려고 두 명의 어린 남자 뱃사공 형제에게 삯을 지불했다. 둘 중 동생인 열여섯 살 소년이 노를 저을 때, 그의 형은 키를 밀며 노래를 불렀다. 그는 멋지고 섹시해 보이기 위해 굉장히 애를 썼다.

"노래를 연습하니?" 나는 별 생각 없이 물었다.

"네." 그가 답했다. "노래를 잘 불러야 하거든요. 모쒀 남자는 스타일이 좋고 노래와 춤을 잘해야 한다는 거 몰라요? 그래야 여자들한테 인기가 있잖아요. 오늘 밤에 저는 옷을 차려입고 마을 축제에 가서 이 노래를 부를 거예요. 예쁜 소녀의 마음을 얻었으면 좋겠어요."

"행운을 빌어!" 내가 말했다. 뒤를 돌아보니 동생은 계속해서 노를 젓고 있었다. 형제가 기슭에 나를 내려주고 나서, 나는 고생한 이들에게 팁을 듬뿍 주기로 결정하고 100위안을 내밀었다.

다음날, 나는 동네 옷 가게에서 뱃사공 동생을 만났다. 그는 친구들과 함께 여자 친구에게 선물할 장신구를 고르고 있었다.

"오늘 얘가 첫 여자 친구를 찾을 거거든요, 그래서 사랑의 증표를 사는 거예요!"친구가 그를 놀리며 말했다.

나는 새와 벌이 날아드는 세계로 이제 막 나아간 어린 공작새의 첫 발걸음을 얼마간 도와주었다는 생각에 기분이 좋아 미소를 지었다.

이 일화를 통해 나는 모쒸 소년들이 연애생활을 일찍부터 시작한다는 걸 알게 되었다. 소년들은 연습을 거쳐 30대가 되면 여자를 다루는 데 도가 튼다.

두 명의 젊은 남자 친구들과 리장에서 루구호까지의 도무지 끝이 없어 보이는 긴 길을 가면서 함께 이에 대해 이야기를 나눈 적이 있었다. 우리는 시간을 죽이기 위해 날씨 이야기를 하고, 다가올 추수 이야기도 하고, 웨이터, 가수, 관광버스 기사로 일했던 다양한 경력에 대해서도 말했다. 대화는 갑자기 사랑 얘기로 이어졌다. 나는 이 기회를 잡아서 이들에게 자세한 연애 이야기를 물어보았다.

"연애를 언제 시작했어?"내가 물었다.

"열여덟 살이요."한 명이 말했다.

"나는 열일곱 살."다른 한 명이 말했다.

"그럼 몇 명이랑 자봤어?"둘 중 더 어린 남자에게 물었다. 그

는 스물여덟 살의 관광버스 기사로 다양한 사람들을 만나본 경험
이 있었다. 그는 덤덤히 대답했다.

"얼마 안 돼요. 고작 70~80명 정도예요."

얼마 안 되는 수라고? 물론 그럴 수도 있었다. 그는 말을 마친
뒤에 더 자신감 있고 요령 있어 보이는 서른한 살짜리 자신의 친
구를 손으로 가리키며 그가 아마 더 득점을 많이 했을 거라고 말
했다.

"몇 명인데?" 내가 물었다. "음… 어디 보자." 그가 머릿속에서
수를 세는 동안 침묵이 흘렀다. 드디어 대답이 나왔다.

"200명은 넘을 거예요. 300명에 가까울 것 같아요."

"와! 너희 둘 다 대단하다!" 나는 감탄을 했다.

"여자를 볼 때 어딜 봐?" 내가 물었다.

"예뻐야 해요." 빠른 답이 돌아왔다. "그리고 마음이 열려 있어
야 해요."

두 남자들의 이야기를 들으면서, 나는 이들이 어떻게 연애를
하는지 대략적으로 감을 잡게 되었다. 구애 상대가 반드시 예뻐
야 할 필요는 없었다. 중요한 건 상대의 외모가 이들로 하여금 흥
미를 느끼고 관심을 불러일으키는지 여부였다. 나이가 많고 적고
는 중요한 게 아니었다. 옷을 잘 차려입을 필요도 없었다. 한 번
공작새의 눈길을 끌면 표적은 달아날 수가 없었다. 그는 한 번도
실수하지 않고 춤을 추고, 달콤한 말을 하고, 멋을 부리고, 구애를

했다. 여성의 눈길을 사로잡으면? 그는 여성을 두 눈에 담고 곧장 나아갔다.

구애하는 방식은 사람마다 다를 수 있지만 적극적인 그의 자세는 상대방에게 구애를 한다는 데 오해의 소지를 남기지 않았다. 모쒸 남성이 가장 좋아하는 전략은 반짝이는 눈으로 지그시 응시하는 것이다. 그리고 감정을 숨기지 않은 몸짓으로 뻔뻔하게 접근했다. 표적으로 삼은 상대가 관심을 보이면 곧장 기회를 잡았다. 그가 하는 다음 말은 다음과 같이 간략했다.

"오늘 몇 시에 볼까?"

"어디서 만날까?"

상대가 관심을 보이지 않는다 해도 문제될 것은 별로 없었다. 그들은 간단히 다음 상대를 찾으러 갔다. 모쒸 남자들은 구애를 할 만한 기회가 생긴다 싶으면 절대로 놓치는 법이 없었다. 자동적으로 구애를 시도한다고 해도 과언이 아니었다.

모쒸 여자들의 연애생활에 영감을 주었던 거무신의 이야기가 떠올랐다. 흥미롭게도 모쒸 남자 역시 사랑을 찾아 모험을 떠날 때 거무신의 이야기에서 용기를 얻었다.

이미 구애를 하기도 하고 받아보기도 한 내 입장에서, 모쒸인들과 함께 있을 때만큼 적극적인 대시와 제안을 받아본 적이 없었다. 한번은 모쒸인 친구들과 다 같이 밥을 먹는 자리였다. 탁자 너머에 있는 한 젊은 남자가 특유의 눈빛으로 나를 지그시 응시하는 것을 느꼈다. 나는 대경실색했다. 다른 때는 누군가가 조용조용하게, 그러나 끊이지 않고 20분 동안이나 내 호텔 방을 두드렸다. 들여보내달라는 뜻이었다.

하루는 구미와 시장에 갔다. 구미는 자신의 마을에서 농부로 일하는 따분한 인상의 중년 남성을 소개시켜주었다. 그는 미소를 지으며 악수를 하자고 손을 내밀었다. 악수를 한 나는 깜짝 놀랐다. 내 손바닥에 그가 삼연타 작전을 썼기 때문이다. 이 작전에 대해 이미 들은 바가 있었는데, 잠자리를 하겠냐는 뜻의 모쒀식 신호였다. 맞잡은 손바닥을 세 번 두드리면 이에 응하는 것이었다. 나는 아무 신호도 보내지 않았다. 몇 달이 지나 그때 그 농부가 구미를 통해 내게 말을 전했다.

"너와 결혼하고 싶다고 말해달래." 구미가 웃으며 말했다.

"뭐라고 했어?" 내가 물었다.

"직접 물어봐야 한다고 했어." 여전히 웃으면서 구미가 답했다.

비밀스러운 악수법보다 더 혁신적인 구애도 받아보았다. 부두에서 만난 한 잘생긴 청년은 이렇게 물었다.

"내가 호수 너머로 물수제비를 세 번 뜨고 나면 대답을 줘."

서른 살쯤 된 모쒀 친구들보다 더 나이 많은 여성의 관점에서, 구애를 받는 경험은 연애감정이라고는 찾아볼 수 없던 도시의 삶에 비해 활력을 주었다. 루구호 바깥에 사는 남성들 중에 모쒀 남성들처럼 뻔뻔하게 구애하는 데 어려움을 겪는 이들이 있다면 여기서 한 수 배워볼 수도 있겠다는 생각이 들었다.

모쒀 남자들은 소위 마초적인 면모를 가지고 있지만, 한편으로는 부드러운 '여성적인' 면을 피하는 것도 아니었다. 중국 남자들이라면 백만 년이 걸려도 불가능한 일이었다.

모쒀인들의 가족생활 중에서 가장 사랑스러웠던 장면은 샤오류진이 어린 여동생을 성심껏 돌보는 것이었다. 비슷한 순간을 몇 번이나 목격하면서, 나는 모쒀 남자들에게 어린 동생들과 친척들을 돌보는 게 얼마나 자연스러운지 실감했다. 일찍부터 집안에서 아기들이나 유아들을 돌보는, 흔히 '여성적'이라 여겨지는 역할을 나누어 맡는 데 익숙해져 있기 때문이었을 것이다.

중국 도시나 마을에서 본 남자아이들과 달리, 모쒀 남자아이들은 집안일을 피하며 자라지 않았다. 반면 중국에서 집안일은 전통적으로 여자아이들에게만 주어졌다. 모쒀 남자아이는 아무렇지도 않게 아기를 데리고 다니거나 이제 막 걷기 시작한 남동생의 손을 붙들고 어디든 다녔다. 이들은 아이를 보살피는 일에 대한 긍정적인 태도가 몸에 밴 채로 컸다. 언젠가는 한 모쒀 할아버지와 사업 이야기를 나누러 갔는데 그가 손녀딸 쌍둥이를 씻기고 기저귀를 갈 때까지 기다려야 했다.

몸을 치장하기가 전형적으로 여성의 특징이라고 생각하지만, 이는 모쒀 남성들에게서 공통적으로 발견되는 현상이다. 남자들은 보석을 아주 좋아한다. 모쒀 남자들은 한 손 혹은 두 손에 큰 반지를 두 개쯤 끼고 팔에는 가짜 상아나 뼈로 된 뱅글을 차고 있다. 그리고 목 주변에 작은 불교 부적을 두르는 것으로 치장이 끝난다. 여기에 달랑거리는 동물 치아나 화려한 담배 주머니 같은 것을 목에 걸 수도 있다. 모쒀 남자는 모쒀 여자보다 더 많이 꾸미고 보석으로 치장한다. 이런 차림새는 다른 곳에 사는 남자들에게는 남자답지 못한 것으로 받아들여질 것이다. 그러나 모쒀 남자들에게 이런 차림은 그들의 남자다움을 해치는 요소가 아니다. 오히려 화려한 보석으로 남성미를 풍기게 한다.

모쒀 남자는 나이트클럽의 무대에서 다른 남자와 싸우는 데 주저함이 없다. 처음 이 장면을 보았을 때, 기이할 정도로 흥미롭게 느껴져 중국에서였다면 연출되기 어려운 상황일 것이라고 생각했다. 이렇게 절대 굽히지 않는 모쒀인들의 특징은 놀 때도 드러난다. 다른 남자와, 혹은 더 많은 무리의 남자들과 함께 춤을 추는 건 남자다운 남자라 일컬어지는 이들의 무리 안에서는 충분히 용인되는 일이다.

모쒀 남성들을 관찰하면서 알게 된 또 다른 흥미로운 점은 본인들의 안락하지 않은 환경에서 탈출할 방편으로 재력 있는 여성에게 정착하기를 희망하는 젊은 남성들의 수가 적지 않다는 것이었다.

한 청년은 여성을 유혹하는 데 일가견이 있기로 유명했다. 그는 노래를 하고 춤을 춰서 많은 여성들의 심금을 울렸는데, 특히 어떤 여성이 루구호에 놀러 온 다른 도시 출신이라면 더더욱 그랬다. 결국 그는 쓰촨성 인근의 청두成都에서 온 부유한 이혼 여성에게 정착했고, 둘은 결혼했다. 여성은 새 신랑에게 돈과 사랑을 아낌없이 퍼부었고, 그에게 식당을 차려주었다. 엄마 쪽 집은 호텔 단지가 되었고 그는 차를 두 대 얻었다. 바주 출신의 다른 친구 역시 마찬가지로 청두에서 온 여성의 도움으로 자기 소유의 첫 관광버스를 마련했다.

이는 중국 도시에서 예쁜 여성들이 나이 많고 부유한 남자의 환심을 사서 원하는 것을 얻는다는 흔한 이야기의 정반대 버전이다. 남성중심 사회에서 남자들의 재력에 의지하는 여성들이 걷는 경로였다.

어머니의 나라에서, 이 이야기는 영 다른 길로 향한다. 여성이 가장인 가정으로 이루어진 사회에서, 남성들은 가족들의 자원에 직접적이고 배타적인 통제권을 가지지 못한다. 따라서 이들 중에 독립적으로 살 길을 모색하고 싶은 어떤 남성들은 다른 방법을 찾아야 한다.

씨앗에 물을 주는 물뿌리개로서의 역할에 익숙해진 이들은 자신들이 말뚝을 박을 수 있는 또 다른 세상에서 온 자신을 받아들일 여성들을 찾는다.

이 방법은 모쒀 남성들에게 통하지만 자매들에게는 해당되지 않는다. 모쒀 여성들은 이럴 필요가 없어 보인다. 여성들은 자신

216

의 모계 혈통을 이어나갈 의무를 가지고 있으며 가족 농장이나 사업을 유지하고자 한다. 이들은 자신들의 형제들처럼 바깥으로 나갈 필요를 느끼지 않는다. 일확천금을 바랄 필요도 없다. 이 역할은 형제들에게 맡겨져 있다.

여성들은 모계 모쒀 사회에서 특별한 지위를 가졌다는 데 자부심을 느끼고, 남성들 역시 재미를 추구하는 공동체에서 로미오 역할을 자신 있게 행한다. 이 남자들은 스스로 사회 내에서 자신들의 역할이 무엇인지 알고 있으며, 이 사회가 자신들을 나타내는 마스코트인 공작처럼 자신의 남성성을 포용한다는 데 자부심을 갖는다.

9
결혼 아닌 결혼

모쒀족의 이야기 중 가장 인상 깊은 것은 이들의 사랑 이야기다. 이들은 걷는 결혼, 즉 '주혼'이라는 상상치 못했던 방식으로 사랑을 나눈다.

주혼은 모쒀인들의 삶의 방식 중 가장 자주 오르내리는 주제다. 인류학자와 사회학자들은 이 현상을 집중적으로 분석하고, 작가들은 이 주제를 다룬 두툼한 책을 내고, 다큐멘터리 영화 제작자들은 주혼에 수없이 많은 에피소드를 할애했다. 동시에 어머니의 나라에서 나온 이 개념은 가장 많은 오해를 안고 있는 것이기도 하다.

많은 작가들은 주혼을 성관계 상대가 한 명으로 제한되어 있지 않은 자유로운 사랑이라고 말한다. 반면, 누군가는 이것을 개방된 형태의 결혼이라고 말한다. 또 다른 이는 이를 다부다처제라고 말하기도 하고, 일처다부제라고 말하기도 하고, 심지어는 일부다처제라고 말하기도 한다.

실제로 그 어떤 것도 주혼의 개념과는 일치하지 않는다. 이 형태에 '혼'이라는 단어를 붙이는 것 자체가 잘못된 작명이다. 결혼이 남편과 아내로 이루어져 있어 한 쌍의 부부가 영속적인 핵가족을 만들어내는 것이라고 본다면 모쒀식 주혼은 결혼이 아니다. 모쒀 사회에는 결혼이라는 개념도 없고, 따라서 가족 내에 아내나 부인이 존재하지 않는다. '걷는다'거나 '방문한다'는 말이 붙은 것은 남성이 밤이 되면 여성의 집을 찾기 때문이다.

　연애 방식으로서의 주혼은 유일한 개념이며 이것은 가부장제 내에서의 결혼과는 매우 다르기 때문에 그 둘을 비교할 수가 없다. 주혼은 그 개념 자체로, 그것만의 평행우주 안에서 이해되어야 한다. 나 역시 주혼에 대해서 제대로 이해하는 데 몇 년이나 걸렸다.

　일단 이 풍습에 올바른 이름을 붙이는 것이 좋은 출발점이 될 것이다. 잘 알려진 주혼이나 방문혼이라는 이름 대신, 나는 이 개념을 모쒀인들이 부르는 대로 칭할 것이다. '세이세이'라는 이 단어는 '방문'을 의미하는 모쒀어다. 낭만적인 어감을 걷어내고 보면, 세이세이는 여남이 사적으로 함께하는 원초적인 행위 자체를 가리킨다. 가장 기본으로 파고들어가면, 두 사람 간의 세이세이는 다른 곳의 연애와 그리 다르지 않다. 다만 이것은 모쒀식으로 성적인 결합을 나타내는 표현 방식이다.

　모쒀 민박집에 처음 머물렀을 때, 한 가족에게 초대를 받아 저녁을 먹고서 난롯가에서 이야기를 나누었다. 가족 방에서 이야기를 들려주는 사람은 가장이었다. 할머니는 각각 40대와 30대 나이인 두 명의 장성한 딸을 두었다. 할머니는 내게 큰 딸이 낳은 두 명의 십대 손주와 둘째 딸이 낳은 한 살짜리 아이를 소개해주었다. 차를 홀짝이고 있는데 오토바이를 타고 온 한 중년 남자가 집 안으로 들어와 차를 함께 마셨다. 그는 아이들을 신경 쓰지 않은 채 할머니와 즐겁게 이야기를 주고받았다. 그러자 둘째 딸이 일어나 남자와 함께 방을 나서면서 조카에게 말했다.

"아기 돌봐줘. 알겠지?"

십대 조카가 고개를 끄덕였다. 딸이 남자와 방에서 나가고 나서 그들이 바깥에 있는 나무 계단을 터벅터벅 올라가 딸의 방으로 향하는 것이 들렸다. 저 남자가 둘째 딸의 아샤오이며 둘이 주혼 관계라는 것을 알았다.

아샤오인 남성은 가족 방에 들어와 있는 내내 한 살배기에게 아무런 눈길도 주지 않았다. 그래서 나는 아마 아이와 그 남자는 아무 관계도 아니라고 짐작했다. 저런 행동을 보면 아빠와 딸 관계일 수가 없었다. 그러나 감히 내가 짐작한 것이 맞느냐고 직접 물어볼 수는 없었다. 모쒀인들의 삶을 다룬 책이라면 반드시, 이들의 연애에 대해 캐묻는 것이 매우 무례한 일이라고 경고해야 할 것이다.

나는 놀라 당황하긴 했지만, 세이세이 관계에 있는 이들을 실제로 목격하게 되었다는 것이 기뻤다. 세이세이는 매우 사적인 일이어서, 특히 관계가 시작된 무렵에는 가족들 간에도 비밀로 유지되었기 때문에 흔치 않은 기회였다.

여성이 새로 남성과 만난다면, 그것이 그저 하룻밤을 보내는 일이든 일종의 관계를 맺는 일이든 모든 것이 철저히 비밀에 부쳐진다. 이들은 아샤오가 여성의 집을 방문할 때면 '나나 세이세이', 즉 은밀한 세이세이를 숨기기 위해 매우 노력한다. 밀회가 이루어지는 장소는 늘 여성의 집이지 남성의 집은 아니다. 물론 직접 본 적은 없지만, 여성이 성인식을 치르고 나서 얻게 되는 자신의 꽃방에서 거사가 이루어진다는 것을 알 수 있었다.

전형적인 모쒀식 집에는 각각의 딸들에게 주어진 꽃방이 있다. 이 꽃방은 집의 이층, 가모장의 방과는 떨어진 쪽에 위치한다. 이 방 안에서는 밀회를 포함하여 원하는 것이라면 무엇이든 할 수 있는 여성만의 사적인 공간이다.

아샤오와의 밀회가 가족들이나 외부인의 눈을 피해서 이루어지기는 하지만, 모쒀인들이 관광객들을 상대로 펼치는 노래와 춤 공연에는 은밀한 세이세이가 노골적으로 묘사된 다음과 같은 장면이 항상 들어간다.

연인이 입맞춤을 할 때 방에 불이 켜지면, 모자를 쓴 다른 남자가 살그머니 문 앞으로 걸어오는 장면이 보인다. 그의 손은 문을 두드리려는 동작을 취한다. 그러더니 문고리에 다른 모자가 걸려 있는 것을 보고 놀라서 물러선다. 낙담해서 고개를 떨어뜨린 그는, 경쟁자가 자신을 이겼다는 것을 깨닫고 꽃방에서 멀어져간다. 연인 간에 이루어지는 '나나 세이세이'가 극적으로 치닫는 동시에, 여성과 연인이 될 차례를 기다리는 다른 남성이 등장한 또 다른 줄거리로 새로운 가능성이 더해진 이 대목에서 관객들 모두가 손뼉을 친다.

두 번째 막도 똑같은 배경에서 시작하지만 이번에는 무대 뒤로 수탉이 우는 소리가 들려와 새벽 시간대임을 알 수 있다. 창문이 다시 열리면 남자가 자신의 아샤오와 헤어지기 전 인사로 입맞춤을 하고, 문틀을 넘어 여명 속으로 사라지는 장면이 연출된다.

관객들은 모두 일어나 박수를 치면서 자리를 뜬다. 이로써 하룻밤 동안 이루어진 모쒀 아샤오의 나나 세이세이가 이렇게 끝난다는 것을 알게 된다.

이 연극은 꾸밈없고 은밀한 주혼을 그대로 재현한 것에 가깝다. 이는 우연히 이루어지는 '원나잇스탠드'와도 같은 개념이다. 앞에서 내가 언급한 두 명의 모쒀 남자들은 이런 방식으로 자신과 나나 세이세이를 한 상대의 숫자를 셌던 것이다. 나나 세이세이를 마음껏 즐기는 것은 모쒀인 사이에서 공통적으로 드러난다. 여성이든 남성이든 특히 어릴 때면 더욱 그러하다. 거무산신 역시 한 산신과 오랜 연인 관계를 맺으면서도 다른 산신들과 하룻밤을 즐기곤 했다.

"주혼은 원나잇스탠드가 아니야." 이 주제에 대해 이야기할 때 친구가 말했다. "나처럼 많은 사람들이 한 아샤오를 오래 만나. 나는 성인이 된 이래로 지금의 내 아샤오와 줄곧 만났어."

아샤오와는 정기적으로 만남을 가지다가 어느 순간 안정적인 관계가 될 수 있다. 이때에는 이들의 관계가 좀 더 공개적으로 변하고, 집 안으로 '걸어 들어오던' 남자가 더 이상 여자의 가족들에게 자신의 존재를 숨기지 않는다. 내가 묵었던 민박집 둘째 딸과 남자처럼 말이다.

그렇게 되면 남성 아샤오는, 물론 밤중에만 찾기는 하지만 여성의 집을 자유로이 드나든다. 이런 방식의 관계를 모쒀인들은 '열려 있는,' '눈에 띄는'이라는 뜻의 '게피에 세이세이'라고 한다. 한 번 공개한 관계는 더 이상 비밀에 부칠 필요가 없다. 중년 모쒀인들은 대체로 한 명의 오래된 아샤오에게 정착하여 상대와 게피에 세이세이를 오랫동안 유지한다.

나는 할아버지라는 뜻의 아푸라는 이름을 가진 점잖은 60대 정원사 한 분을 알고 있다. 아푸는 평생토록 자신의 아샤오와 게피에 세이세이를 유지했다. 아푸의 관계에서 주목할 만한 것은 그가 지척에 위치한 아샤오의 집에 늘상 있으면서도, 계속해서 자신의 어머니 집에서 자매와 조카들과 함께 산다는 것이었다. 아푸는 40년 동안이나 한 명의 아샤오만 만났는데도, 여전히 기쁘게 두 집을 오가는 삶을 살고 있다.

수수께끼 같은 이들의 연애생활에 대해 생각을 거듭할수록, 구미와 기지의 관계는 또 다른 방식의 세이세이라는 것을 명료하게 깨달았다. 이들은 구미의 엄마가 땅을 물려주었을 때 함께 집을 지어 살기로 한 연인이다.

지난 20여 년간, 구미와 기지는 자신과 두 아이들을 위한 집을 지어 함께 살았다. 이들의 결합은 영속적인 것처럼 보였다. 어느 날 나는 용기를 내어 구미에게 이들의 관계에 대한 이야기를 꺼내보았다.

"너, 기지랑 결혼한 거야?"

"아니." 구미가 말했다. "그럴 필요 없어. 지금 이대로도 괜찮아."

나는 이들이 법률혼 관계가 아니라 여전히 주혼을 이어가고 있는 것임을 이해했다. 이들의 관계는 모쒀어로 '티지지마오더'라고 하는데, 한 쌍의 아샤오가 함께 살아가면서 사회적으로도 연인이라 인정받은 경우를 뜻했다.

나는 주변 친구들을 보면서 이외에도 주혼의 다양한 형태가 있다는 것을 알게 되었다. 내 친구 지주오는 구미 가족의 여섯째 형제인데, 평생 동안 그를 아들 삼은 양어머니의 모계 가정에서 살았다. 그 양어머니의 집안에는 남자만 둘이고 어린 여성이 없었기 때문에, 이들은 지주오의 아샤오를 가족으로 들이는 것이 최적의 방법이라고 판단했다. 집안에 젊은 여성이 있다면 대를 이어갈 수 있기 때문이다. 이들 연인이 두 명의 귀여운 딸을 낳자,

이들은 아이의 가족 이름을 지주오의 양어머니에게서 따기로 했다. 그래서 아이의 가족 이름은 한사가 되었다. 그럼으로써 모계 혈통이 이어졌다. 모쒀인들은 이런 형태의 결합을 '지더티지'라고 부른다.

이와는 다른 방식으로 연인 관계가 이루어지기도 한다. 얼쒀마는 리커에 땅을 물려받고 나서, 굳은일을 할 만한 체력을 가진 남자를 필요로 했다. 그래서 선택한 것이 바로 얼쒀마의 아샤오인 자시였고, 그런 이유로 자시는 얼쒀마의 집으로 들어와 살았다. 하지만 이 경우에 자시는 얼쒀마의 모계 가족으로 공식 선택된 것은 아니었다. 자시는 자신의 가족 이름을 간직했고, 얼쒀마의 가족 일에 관여하지도 않았다. 가족 일에는 가족들과 가족으로 들인 아샤오만이 발언권을 가진다.

모쒀인들의 연애 관계에서 독특한 것은 결혼이라는 개념이 완전히 부재한다는 점이다. 간단히 말해 모쒀인들은 결혼을 하지 않는다. 연인 관계의 여자와 남자는 사회적으로나 법적으로나 아내와 남편으로서 결합되지 않는다. 이들이 만일 평생을 같이 산다고 하더라도 전 세계에서 통용되는 것처럼 결혼한 상태가 아닌 것이다. 아내도 남편도 없는 사회에 살기 때문이다.

내가 아는 한, 결혼이 존재하지 않는 사회는 없다. 그러나 결혼이 부재한 전통적인 모쒀 사회에서 여자와 남자는 부부와 아이만으로 이루어진 핵가족 단위를 절대로 이루지 않는다. 이들의 사회에서 가족이란 할머니, 할머니의 자식들, 그리고 그들의 모계 후손들로 이루어지는 개별적 단위를 말한다. 아샤오들은 우리 사회에서는 아내와 남편으로 불리겠지만 모쒀 사회에서는 가족으로 인정받지 못한다.

사랑에 결혼이라는 제약이 없다는 것을 생각해보면, 모든 모쒀인은 원할 때, 원하는 만큼의 연인을 찾을 수 있는 자유로운 존재다.

모쒀인들은 살면서 어떻게 연애를 해나갈 것인지를 결정할 권한을 가지고 있다. 누구나 아샤오를 은밀하게, 공개적으로, 가족의 일원으로 삼아서, 혹은 부부로, 혼인증명서가 있거나 없는 형태로 만날 수 있다. 게다가 이 선택은 평생을 결정짓지 않는다. 선택은 시기와 횟수에 구애받지 않고 열려 있다. 연달아, 동시에, 삶의 어느 국면에서나 자신의 의지에 따라 이루어지며 무제한으로 번복할 수 있다. 누가 세이세이를 어떻게 바꾸든 비판하는 사람은 아무도 없다.

"나는 주혼을 해." 내가 친구의 할머니를 처음 만나 본인의 가족에 대해 물었을 때, 그는 간결하게 답했다.

나의 또 다른 친구는 일곱 자매형제가 있는 대가족에서 자라났는데, 이 일곱 자매형제는 전부 엄마와 엄마의 오랜 아샤오 사이에서 태어났다. 나는 그 자매와 형제들을 전부 알고 있었다. 그랬기 때문에 어느 날 친구가 어떤 사람을 자신의 자매라고 소개하자 당황하고 말았다.

"그 사람을 너희 집에서 만난 기억이 없는데?" 내가 솔직하게 말했다.

"아, 우리가 자매인 이유는 우리 아빠가 옛날에 언니 엄마의 아샤오였기 때문이야."

오랜 기간 동안 세이세이를 유지한 남성이라고 해도 동시에 '나나 세이세이'를 할 수 있다는 얘기다. 나는 서서히, 상대에게 하룻밤을 보낸 연인이 있다는 사실이 오래된 아샤오와의 관계를 깨뜨리지 않는다는 걸 이해하게 됐다.

선택의 자유가 누구에게나 주어지는 이런 상황에서, 모쒀인은 사랑과 섹스에 대해 건강한 태도를 가지고 있다. 사랑이란 자유롭고 빈번하게 발생하는 현상이다. 이곳에서 사랑은 결혼을 가족의 기반으로 삼은 여러 사회에 존재하는 다양한 사회적, 종교적 제약으로부터도 자유롭다. 이미 상상할 수 있겠지만, 모쒀인들은 우리 모두에게 익숙한 다양한 금기사항을 가지고 있지 않다.

내가 궁금했던 주제는 하나 더 남아 있었다. 어느 날, 나는 남자들끼리 술을 마시는 자리에 불쑥 끼어들어 궁금하던 것을 물어보기로 했다.

"모쒀인들은 동성애를 하기도 해?" 나는 무심히 물었다.

"너 농담하는 거지?" 남자들 사이에서 누군가가 크게 소리쳤다. 내가 들어본 가장 큰 웃음이 연이어 터져나왔다.

이성애 중심적인 모쒀 사회로 돌아가보면, 모쒀인들은 구애에 있어서 다른 문화권에 등장하는 것과 같은 다양한 의례를 거치지 않는다. 이미 내가 알고 있는 많은 증거에 기반해서 말해보자면, 모쒀인들이 상대를 유혹하는 데는 우리가 익히 알고 있는 데이트와 같이 사전적인 절차가 없다. 누구도 상대를 유혹하는 데 시간과 노력을 따로 들이리라 기대하지 않는다. 세 번 저녁을 먹고 잠자리를 갖는다거나, 누군가를 아샤오로 만들기 위해서 보다 정제된 청혼 프러포즈를 한다거나 하는 일도 없다. 모쒀 남자들은 여성에게 살림을 잘하도록 요구한다거나, 다른 사람의 아이를 낳을까 봐 신혼 첫날밤까지 성관계를 한 적 없는 순결한 상태를 유지하기를 강요하는 일도 없다.

놀라운 것은 선택의 자유가 여남 모두에게 동등하게 적용된다는 것이다. 가부장적인 바깥 세계에서 모쒀 사회를 바라볼 때는 분명 놀랄 만한 일이겠으나 사실 모쒀인들은 그것 말고 다른 길이 아예 존재하지 않는다. 이곳은 어머니의 나라이기 때문이다.

"모쒀인들은 보통 몇 명의 상대랑 잠자리를 해?" 루구호를 방문한 젊은 남성이 내게 물었다. 이 질문은 루구호를 찾은 외부인과 모쒀식 연애에 대해서 이야기할 때마다 항상 거론되곤 한다.

"어떤 사회학자가 쓴 책을 읽느냐에 따라서 매우 달라지지." 답을 피하기 위해 내가 주로 하는 대꾸다.

어떤 학자들은 모쒀 여성이 일반적으로 평생 동안 네 명에서 다섯 명의 아샤오를 만난다고 한다. 다른 이들은 수치를 더 높게 잡는다. 대부분은 모쒀 남성이 최소 열 명 정도로 여성에 비해 더 많은 상대를 만났을 것으로 본다. 나는 수학적으로 모집단이 같다면 여남의 평균이 다를 수가 없다고 말하곤 한다. 그럼 대충 여남이 각각 만난 상대의 평균을 내보자면 대략 여덟 명에서 아홉 명 언저리일 것이다. 어떤 방법을 쓰더라도 대충 믿을 수 있는 수치다. 정확한 숫자가 얼마나 되었든 간에, 중요한 것은 수치가 아니라 평생토록 여러 명과 성관계를 하는 것이 모쒀인들의 삶에서 당연하게 받아들여진다는 점일 것이다.

나는 다섯 아이를 둔 어떤 할머니를 알고 있다. 이 할머니의 세 이세이는 내가 여러 여성들에게서 들은 이야기와 꽤 잘 부합하는, 전형적인 모쒀 여성의 예에 해당한다.

할머니의 다섯 아이들은 서로 약간씩만 닮았다. 이 점을 통해서 나는 할머니가 각각 다른 아샤오와 아이를 가졌다는 것을 미루어 짐작할 수 있었다. 할머니에게 이것을 직접 물어볼 수는 없었지만, 할머니는 어느 날 내가 바주 마을에 사는 구미 딸의 대모라는 것을 말하자 힌트를 주었다.

"그럼 우리는 서로 친척이네." 할머니가 다른 정보를 주지 않은 채 이렇게 말했다.

호기심이 발동한 나는 구미에게 할머니와 가족으로 이어질 수 있는 경우의 수를 물었다.

"그 할머니와 막내아들을 만든 아샤오가 우리 삼촌이야."

나는 이후에 조각조각 들은 이 할머니의 이야기를 하나로 이었다. 그는 평생 네 명의 아샤오를 두었는데, 첫 아샤오와 두 딸을 낳았고, 두 번째 아샤오와 아들을, 세 번째 아샤오와 딸을 낳았다. 그리고 마지막 네 번째 아샤오가 아마도 나의 먼 대형제일 것이었다.

여러 아샤오를 만난 할머니의 이야기는 분명 전형적인 가부장제 하에서 남자만 여러 여자를 만날 수 있고 여자는 태생적으로 한 남자만 만난다는 서사에 익숙해진 중국 남성들의 심기를 건드릴 것이다. 그들의 입장에서 남자는 원하는 만큼 많은 부인과 애인을 둘 수 있는 존재다. 그러나 여성이 남편 외에 또 다른 남자를 만난다면 그건 언급할 수조차 없는 문제다.

중국 황제들이 기거했던 베이징 자금성을 방문한 사람이라면 누구나 궁 한쪽에 전성기 때 수백 명의 여성들이 기거하던 처소를 볼 수 있을 것이다. 그곳에서 여성들은 황제에게 간택되어 합방할 날을 기다렸다.

나의 아버지 역시 고대 중국 황제들과 같은 정서를 공유하고 있다. 성공한 사업가인 아버지는 사업을 하는 모든 항구 도시에 애인을 두고 집을 지을 만한 재력이 있었다. 그러는 동안 우리는 아버지의 첫 부인, 나의 어머니와 함께 집에 있었다. 내 아버지 외에도 중국 남성이 어떻게 남성의 특권을 휘두르며 살아가는지에 대해서는 현실에서 수없이 많은 사례를 찾아볼 수 있다.

중국 여성은 전혀 다른 삶을 살아간다. 나의 할머니에게서 봉건제 때 결혼한 여자가 다른 남자와 함께 침대에서 발견된다면 처참한 운명을 맞게 된다는 이야기를 들은 기억이 난다. 이 죄는 남편의 권위를 침해한 극도로 악독한 것으로 치부되어 이웃들의 분노를 샀다. 마을 사람들은 아내와 그 애인의 결백을 증명하고자 이들을 대나무로 된 돼지우리에 넣고 강에 던졌다. 만일 우리에서 탈출해 물 밖으로 나올 수 있다면 결백한 것이었고, 떠오르지 않는다면 죄를 지었으므로 죽어 마땅했다.

세이세이의 개념으로 돌아오면, 나는 모쒀인이 자신의 아샤오를 지칭할 때 소유격으로 나타내는 것을 거의 보지 못했다는 걸 떠올렸다. 어떤 아샤오도 성적으로 상대에게 속하지 않았고, 누구도 아샤오를 자신의 소유로 여기지 않았다. 결혼도 없고 각자를 아내와 남편으로 칭해 서로에게만 충실하라고 구속하지도 않는 사회구조 상 이는 당연하게 여겨졌다. 아샤오가 가족 구성원에서 배제되는 모계 가족구조라는 맥락에서 보아도 납득되는 일이었다.

모쒀식 연애의 핵심은 여자나 남자나 언제든 성관계를 할 상대를 고를 자유가 있다는 것이다. 어느 누구도 어떤 이에게 속하지 않기 때문에 상대가 한 명이든 여러 명이든, 동시다발적인 관계를 맺든 혹은 순차적으로 관계를 이어나가든 상관이 없다. 아샤오는 상대의 집을 찾은 순간에만 아샤오다.

원래 아샤오의 뜻은 함께 잠을 자는 사람을 뜻했다. 남자가 꽃방을 나가면 남자는 더 이상 아샤오가 아니다. 만일 같은 사람이 다시 찾아온다면 그는 다시금 아샤오가 된다.

대부분의 외부인들이 모쒀인들의 연애를 개방적이고 자유롭다고 생각하기는 하지만, 이들의 연애는 생각만큼 공개적이지 않다. 모쒀인들에게 사랑은 자유로이 주고받을 수 있는 것이지만 철저히 비밀로 가려져야 할 어떤 것이다. 대부분의 경우 연애는 비밀스럽게 이루어지고 다른 사람들에게 이야기하지 않는다. 오랜 기간 동안 아샤오 관계에 있는 이들이라고 해도 이 사실을 공공연하게 입 밖으로 내는 법이 없다. 모쒀 여성은 이 이야기를 직접 하지도 않고 아샤오와 함께 시내에 나가지도 않는다.

연애 생활에 대해 수줍은 태도를 보인다는 건 단순히 겸손하기 때문만은 아니다. 모든 모쒀인들은 어린 나이 때부터 이성 친척이나 어른들에게 섹스라는 주제를 화제에 올리지 않는다. 여자아이들이 함께 모여 연인 이야기를 하며 농담을 할 수는 있지만, 내가 이 규칙을 잊고 여자와 남자가 뒤섞인 가운데서 음담패설을 던질 때면 조용히 하라는 말을 많이 들었다.

모쒀인들은 공공장소에서 아샤오와의 관계를 드러내지 않으므로 겉보기만으로는 누가 누구와 연인 사이인지 알아내기가 어렵다. 시내를 돌아다닐 때 아샤오라고 알고 있는 이들이 나란히 걷고 있는 모습을 본 적이 거의 없었다. 대신 여자들이 다른 여자들과, 남자들이 다른 남자들과 다니는 걸 많이 보았다. 여자들은 시장에 갈 때 여자 친척이나 친구들과 가지, 애인을 데리고 가는 일이 거의 없었다. 과거에 아샤오들은 바깥에서 절대로 애정표현을 하지 않고 아무도 그들의 관계에 대해 모르게 했다. 나는 이곳에 있으면서 모쒀인 친구들을 많이 사귀었는데, 각각 다른 시기에 알게 된 친구들 중 누가 누구와 꾸준히 연인 관계로 지냈다는 걸 알게 되는 데 몇 달 혹은 몇 년이나 걸렸다.

연인 관계는 사회적인 것이 아니다. 모쒀인들이 연인 관계를 바라보는 시각은 연인을 서로의 완벽한 반쪽이라고 여기는 현대 사회의 그것과는 정반대에 있다. 약지에 반지를 끼우는 것은 고사하고, 모쒀인들은 자신들의 아샤오에 대해 이야기할 때 '우리'라는 주어를 쓰는 일도 아주 드물다. 자신의 연인과 자신을 '우리'라고 끊임없이 지칭하는 어떤 이와 마주 앉아 대화할 때보다 모쒀족의 방식이 내게는 덜 부담스럽게 다가왔다.

모쒀인은 대체로 아샤오와는 독립적으로 생계를 이어나간다. 두 연인은 한 쌍으로 살아가는 삶과는 거리가 먼 생활을 유지하므로, 당연히 24시간 내내 서로 붙어 있을 리 없다. 나는 자신의 아샤오가 어디서 뭘 하는지 전화를 걸어 확인하는 모쒀인을 만나본 적이 없다. 아샤오가 상대에 대해 자신만을 사랑해달라고 요구할 권한이 없고, 그에게 자신 곁에서 시간을 보낼 것을 요구할 수도 없기 때문이다.

이들은 밤에 서로를 만나거나 함께 집안일을 하거나 농장 일을 할 때가 아니라면 각자 생활한다. 나는 종종 친구의 아샤오가 주변에 없을 때 그의 행방을 묻곤 했다.

"몰라. 가족 일이 있대." 돌아오는 대답은 이랬다. 물론 여기서 가족이란 친구의 가족이 아닌 아샤오의 모계 가족을 의미했기 때문에 친구와 상관없다는 것이 내포된 답변이었다.

모쒀식 생활방식은 전부 이들의 모계 가족과 이어져 있다. 모쒀 사회에서는 아샤오와 관련된 어떤 일보다 모계 가족 일이 우선시된다. 많은 경우에 나의 친구들은 자신들의 아샤오가 가족 일에 참여하러 갈 때 절대 그를 말린다거나 따로 질문하지 않았다. 모쒀인들에게는 언제나 가족이 우선순위의 맨 처음을 차지한다. 어느 누구보다 모계 가족이 앞에 오고, 이에 비하여 아샤오는 어떤 우선권도 지니지 못한다.

집안에서 추수를 해야 하거나 경사가 있거나 친척이 아프거나 가족 내 누군가가 사망한 경우에, 모쒀인들은 즉시 모든 일을 내려놓고 가족에게로 달려간다. 내가 본 많은 경우에 아샤오는 어떤 질문도 하지 않았고, 왜, 어째서 가족에게 가야 하는지 물을 생각조차 하지 않았다. 이미 그들도 그렇게 물을 어떤 권리도 없다는 걸 잘 알고 있기 때문이다. 연인이 된다는 것은 모계 가족에 우선하는 어떤 권리도 주지 못하는 일이다. 아샤오는 가족의 일원이 아니니까.

결과적으로 여성이 낳은 자식이 현 아샤오의 자식이 맞는지, 아니면 그 아샤오가 누구의 아버지가 아닌지를 알아내는 일은 결코 단순한 문제가 아니다. 여러 아샤오를 만난 여성이 아이를 가졌다면, 누구든 아버지가 될 가능성이 있기 때문이다. 그러나 아이를 낳은 여성 자신이 보기에, 그리고 가족들과 공동체가 보기에 여성이 낳은 모든 아이들은 모계 가족에 속하며 이 문제는 그것으로 충분하다. 누가 아이의 아빠인지는 쟁점이 되지 못한다. 모계 혈통으로 계보가 이어지는 사회에서는 아이를 만드는 데 일조한 남성이 누구인지는 이야기할 필요가 없는 것이다.

바주 마을에 사는 내 친구 한 명과 친구의 옆집에 사는 이웃 간의 친근한 관계를 보면서, 이들에게 아버지란 얼마나 자신들과 상관없는 존재인가를 깨달은 적이 있었다. 이 두 여성은 많은 일을 함께했다. 함께 벼를 심어 쌀을 추수하기도 하고, 아이의 성년식을 축하하기도 하고, 시내로 한 주마다 한 번씩 장을 보러 나가기도 했다. 이들은 서로 친한 친구 사이로 보였다. 그들 스스로나 주변 친척들은 이 둘을 '관련되어 있다'고, 즉 친척 간이라고 보지 않았다.

"우리 둘이 일종의 친척인 거 알아?" 친구가 어느 날 내게 이렇게 말했다. "쟤 엄마가 쟤를 가졌을 때의 아샤오가 우리 오빠였어."

아버지와 남편이 존재하는 우리의 가부장제 세계에서는, 내 친구는 이웃의 고모였을 것이고 이웃은 친구의 조카였을 것이다. 그러나 아버지도 남편도 없는 이 세계에서, 아샤오인 친구의 오빠는 이웃의 가족에게나 친구의 가족에게나 무관한 존재였다. 그렇기 때문에 두 여성은 친척이 아닌 친구 관계를 유지한 것이었다.

모쒀인 가족에게서 부성이란 존재하지 않지만, 이 말은 아이를 만드는 데 도움을 준 남성 아샤오가 완전히 무시된다는 뜻은 아니다. 아이의 엄마와 할머니, 그리고 아이가 생길 무렵의 아샤오 역시 그가 아이와 연관이 있다는 것을 알 수 있다. 심지어 공동체 내에서도 물을 준 자의 존재를 대략적으로 눈치 챌 수 있다.

"저기 앉아 있는 젊은이가 마을 사는 아무개 아들일 거야." 한 노인이 말했다. "저이가 아무개랑 똑 닮지 않았어?"

모쒀어에는 아버지라는 단어가 있다. 바로 '아부'다. 하지만 아부는 가부장제 사회에서와는 달리 어떤 책임도 의무도 없는 존재다. 아부의 아이는 엄마 쪽 가족에 속하므로, 아부는 아이에 대한 소유권이 없다. 그러므로 아이에게 뭔가를 주어야 하거나 돌보아야 할 필요도 없다. 아이에게 필요한 건 엄마와 모계 가족이 알아서 한다. 엄마나 아이의 사회적 지위를 입증하기 위해 아부가 필요한 것도 아니다. 그것 역시 아이의 엄마와 모계 가족에서 알아서 한다.

모쒀 가족 중에서 아부의 위치가 대수롭지 않은 만큼, 나는 아버지에 대해 이야기하는 모쒀인들을 거의 만나보지 못했다. 더 오래전 세대에게서 조금 들어본 정도다. 아버지에 대한 정보를 공공연하게 묻지 말라는 충고를 들었기 때문에 상대가 자발적으로 정보를 주지 않고는 알 수가 없다. 모쒀인이 자신의 아버지에 대해 모른다는 건 이상한 일이 아니며, 이들에게 어머니의 사생활이나 여태까지의 역사에 대해 캐묻는 것은 무례한 일이다. 모쒀인 사이에서 아샤오(들)에 대한 프라이버시는 너무나 깊숙이 뿌리 박혀 있기 때문에 예의를 갖춘 이들 사이에서는 절대로 이 주제가 나오지 않는다.

아이의 아부가 된 모쒀 남성에게는 세 가지 선택지가 있다. 우선은 이웃의 아샤오였던 내 친구 오빠의 경우처럼 자식과 완전히 모르는 사이로 지낼 수 있다. 아부와 딸은 길에서 서로 마주쳐도 모르는 사람처럼 지나간다.

혹은 아부는 아이와 아는 사이로 지내며 새해나 아이의 성년식 같은 때 선물을 줄 수도 있다. 구미의 남자 조카가 이렇게 한다. 그는 바주에 올 때면 예전 아샤오에게서 낳은 아들을 본다.

마지막으로는 온전히 아버지의 역할을 다할 수도 있다. 특히 그가 아이의 엄마와 여전히 낭만적인 관계를 이어갈 때면 더더욱 그러하다. 얼쒀마와의 사이에서 낳은 두 아이와 함께 살아가는 자시가 여기 속한다. 자시는 가부장제 사회에서처럼 아버지 역할을 다한다. 아이들의 전 생애에 걸쳐 그들을 돌보는 것이다.

이 세 가지 중 어떤 것도 모쒀 풍습으로 강요되지 않는다. 모쒀 남성에게는 자신이 가장 편안하게 느끼는 길을 갈 자유가 있다. 어떤 길을 택하든 이들에게는 어떤 낙인도 따라붙지 않는다.

이 모든 것들을 살펴보고 나서, 나는 모쒀인들이 가족을 꾸리고 살아가는 데 연애를 아주 높은 순위로 치지 않는다는 것을 깨달았다. 이들은 인간의 섹슈얼리티에 대해 잘 알고 있다. 여남 간의 성관계가 매우 자연스러운 것이므로 사람들이 이 관계를 마음껏 즐길 수 있도록 온전한 자유를 주지만, 그렇다고 해서 결코 이 부분이 인간 존재의 시작이요 끝이라고 여기지는 않는다. 성적인 관계는 부족의 생존을 위해 매우 중요하나 가족을 이어붙이는 아교 역할을 하지는 않는다. 모쒀인들에게 사랑이란 하나보다 많은 것이되, 사적인 영역에 머무는 감정인 것이고 무엇보다 가족 아래에 위치하는 것이다.

이들의 삶의 중심이 되는 것은 모계 가족이며, 세이세이를 포함한 모든 것은 모계 가족이라는 중심축 밑에 놓는다. 그러니까 세이세이는 모계 가족에게 일종의 부록 같은 것이다. 바로 그것이 모쒀 사회에서 성이 차지하는 위치다. 어쩌면 자유로운 사랑을 외치는 사회에서 성립하지 않는 말처럼 들릴 수 있겠지만, 이것이 내가 세이세이 관계와 관련된 수많은 사항들을 지켜보고 내린 유일한 결론이다.

개인적으로 나는 주혼이 인간의 섹슈얼리티를 원래 있어야 할 자리에 가져다놓은 방식이라고 생각하게 되었다. 나는 섹스가 수없이 다양한 방식으로 표현된 인간의 조건으로서, 대부분의 사회가 이에 한정되고 좁은 자리만을 부여했지만 사실은 그럴 수도 없고 그래서도 안 된다는 입장이다. 평생 동안 한 명의 상대와 관계를 가져야 한다는 신념을 도저히 믿을 수가 없다. 분명히 말하지만, 나는 아내와 남편이 평생 상대방에게만 충실하겠다고 맹세하는 형태의 구속을 거절한다. 또한 여자는 한 남자만 바라보고 남자는 여러 여자와 만나는 존재라는 거짓된 남성주의적 개념 역시도 거부한다. 인간으로서 솔직해지자면, 우리는 이미 마음 깊은 곳에서 모든 욕망을 충족시킬 수 있는 단 한 사람이란 세상에 존재하지 않는다는 사실을 알고 있다.

모쒀인들은 섹스를 행복하고, 자연스럽고, 필수적인 것이라고 찬미할 권리를 가진 이들이며, 동시에 이를 가족의 부록이라는 제대로 된 위치에 놓을 줄 아는 이들이다.

여전히 중국인을 비롯한 인류 대부분은 나의 생각에 동의하지 않으리라는 걸 알고 있다. 이들은 아마 모쒀인들이 야생적으로 살아가고 있으며 죄 많은 삶을 살고 있다고 생각할 수도 있다. 이들에게 시야를 가린 눈가리개를 벗으라고, 모쒀족의 세이세이가 우리에게 보여준 다양성을 음미하면서 본인들이 가지고 있던 유일한 세계관이 다양한 인간 사회의 일부일 뿐이라는 걸 느껴보라고 요구하는 건 너무 지나친 부탁일까.

10
모계 혈족의 끈끈한 유대

모쒀 사회에서는 3대로 이루어진 모계 가족에 대해 알아가는 것
도 중요하다. 그러나 모계제 내에서 이들이 가지고 있는 본질적
인 유대관계의 핵심을 이해하는 것은 또 다른 차원의 일이다. 이
는 단순히 눈으로 보는 것 이상으로, 문화적 감수성과 지적 호기
심을 전에는 몰랐던 경지까지 끌어올려야 하는 일이다.

일단 가족 구성부터가 당황스럽다. 처음에 나는 같은 모계 혈
통을 공유하는 3대가 함께 사는 대가족이 하나의 단위라는 것을
이해하게 되었다. 간단히 말하면 1대에는 가장인 할머니가 있고,
같은 선상에 할머니의 형제가 한두 명 있다. 2대는 할머니가 낳
은 모든 딸아들로 이루어진다. 3대는 딸이 낳은 자식만 포함된다.
이때 나는 이들이 가족을 가족이라 칭하는 방식이 부계제 중국
가족이 스스로를 구성하는 방식과 얼마나 달라질 수 있는지 알고
매우 놀랐다.

다른 중국 가족들처럼, 우리도 아버지의 성을 따랐다. 하지만

성이 이름보다 뒤에 오는 다른 사회와는 달리, 중국인은 아버지 쪽 성을 자랑스럽게도 이름 앞에 붙인다. 그러니 추와이홍이라는 내 이름에서 아버지의 성인 추가 와이홍이란 이름 앞에 붙는 것이다. 중국계인 나의 배경에서 부계 혈통이 얼마나 중요하게 여겨지는지가 이름에서부터 드러난다.

"신분증 보여줄 수 있어?" 친구인 셔얼의 성을 알기 위해서 내가 물었다.

"여기 있어." 셔얼이 스스럼없이 내게 신분증을 주었다. 중국인은 신분증을 언제 어디서나 사용하기 때문이다.

나는 셔얼의 이름이 한자 여섯 글자로 되어 있는 것을 보고 놀랐다. 보통 중국인들은 그보다 훨씬 짧은, 내 이름처럼 한자 세 글자로 되어 있기 때문이다. 나는 셔얼의 이름이 셔얼라주오인 것을 알고 있었고, 여섯 글자 중에서 셔얼라주오 네 글자를 찾아낼 수 있었다. 모쒀인들의 이름은 보통 두 글자 단어를 두 개 붙인 네 음절이다. 신분증에는 셔얼의 이름이 '라커셔얼라주오'라고 적혀 있었다.

"이 앞에 있는 두 글자가 네 성이야?" 내가 물었다.

"아니." 셔얼이 답했다. "우리는 너희처럼 성을 가지고 있지 않아. 라커는 내 집 이름이야."

"집 이름이라는 게 뭐야?"

"집 이름은 우리 엄마의 가족들이 사는 장소의 이름이야." 셔얼이 설명했다.

나는 집 이름이라는 것이 이전 세대의 모계 가족이 고른 장소의 이름이거나 때로는 대대로 이어져 내려온 선조의 이름임을 알게 되었다.

한 어머니에게서 태어난 딸과 아들, 그리고 어머니의 자매들이 같은 성을 썼기 때문에 집 이름은 세대를 건너 계속 전해졌다.

이는 결국 부계 성과 비슷한 개념인데, 다만 모쒀인들의 집 이름은 어머니에게서 물려받는다는 점만 다르다. 집 이름은 중국인들의 이름에서처럼 이름 앞에 온다. 다만 모쒀인들에게는 이 집 이름이 자신들의 모계 혈통의 중요성을 강조한 결과라는 점에서 차이가 있지만 말이다.

모두 자신의 모계 혈통을 나타내는 집 이름을 가지고 있다. 모계 혈족 간의 유대가 이들을 이어주기 때문이다. 누구도 원래의 집 이름을 바꾸려 하지 않는다. 특히 아샤오를 따라 집 이름을 바꾸는 일은 일어나지 않는다.

셔얼라주오는 아샤오와 함께 살고 자신들만의 농장을 가꾸며 살지만, 라커라는 집 이름을 바꾸지 않았다. 그의 아샤오 역시 셔얼의 집으로 이사했음에도 자신의 집 이름을 가지고 있다. 그러니 누군가의 여섯 음절 이름을 다 안다고 해서 누가 누구의 연인인지 알 수 없다. 누구도 자신의 집 이름을 연인을 따라 쓰지 않기 때문이다. 모쒀인들은 단 하나의 예외를 제외하고는 평생토록 자신의 집 이름을 유지한다.

예외란 바로 누군가가 어떤 모계 가족으로 공식적으로 편입될 때다. 구미의 오빠인 지주오의 경우가 그랬다. 지주오는 태어날 때 양어머니에게 맡겨져서 구미를 비롯한 모계 가족이 쓰던 집 이름을 양어머니의 집 이름인 한사로 바꾸었다. 그가 공식적으로 한사 가족에 입양된 이래로, 구미네 가족의 혈통을 버리고 한사 혈족의 일원이 되었다.

모쒀인들의 집에 들어설 때면 언제나, 요즘 말로 하자면 페미니스트의 기운을 느낄 수 있다. 집에서조차 모계제의 중요도가 느껴진다. 이미 구미네 집에 대해 이야기하면서 농장에서 소유주 겸 경영자 겸 재무 책임자를 맡고 있는 구미의 어마어마한 존재감을 언급한 적이 있다. 얼쒀마 역시 자시의 민박집에서 핵심적인 역할을 한다.

구미와 얼쒀마의 어머니 역시 집에서 일어나는 모든 일에 관여했다. 그 범위는 농장 일에서부터 가축을 돌보는 일, 집안일, 요리, 청소, 바느질, 어린 아이와 아픈 사람을 돌보는 일에 이르기까지 아주 넓었다. 이는 중국에서라면 가정주부가 하는 하찮은 일들로 치부되었을 것이지만, 모쒀 사회에서는 이런 일들을 폄하하거나 과소평가하지 않는다. 여성의 역할은 매우 강조되며 과소평가되는 법이 없다. 이들의 세계에서 여성의 일은 삶을 영위하는 데 아주 중추적인 역할을 한다. 여성이 하는 일은 여성이 점한 지위를 훼손하지 않는다.

가정 내에서 일차적인 역할을 하는 이는 여성이다. 남성들은 집안에서 필요한 궂은 육체노동과 집 바깥에서 일어나는 공동체 일에 참여하는데, 이는 모두 부차적인 것으로 취급된다. 이 점이 매우 흥미로운 역할 반전이었다. 여성이 사회구조의 윗부분을 차지하는 모쒀 사회에서는, 남성들이 집 바깥의 사회와 관계를 맺는 중요해 보이는 일을 맡는다고 할지라도 그들을 여성보다 더 높은 지위로 올리지 못한다. 남성들은 부차적인 자신의 역할을 받아들이고 가모장의 권위에 의문을 제기하지 않는다.

가모장은 젊고 체력이 강할 때는 가장으로서의 역할을 즐기지만 나이가 들면 가장의 자리를 딸 중 한 명에게 물려주어야 할 필요를 느낀다. 내가 알고 지내던 아하 할머니도 그랬는데, 할머니는 내가 생각한 것과는 달리 첫째 딸이 아닌 셋째 딸에게 가장 자리를 물려주었다. 나는 장손이자 장남인 내 오빠가 중국 가부장제 사회에서 그랬듯 태어난 순서가 중요할 것이라 생각했었다.

"왜 맏딸이 아니라 막내딸에게 농장을 물려주셨어요?" 내가 가모장에게 물었다.

"이유는 간단하지." 그가 답했다. "막내딸이 세 딸 중에 가장 유능하고 똑똑하니까."

장녀 상속제를 무시하는 경향이 존재하는지는 모르겠지만, 평등주의자인 모쒀 가장이 후계자를 정할 때 선택한 방법은 장점을 보는 것이었다.

모쒀 3대 가족의 내부를 들여다보면 할머니의 딸에게서 나온 아이들만이 이 가족의 세 번째 세대에 속한다는 것을 알 수 있다. 할머니의 핏줄은 오로지 딸의 핏줄로만 흘러갈 수 있기 때문이다. 할머니의 아들이 낳은 자식들은 다른 할머니의 핏줄을 이어받은 여성에게서 나왔으므로 절대 가족이 되지 않는다.

실제로 모쒀 가족 내에서, 두 번째 세대의 딸들과 세 번째 세대의 아이들 간의 역학관계에서 핏줄이 얼마나 큰 역할을 하는지 알게 되면 어리둥절할 정도다.

모든 가족 구성원이 같은 모계 혈통으로 이어져 있다는 가장 기본적인 원칙에서 시작해보자. 모쒀 가족은 딸에게서 나온 모든 아이들이 같은 혈통을 공유했기 때문에 모두 다 서로의 친자매이자 친형제로 자라난다.

"내 자매가 당신과 이야기하고 싶대요." 얼쒀마의 아들인 샤오자시가 내게 말했다. 나는 그 자매가 쿤밍에서 수영선수로 훈련하고 있는 그의 동생을 가리키는 줄 알았다.

"내가 장거리 전화를 걸면 될까?" 내가 물었다.

"아니, 내 동생 말고, 라두 말이에요. 리커에 사는 내 누나." 그가 말했다.

"리커에 누나가 있었어?" 나는 그와 남매지간은 수영선수인 샤오우진밖에 없는 것으로 알고 있었다.

"네, 라두 누나. 우리 엄마의 언니네 딸이에요." 그가 말했다.

뜻밖의 답이었다. 내가 생각하는 방식대로라면 라두는 샤오자시의 엄마 쪽 사촌이지 누나가 아니었다. 그러나 모쒀식으로 생각하면 라두는 분명 샤오자시의 친누나였다. 할머니의 피를 똑같이 이어받은 두 딸이 낳은 자식들이었기 때문이다. 샤오자시의 이모가 낳은 딸인 라두와, 그 이모의 자매인 얼쒀마가 낳은 샤오자시는 서로를 친남매지간으로 여겼다. 둘 다 각자의 어머니의 어머니인 할머니의 직계 혈통을 따르고 있다는 이유였다.

할머니가 낳은 모든 딸의 자식들이 다 친자매형제라면, 아이들이 자신의 어머니와 이모를 전부 '엄마'라고 부르는 것도 이해가 갔다. 할머니가 낳은 딸들은 크게 보아 전부 모든 아이들의 어머니인 셈이었다.

나는 이것을 확인하기 위해 샤오자시와 대화를 이어갔다.

"너희 어머니 자매들 중 누가 라두를 낳은 거야?" 내가 물었다.

"둘째 엄마가요." 그가 답했다.

"'둘째 엄마'라고?" 나는 귀를 의심하며 물었다.

"네, 우리 할머니의 둘째 딸이라 둘째 엄마에요. 얼쒀마, 그러니까 우리 엄마는 일곱 자매 중에 다섯째이고, 첫째는 큰엄마라고 불러요."

"그러면 다른 엄마들도 그렇게 불러? 셋째 엄마, 넷째 엄마, 이렇게?"

“네.”

“네 어머니는 뭐라고 불러?”

“엄마요.”

“그러면 얼쉬마의 막냇동생은?”

“작은엄마요.”

우리에게는 이상하게 들릴지 몰라도 모쒀인들은 여러 엄마를 부를 때 숫자를 매겨 불렀다. 나는 어느덧 모쒀인들이 자신의 여러 엄마들과 친엄마를 부르는 방식 간의 미묘한 차이를 알아차리게 되었다.

3대 가족 중 두 번째 세대인 할머니의 딸들 역시 스스로를 자신과 자매들이 낳은 모든 자식들의 엄마라고 생각한다.

“내 딸 라두가 둘째를 가졌어.” 얼쉬마가 자신의 언니가 낳은 딸인 라두에 대해 이렇게 이야기했다.

일상에서 누군가 내게 길 건너에 자기 엄마가 있다고 말하면, 나는 자신을 낳은 엄마를 말하는 건지 엄마의 자매를 말하는 건지 궁금할 수밖에 없었다. 같은 맥락에서, 친구가 누군가를 자신의 형제라고 말하면, 그 사람이 자신을 낳은 엄마가 낳은 아들일 수도 있고, 엄마의 자매가 낳은 아들일 수도 있었다. 이런 호칭 때문에 나는 누군가의 가족환경을 전부 다 알기 전까지는 누가 누구의 자식인지를 도통 알아낼 수가 없었다. 사실 구분하려 할 필요도 없었다. 그저 이들이 같은 모계 혈통을 가진 친척 간이라는 것을 알면 그것으로 충분했다.

이외에도 이들을 묶어주는 모계 혈통의 유대관계가 하나 더 있다. 모쒀인 친구들은 자주 누군가를 자신의 자매나 형제라고 말했다. 나는 그들의 자매들을 이미 다 만나보았는데도 상대를 모른다는 사실에 당황한 나머지 믿을 수 없다는 표정으로 눈을 깜빡였다.

"어떻게 내가 네 자매를 못 만나볼 수가 있지?" 나는 이렇게 묻곤 했다.

"아, 저기 있는 저 자매는 할머니의 자매네 손녀야." 친구는 간단하게 답했다. 이 말을 알아듣는 건 내 몫이었다.

내 친구가 말한 자매란 부계 가족에서였다면 사촌쯤 되는 친척일 것이었다. 그러나 이곳은 모쒀 사회였다. 비록 그 자매가 내친구의 3대 모계 가족의 직계 자매와는 차이가 있을지라도, 내가 아주 멀게 느끼는 내 사촌보다 훨씬 가까운 사이의 친척이었다. 내 친구에게 자매는 할머니의 핏줄을 나누어 가진 같은 세대를 뜻하기에, 핏줄을 나눈 할머니들에게서 나온 딸들이 낳은 둘은 자매였다. 직계 혈통을 공유한다는 측면에서 이들은 분명 자매였다.

그런데 최근에는 생모와 친자매형제라는 구조가 등장하면서기존 모계사회의 이러한 규칙들과 갈등을 빚고 있다. 아마도 어린 모쒀인들이 학교에서 만다린어를 배우게 되면서, 자신의 가족

관계를 전혀 다른 개념인 가부장제에 기반한 중국어 단어로 표현해내다 보니 그렇게 된 듯하다.

모든 언어는 특유의 문화에서 비롯된 철학적 토대에 기반한다. 중국어 역시 예외가 아니다. 만다린어와 그밖의 중국어 방언에서는 뿌리 깊은 가부장적 시각이 드러난다. 이들은 남성의 혈통을 따르는 가족관계를 덜 중요한 모계 친척과 구분하기 위한 목적으로 서로 다른 호칭을 사용한다.

예를 들어서, 내게는 부계 쪽으로 두 명의 삼촌이 있는데, 나는 이들을 부를 때 특별한 호칭을 사용한다. 또 아버지의 큰 형의 큰아들인 부계 쪽 사촌을 '탕커堂哥'라 부르는데, '탕堂'은 부계 혈족 중 가장 가까운 정도라는 의미를 담고 있고, '커'는 단순히 형 또는 오빠라는 뜻이다. 어떻게 보면 모쒀 풍습에서 사촌을 형이나 오빠라 부르는 것과 비슷하지만, 접두어인 '탕'으로 이 사촌이 남자 쪽이라는 걸 뚜렷이 명시한다.

반면, 나는 '비아오表'라는 접두어를 붙여 어머니 쪽 사촌들을 부른다. 나보다 나이가 많은 이모의 오빠는 내게 '비아오커表哥'인데, '비아오'는 여자 쪽 친척을 일컫는 동시에 이 관계가 덜 중요하다는 함의를 담고 있다. 이외에도 중국에는 아버지 쪽 자매형제와 어머니 쪽 자매형제를 일컫는 용어들이 서로 다르다.

중국어의 가부장적 용어들은 중국인 공동체에서라면 언제 어디서나 쓰이기 마련이고, 학교에서 중국어를 가르치기 위해 쓰는 교재나 책에서도 항상 등장한다. 따라서 오늘날의 모쒀 청년들은 아버지 쪽 친척과 어머니 쪽 친척을 구분 짓는 중국식 용어를 습득하게 된다.

모쒀인들이 나와 같은 이방인에게 만다린어로 이야기를 하다 보면, 자신들의 복잡한 가족관계를 설명하기 위해 중국어 용어를 빌려오곤 한다. 그렇게 하다 보면 부권제 사회에서의 언어를 모쒀인들에게 직접 대응할 수 없다는 점을 자각하지 못하게 될 것이다. 어머니 쪽과 아버지 쪽을 구분 짓는 중국의 언어를 차용하여 오직 모계만 존재하는 모쒀 사회를 설명하다 보면, 모쒀인들은 어느 순간 자신도 모르게 자신의 모계 혈족에다 이때까지는 존재하지 않았던 부계 친척을 그려내게 된다. 모쒀인 친구들과 이야기를 하다가 이런 상황을 경험하곤 했다.

"내 동생이야." 아홉 명의 자매형제를 가진 친구가 처음 보는 사람을 내게 소개시켜주며 말했다.

"너 10남매였어?" 상대가 떠난 후 혼란스러워진 나는 물었다.

"음, 아버지의 아샤오가 동생을 낳았어. 그래서 동생이라고 불러." 그가 말했다. "아버지의 또 다른 아샤오가 낳은 또 다른 자매도 있어. 그러니 우리 9남매에 포함해서 동생이 두 명 더 있는 셈이지."

이 두 자매는, 아버지가 같고 서로 다른 여성에게서 태어난 사이를 지칭하는 가부장제 용어대로라면 이복자매였다. 친구가 가장 기본적인 모쒀 원칙을 깨고 이들을 자매라고 지칭하는 게 이 상하게 느껴졌다.

첫 번째 원칙은 같은 모계 혈통을 공유한 사이만 친척이 될 수 있다는 것이다. 이 경우에는 서로 다른 여성에게서 태어난 사이 이므로 모계 혈통을 공유하지 않으니 모쒀 가족체계 내에서는 자 매가 될 수 없었다.

두 번째 원칙은 아이를 만든 남자 쪽 핏줄은 모쒀인의 가족관 계를 설명할 때 절대 고려되는 법이 없다는 것이다. 모쒀 사회에 서 본디 '아버지'는 어떤 핏줄도 이어갈 수 없는 존재였다.

내 친구는 이복자매인 이들을 자신의 자매라고 부르는 오류를 저질렀다. 내 생각에는 그가 부지불식간에 부계 혈통을 가족의 중심으로 놓는 중국어 개념을 차용하다가 틀린 듯싶었다. 중국어 대로 사고하다 보니 가족관계를 그릴 때 아버지와 부계 혈족을 함께 고려한 것이다.

만일 친구가 모쒀어를 썼다면, 상대를 자매나 이복자매로 일컫 는 중국어와는 달리 자기 어머니의 아샤오였던 이가 다른 여성과 만든 자식을 지칭할 단어를 찾지 못했을 것이다. 실제로 모쒀어 에서 모계 혈족에 대한 호칭은 13개인 반면 남자 쪽을 일컫는 단 어는 1개밖에 되지 않았다. 최근 중국에서 발간된 모쒀 모계 혈 족 체계에 대한 책에 따르면, 모쒀어에서 여자 쪽 친척을 일컫는 단어는 68개인 반면 아이를 낳는 데 기여한 아샤오 쪽 친척에 관한 단어는 5개뿐이었다.

외부인인 남자 아샤오가 모계 가족에 들어갈 수 있는지는 그렇게 중요한 문제가 아니지만, 예상치 못하게 근친상간을 할 위험성이 있었다. 다른 어느 사회에서와 마찬가지로 이곳에서도 근친상간에 대한 명확한 금기가 존재했다. 같은 모계 혈통을 따르는 자매형제간의 성관계를 금지하는 것이다. 이것대로라면 금기는 같은 아버지를 둔 이와 아샤오가 되는 데까지로 확장된다. 모쒀 사회에서 부계 혈통은 아무것도 아닌 것으로 취급된다는 규칙이 분명히 존재하는데도 말이다. 이와 같은 금기의 존재는 이런 성적 결합이 옳지 않다는 본능적인 개념에서 기인했을 것이다.

이 금기는 모쒀 사회 내에서 두 갈래로 존재한다. 첫 번째는 같은 모계 혈통을 따르는 남매 간의 성관계에 대한 금기로, 이 경우는 강제하기가 쉽다. 두 번째는 한 여성의 어머니와, 그 여성의 아샤오가 될 남성의 어머니가 과거에 만났던 아샤오가 같은 남자였다고 알려졌을 경우다. 우리 식으로 표현하면 이 두 사람은 같은 아버지를 둔 배다른 남매 간인 셈이다. 이 경우, 여성의 가족에게 문제를 해결할 권한이 있다.

한 집안에서 딸이 어떤 남성에게 관심을 보였을 때, 이 관계가 두 번째 금기에 해당하는 경우에는 딸의 어머니나 할머니가 은근한 경고를 준다. 딸에게 점잖게 그 남자와 만나는 게 별로 좋은 생각 같지 않다고 말하는 것이다. 반대로 아들이 그럴 경우에는 삼촌이나 할머니의 남자 형제 같이 집안의 남자 어른이 경고 신호를 보낸다. 각각의 경우 누구도 이 금기를 넘지 않으며 이 주제를 다른 성을 가진 친척에게 꺼내지 않는다.

주변 친척들에게 젊은이는 경고를 잘 알아들을 것이라고 기대된다. 아샤오가 될 상대의 어머니가 자신의 어머니와 같은 아샤오를 공유했다면, 상대는 아샤오 후보에서 탈락하게 된다.

이 모든 것을 알아보면서, 나는 모쒀인들이 모계 혈족이라는 미로를 통해 가족이라는 유대관계를 형성한 데 경의를 표할 수밖에 없었다. 이들이 구축한 체계란 비록 길이 복잡하게 나 있기는 하지만 결국 어머니의 심장부라는 종착지로 향해 가는 아름다운 여정이었다.

언젠가 내가 상상의 나래를 펴고 모쒀인들의 감수성으로 복잡하게 얽혀 있는 이 공동체에 속해 있다고 가정해보는 순간, 내 안에 이전까지 형체 없이 모호하게 남아 있던 무수한 생각들을 발견할 수 있었다. 그리고 이 생각들이 구체적인 모습을 갖추면서, 대담하게도 전형적 한족 가정을 형성하는 부계 혈족의 관계망을 새롭게 바라보는 눈이 생겼다.

내가 만일 모쒀인으로 태어나 전형적인 중국인 가족을 바라본다면, 사회 내에서 여성의 지위가 그토록 낮은 것에 대해 가장 먼저 놀랐을 것 같았다. 부끄럽게도 중국 농어촌 지역에는 이런 경향이 아직도 남아 있다.

중국에서 여자아기가 태어나면, 아이의 서열은 오빠들 뒤로, 가족 중 가장 낮은 위치로 내려간다. 여자이기 때문이다. 아기는 아버지의 부계 혈족에서 중요하게 여겨지지 못한다. 가족의 혈통이란 오직 남자아이들의 핏줄로만 전해져 내려가기 때문이다. 가족들은 딸을 교육하거나 공들여 키우지 않는다. 특히 딸이 결혼을 해서 남편의 가족에 속할 운명이라면 더더욱 그러하다. 여태껏 딸이 가지고 있던 부계 혈통은 결혼하는 시점에 지워진다. 그때부터 딸은 새 가족에 속하여 남편과 함께 가정을 꾸리며, 새로 늘어난 남편의 부계 혈족을 자신의 가족으로 여기며 일을 도맡는다.

새댁이 된 여성은 남편의 집에서 자신의 자리가 어디인지 빠르게 배우게 된다. 여성의 숙명은 원가족과 지낼 때보다 더 열악하다. 여성은 아내로서 남편에 종속될 것을 요구받고, 남편의 지시에 순종하고, 남편과 남편의 가족들을 위해 요리를 하고 돌봄을 담당한다. 남편 가족의 대를 이을 뿐 절대 자신의 핏줄에 속할 리 없는 아이도 낳는다. 싹싹한 며느리로서 시모부에게 순종하며 그들의 요구와 모든 변덕에 맞추어야 한다. 만일 여성이 원가족에게로 달아난다 해도 돌아갈 수 있는 확률은 거의 없다. 다시 돌아간다고 해봤자 누구도 이 여성을 더 이상 가족의 일원으로 고려하지 않기 때문이다.

　나의 내면에 자리한 모쒜인은 중국 여성이 겪는 이런 부당한 일들을 하나도 납득하지 못한다. 이렇게 일부러 여성에게 수모를 안기도록 설정된 사회란 미친 게 분명하다. 이런 취급을 받아도 되는 여성은 세상에 아무도 없다. 게다가 아홉 달을 고생해서 가족에 새 생명을 선사하는 존재가 바로 여성이라는 점을 생각하면 더욱 그러하다. 여성이 낳은 아이를 여성과 그 원가족의 일원이 아니라 다른 가족의 일원으로 대한다는 건 그다지 말이 되지 않는다. 아이는 태어나기 전부터 엄마의 탯줄을 통해서 엄마의 핏줄과 실제로 연결되어 있다. 아이는 처음부터 엄마의 아이이며 계속해서 엄마의 아이여야 한다. 말 그대로 피로 이어진 불가분의 관계인 여성의 원가족이 여성을 버린다는 건 더더욱 이상하다.

　만일 이렇게 전통적인 중국 여성이 첩을 둔 문란한 남편을 두기까지 한다면, 그 다른 여성들과 그들이 낳은 아이들까지 가족의 일원으로 인정해야 하므로 그가 감당해야 할 치욕은 갑절로 커질 것이다. 가장 끔찍한 부분은 가부장제 하에서는 오직 남편만 여러 여자를 만날 수 있다는 것이다. 아내가 만일 똑같이 하려고 했다가는 목숨을 걸어야 할 것이다.

　남성의 외도만을 옹호하는 가부장적 관습은 뻔뻔스러우리만치 불공정하고 비논리적으로 불공평하다. 모든 인간은 같은 욕구와 열망을 가진다. 성적 쾌락은 자연스럽고 좋은 것인데, 사회는 인구의 절반에게는 그것을 즐길 자유를 허하고 나머지 절반에게서는 빼앗으려 든다. 그래서는 안 된다.

어느 날 오래된 전통 중국사회에서 독신모와 아이가 어떻게 그려지는지를 찾아보고 그만 깜짝 놀라고 말았다. 사회에서 독신모가 갖는 지위는 그 누구보다 낮았기 때문이다. 사회에서 여성의 지위를 입증해줄 수 있는 남편이 없고, 아이의 양육권을 가진 남자가 없기에 아이와 엄마는 사회에서 배제된 존재였다. 아이는 자라는 내내 사생아라고 조롱을 당하고 주변으로부터 소외된다.

오래된 중국사회에 존재한, 독신모에게 수치를 주는 이런 문화는 모쒀인들이 볼 때는 매우 터무니없는 것이다. 여성은 새 생명을 줄 수 있는 유일한 존재로, 여성이 아이를 낳는 것은 영광스러운 일로 여겨져 축복을 받는다. 출산이란 오직 여성에게만 허락된 능력이다. 남성은 출산에 있어 결코 여성만큼 중요한 위치를 차지할 수 없다. 모든 여성이 홀로 아이를 낳는다는 면에서, 모든 여성은 독신모다. 물론 엄마의 가족들이 아이와 엄마를 보살펴야 한다. 삶은, 더군다나 새 생명은, 절대로 멸시당해서는 안 된다.

가부장적인 중국사회는 많은 변화를 거치면서 거칠던 모서리가 조금 부드러워졌다. 그러나 여전히 여성에 대한 유구한 차별이 다방면에 남아 있다.

오늘날 도시에 사는 중국 여성들은 남성중심적인 풍습에 덜 노출되겠지만, 여전히 한쪽으로 치우친 편견과 씨름해야 하는 상황을 맞는다. 만일 여성이 오늘날 많은 중국 여성들이 그러하듯 남편과 이혼한다면, 주된 싸움은 아들의 양육권을 두고 벌어질 것이다. 여성은 오늘날까지도 남성우월주의라는 신념이 지탱하는 가부장제의 높다란 벽에 맞서 싸워야 한다. 아들이 아버지의 핏줄을 이어받으므로 부계 가족의 일원이 되고, 엄마에게는 아들에 대한 권리가 없다.

내가 만일 모쒀인이었다면 처음에는 분개하고, 이어 이해를 못하겠다는 듯 어깨를 으쓱했을 것이다. 모쒀인에게 아이는 딸이든 아들이든 언제나 엄마의 가족에 속하는 존재지 남자의 자식이 아니기 때문이다. 어떤 남자, 또 그 남자 쪽 가족의 어느 누구든 여자가 낳은 자식을 빼앗을 수는 없는 법이다. 게다가 모쒀인이라면 법률혼 대신 모쒀식 결합을 할 것이므로 애초에 이혼을 두고 다투지 않았을 것이다.

진정한 모쒀 여성은 가부장적인 중국 남자에게 내재된 이 모든 명백한 부조리를 절대로 받아들이지도 않을 것이며 받아들일 수도 없을 것이다.

11
탄생과 죽음의 방

모쒀족 사회에는 집집마다 '탄생과 죽음의 방', 혹은 생사의 방이라 불리는 공간이 있다. 가모장의 방 뒤편에 작은 돌담으로 둘러진 이 자리는 태어나 생명을 얻고, 생명을 다하면 다시 돌아가 장례식을 기다리는 곳으로, 모든 모쒀인들의 시작과 끝을 함께하는 방이다.

마을에 현대식 병원이 생기기 전에는, 임신부가 바로 이곳으로 들어가 출산이라는 중대한 사건이 다가오기를 기다렸다.

모쒀인들은 이제 이런 전통적 방식대로 아이를 낳지 않지만, 나는 오래전에 이들이 어떤 방식으로 아이를 낳았을지 상상해보고 싶었다.

"모쒀 여자들이 눕는 대신에 쪼그려 앉아서 아이를 낳았다는 게 사실이야?" 책에서 이 이야기를 읽고 나는 구미에게 이렇게 물었다.

"몰라." 구미가 말했다. "나는 엄마와 산파가 도와주고 침대에 누워서 낳았어."

구미의 이야기로부터 도움을 받지 못한 나는 이 방에 얽힌 이야기를 읽으며 나름대로 상상해보기로 했다.

만삭이 된 구미의 조상을 떠올려본다. 그의 이름을 주오마라고 짓겠다. 주오마는 난롯가에서 아침을 만들고 있던 중에 양수가 터졌다. 평소처럼 가모장의 방에 있는 어머니를 부른다. 주오마의 어머니는 한순간도 망설이지 않고 다른 딸에게 소리친다. 어머니와 딸은 문을 지나 자그마한 생사의 방까지 주오마를 데려간다. 그들은 출산을 위해 미리 깔아둔 자리에 주오마를 앉힌다.

앉아 있던 주오마는 진통이 강렬해짐에 따라 신음소리를 낸다. 이마에서 땀이 솟구치고, 가엾은 주오마는 분만이 임박했음을 안다. 그는 어머니를 불러 쪼그려 앉는 자세로 바꾸어달라고 도움을 청한다. 이를 악문 주오마는 힘을 줄 준비를 한다. 어머니와 언니가 마지막으로 애를 쓰는 주오마를 양 옆에서 단단히 붙든다.

"힘 줘! 힘 줘!" 주오마의 어머니가 딸을 달랜다. 긴 시간이 흐르고 이제 갓 할머니가 된 그가 손 안에 든 작은 생명을 들어올린다. 그리고 바깥에 모여 있던 가족들에게 의기양양하게 외친다.

"딸이야!"

소박한 농가에 어여쁜 공주가 찾아왔다. 아기는 대대로 가족들의 탄생을 맞았던 그 작은 방에서 무사히 태어났다. 포대기에 단단히 싸매진 아기는 할머니의 품에 안겨 생사의 방을 나와 옆에 있는 따뜻한 가모장의 방으로 옮겨졌다.

이후에 주오마와 갓난아기는 타인의 방문을 금지하는 한 달간의 금기를 거친다. 친구나 친척, 마을사람들은 이 기간이 지나야 새롭게 주오마 가문의 대를 이은 장손의 탄생을 축하하러 올 수 있다. 아기를 환영하는 성대한 잔치가 열리면 손님들은 농장에서 주오마를 위해 가져온 선물들을 안겨준다.

쓰임을 다한 생사의 방 문은 누군가 또다시 이곳에 들어설 일이 생길 때까지 닫히게 된다. 생사의 방에서 아이를 낳는 일이 거의 없는 요즘에는 이 방이 두 번째 용도로만 쓰인다.

사실상 내가 처음으로 생사의 방이 열리는 것을 보았던 것도 이 두 번째 용도로 쓰일 때였다. 바로 구미의 어머니인 아마 할머니가 돌아가셨던 때다. 10여 년 전쯤, 아마 할머니의 아샤오에서 남편이 된 상대가 세상을 떠나고 나자 할머니의 건강도 천천히 악화되었다. 할머니는 때때로 중병에 걸리기도 하고, 몸져눕기도 하고, 식욕을 잃고 무기력에 빠졌다.

이럴 때마다 나는 바주로 가서 아마 할머니의 곁에 앉아 있었다. 처음 그리 갔을 때는 가모장의 방 안에 할머니의 여덟 자식과 그들의 아샤오들이 모여 있었다. 주로 구미가 할머니를 간병하면서 난롯가에서 끓인 죽을 떠먹여주었다. 얼쉬마는 할머니의 이마와 입가를 닦아주고 식사를 하고 난 뒤 손을 닦아주었다. 난롯가 너머에는 자시가 두 명의 형제들과 앉아 있었다. 자시는 아마 할머니에게 팔을 뻗어 담뱃불을 붙여주었다. 할머니는 편찮은 상태에서도 담배를 무척이나 피우고 싶어했다. 마당 바깥에서는 지주오가 장작을 팼다.

나는 아마의 자식들이 모든 일을 중단하고 아마 할머니의 집에 모였다는 것을 알 수 있었다.

"며칠 동안 있었어?" 내가 지주오에게 물었다.

"일주일." 그가 말했다.

"더 있을 거야?"

"응, 괜찮아지실 때까지."

그러는 동안, 아마의 자식들은 번갈아 가면서 아마를 보살피고 몇 시간 동안이나 곁을 지켰다. 잠시 소강상태가 찾아오면 시간을 보내기 위해 수다를 떨었다. 누군가는 농담을 하고, 다른 사람들은 카드게임을 하며 무료함을 달랬다. 간호를 하는 긴 밤중에는 집에서 빚은 광탄 술을 꺼내 마셨다. 그리고 한밤중이 되면, 자식들은 한 명씩 아마 할머니의 방에 깔아둔 간이 요에서 잠을 잤다.

어째서 온 가족이 할머니의 집에 모이는 것인지 무척 궁금했던 내게 자시는 간단하게 답했다.

"자식으로서 우리가 할 수 있는 건 엄마의 옆에 있는 거니까. 지상에서 마지막으로 머무시는 순간이잖아."

아마의 딸들과 아들들은 그렇게 아마의 곁을 밤낮으로 지켰다. 그러는 마지막 몇 주 동안 아마는 계속해서 쇠약해져갔다. 아마가 숨을 거둘 때, 자식들은 전부 그의 곁에 있었다. 자식들은 다함께 힘을 합쳐 아마에게 작별을 고할 준비를 했다.

아마 할머니의 장례식은 모쒜 풍습에 따라 오로지 세상에 단하나밖에 없는 의식으로 치러졌다. 이들에게 장례는 시간이 아무리 지나도 변치 않는 풍습이자 일생 중에 가장 성스러운 의식이었다. 모쒜인들은 누군가 세상을 떠나고 치르는 장례식을 매우 소중히 생각했다. 특히 그들이 존경해 마지않던 어머니를 떠나보내는 경우에는 더욱 더 그러했다. 이들은 몇 주, 길면 몇 달씩이나 소요되는 절차를 아낌없이 진행했다.

아마는 슬하에 여덟 자식을 두었는데 그 중 아들이 여섯이었다. 그 덕에 자시와 지주오를 비롯해 총 여섯 명의 아들들이 아마의 시신을 거두기부터 화장을 하는 데까지 필요한 모든 일을 다 할 수 있었다. 기억하겠지만 구미와 그의 언니, 그리고 다른 여자 친척들은 죽음을 가까이 할 수 없는 몸이었다.

여섯 형제는 아마의 방에서 각자 할 일을 했다. 자시는 오랜 세월 동안 의례로 굳어진 일련의 절차를 이끌었다. 자시는 어머니의 시신이 사후 경직을 거치기 전에 염을 시작했다. 번호가 매겨진 일곱 주발에 담긴 물을 어머니의 얼굴과 몸에 천천히 부었다. 만일 이게 아버지의 장례식이었더라면 아홉 주발을 사용했을 것이었다.

자시가 염을 하고 나자, 무당인 다바가 화장 전까지 아마의 영혼과 동행하는 의미의 고대 주문을 읊었다.

"깨끗하지 않구나." 다바가 주문을 외었다.

"조상들이 머무는 시나-아나와로 먼 길을 떠나기 전에 몸을 정결히 하기를."

시나-아나와란 모든 영혼의 근원이자 새로운 삶으로 다시 태어나기 전에 돌아가는 기착지로, 말하자면 모쒸인들의 에덴동산과 같은 곳이었다. 모쒸 장례 의식은 전부 이 개념을 중심으로 진행되었다.

다바는 계속 주문을 외고, 자시는 형제들의 도움을 받아 아마의 시신을 웅크린 태아 자세로 만들었다. 새로운 어머니의 자궁에서 새 생명을 시작할 준비를 하는 것이었다. 이들은 어머니의 무릎을 구부려 얼굴과 가깝게 하고, 앉은 자세를 만들었다. 그리고 한 손을 다른 손으로 움켜쥐게 해 정강이 앞에 걸었다. 곧 뻣뻣해지는 시신의 자세를 잡기 위함이었다.

이어 재빠르게 두 손바닥을 마주보게 해 기도하는 손을 만들고, 긴 노끈으로 몸을 묶어 태아 자세를 고정시켰다. 아들들은 경건하게 시신을 들어올려 커다란 아마포 자루에 넣었다. 자시는 자루의 입구를 단단히 묶는 것으로 절차를 마쳤다.

이때, 아마의 큰아들이 걸어와 생사의 방 문을 열었다. 다른 아들들이 자루를 방 안으로 옮겼고 자갈이 깔린 바닥을 파내어 만든 구멍 안에 두었다. 시신은 화장을 하는 날까지 그 자리에 있었다. 생사의 방은 시신이 임시로 안치된 무덤이 되었다.

그러고 나서 우리는 오후 내내 티베트 불교 수도원에서 성자들이 오기를 기다렸다. 그들은 마지막 의식인 화장을 할 길일을 알려주기로 되어 있었다. 곧이어 약 스무 명의 라마들이 열이레 뒤가 길일이라는 소식을 가지고 도착했다.

저녁에 그곳에 다시 가보니, 라마들은 등잔이 열 몇 개 켜진 아마의 방에서 독경을 외는 데 열중하고 있었다. 마당은 명복을 비는 이들이 모여들어 왁자지껄했다. 밤중의 의례가 이제 막 시작된 아마의 방에 들어가기 위해서 조문객들 사이를 헤치고 들어가야 했다. 나는 소박하던 방이 어느새 원래 모습을 찾아볼 수 없는 장례식장으로 바뀌었다는 사실에 놀랐다. 불교 사당 옆에 임시로 단이 세워져 있었고 그 위에는 커다랗지만 가벼운, 네모난 상자가 올라가 있었다. 흰 바탕의 상자에는 전통 문양이 그려져 있었다.

나는 이 상자가 무엇인지 몰랐다. 시신이 누워 있는 크기에 맞게 긴 직육면체의 관이 있을 거라고 생각했는데 눈앞에 있는 것은 가슴께 높이의 정육면체 상자였다. 이 상자가 바로 모쒸인들의 관이라는 걸 처음에는 몰랐던 것이다. 퍼뜩 아마의 시신이 어떤 자세를 하고 있는지 떠오르면서 이해가 되었다. 아마는 앉은 자세로 있었기 때문에 우리에게 친숙한 형태의 관이 아닌 특별한 모양의 관에 들어가는 것이다.

하지만 아마의 시신은 아직 생사의 방에 반쯤 묻혀 있었기에 관은 빈 채였다. 순간 나는 화장하는 날이 되기 전까지는 장례를 치르는 내내 관이 계속 비어 있으리라는 걸 깨달았다.

아마는 자신이 가장 아끼던 전통 의상 없이 이승을 떠날 수 없었다. 옷은 관 옆에 세워진 막대기에 걸려 있었다. 화장을 하기 직전에 시신과 함께 관 안에 넣게 될 것이었다.

관 앞에는 상이 하나 차려졌다. 아마의 후손이 장례가 진행되는 동안 매일 세 끼니를 차려두고 광탄 술과 담배를 놓아두는 제사상이었다. 시나-아나와로 돌아가는 긴 여정에 혹시라도 아마가 시장해하면 안 되기 때문이었다.

아마의 자식들과 손주들이 한 명씩 차례로 관 앞에 무릎을 꿇고 머리를 조아려 절을 올렸다. 구미와 나의 대녀, 대자들도 차례대로 관 앞에서 기도를 하고 눈물을 훔쳤다. 구미는 아직은 비어 있으나 어머니를 나타내는 관 앞에 무릎을 꿇으며 통곡했다. 친척 둘이서 구미를 진정시켜야 했다. 라주는 손을 뻗어 제사상에 놓인 잔에 술을 따르고 아마의 영혼이 음복을 할 수 있도록 음식에 손짓을 했다. 마음을 추스른 구미는 다음과 같이 읊조렸다.

"우리를 평생 돌봐주어서 고마워요, 엄마. 시나-아나와까지 먼 길 가는 동안 잘 드세요. 엄마가 떠나고 우리 가족이 건강하고 평화롭게 살아갈 수 있게 해주세요."

나머지 가족들이 줄지어 자리를 잡자, 다바는 관 옆에서 사무치게 애절한 단조로 노래를 시작했다. 이 슬픈 음조는 종이에 적힌 아마의 모든 가족 구성원의 이름을 송독하면서도 계속 이어졌다. 친척들의 이름까지 다 부르는 데 영겁의 시간이 걸리는 듯했다. 송독을 마치고 그는 다시 오랜 다바의 기도를 시작했다.

"장례에서 내 역할은, 망자의 영혼이 시나-아나와로 돌아갈 수 있도록 길을 터주는 것입니다." 이전에 다바에게 장례에서 무당이 진행하는 의례에 대한 흥미로운 설명을 이끌어내려고 물었을 때, 그는 이렇게 답했다.

"내가 읊는 주문은 망자의 영혼을 우리 모쒀인들이 원래부터 있었던 곳으로 돌려보내게 해주지요. 망자에게 길을 안내해주고 여행을 떠나는 동안 마주칠 수 있는 위험을 미리 경고합니다. 나는 망자에게 시나-아나와로 가는 길이 어렵고 험하지만 두려워하지 말라고 말해줍니다. 야생동물이 다니는 길을 지날 수도 있고 악령이 위협할 수도 있다고 일러주어요. 그리고 시나-아나와에 도달하고 나면 새로운 삶을 얻어 이승으로 돌아와 다시 가족들을 도울 수 있을 거라고 말합니다."

바깥은 이웃과 친구들로 북적거렸다. 생전 아마의 인맥 가운데 일을 돕겠다고 나선 이들이 저녁을 차렸다. 집집마다 준비해온 음식들이 한데 모였다.

장례 첫날 보았던 광경은 화장 전날까지 2주 넘게 계속해서 되풀이되었다. 화장 전전날은 애도가 최고조에 달하는 기간으로, 모쒸인들은 영혼이 이날 시나-아나와로 돌아가기 전에 가장 위험천만한 고비에 다다른다고 믿었다.

아마의 영혼이 덮쳐오는 위험을 이겨내는 데 도움을 주기 위해서, 다바는 마당 중앙에 위치한 무대로 가서 영혼과 동행하는 특별한 의식을 시작했다.

아침부터 화려한 전통 무당 옷을 입고 있던 다바는 남자 친척들과 지인들에게 다가오라는 신호를 보냈다. 우선 두 명이 앞으로 나섰다. 다바는 그들이 오래돼 보이는 가죽 장갑과 깃털 모자를 착용하도록 도와주었다. 그러고는 마찬가지로 오래된 검과 단도를 건넸다.

과거의 전사들처럼 차려입은 두 남자들은 기괴한 춤을 추며 마당을 돌았다. 보이지 않는 악령을 쫓는 것이었다. 대결이 시작되고, 이들은 소리를 지르며 보이지 않는 야생동물을 향해 검을 휘둘렀다. 그리고 영혼이 집을 찾기 위한 마지막 길목을 터주었다.

처음 나선 두 명이 연기를 마치고 나자, 두 명의 자원자가 장갑과 모자를 건네받아 똑같은 의식을 펼쳤다. 여러 전사들은 어둠속에 숨어 있는 악령에게 겁을 주기 위해 위협하는 흉내를 내고또 냈다. 장례식을 지키는 이들이 예로부터 내려온 멋진 춤을 오래도록 추는 모습을 보면서, 모쒸인들이 얼마나 그들의 토착 풍습을 사랑하는지 새삼 깨달았다.

열렬한 의식이 진행되는 마당은 노란색과 진홍색 도포를 걸친 라마들이 앉은 채로 차분히 독경을 하는 방 안과 나름의 균형을 이루었다. 라마들이 이제 막 길을 떠난 아마의 영혼이 환생에까지 잘 이를 수 있도록 계속해서 기도를 읊는 것은 어느 모쒸 장례식에서든 가장 핵심적인 대목으로 여겨졌다. 바깥이 소란스러워졌다는 걸 느낀 나는 승려들의 독경 소리가 점점 더 커진다는 것도 알아챘다. 문틈으로 방 안에 앉아 있는 많은 승려들이 입을 모아 목소리를 키우는 모습을 보았다. 아마도 마당에서 연기를 하는 다바를 의식해 한 수 앞서려 한 시도였을 것이다.

나는 내 앞에 펼쳐진 경이로운 광경을 목도했다. 이토록 슬픈 밤, 망자를 마지막으로 배웅하는 쪽과 망자와 공존하는 각각의 신앙이 서로 팽팽히 맞섰다. 이는 지역사회의 양분된 종교가 서로에게 보이는 절제된 관용과 이해를 시사했다. 사실상 이 두 종교는 양분된 것도 아니었는데, 왜냐하면 모쒸인들은 새로이 불교를 받아들이면서도 토속 신앙을 버리지 않았기 때문이다. 이 둘은 병존했다. 모든 모쒸 가정은 장례식에서 확실하게 이 두 종교를 다 포함시켰다.

애도 기간 동안 모쒸인들은 목욕을 하거나 이발을 하지 않는다. 지치고 때 묻은 이들은 마지막으로 밤을 지새며 떠나가는 망자의 영혼 곁을 지켰다. 철야가 어느새 아침의 기운으로 바뀌고, 모두들 동이 트고 나서 해야 할 마지막 의식에서 맡은 자신의 역할을 준비했다.

화장 전날, 남자들은 아마 마을 뒤편 언덕에 마련한 화장터에 통나무집 모형을 세웠다. 관이 들어갈 수 있을 정도의 크기로 만든 이 모형은 소나무를 짜맞춰 지은 전형적인 모쒸 집과 같은 모양이었다.

이번은 여성인 아마의 장례식이었기 때문에 모형집은 통나무 일곱 단으로 만들어졌다. 만일 남성의 장례식이었다면 아홉 단이 었을 것이다.

집으로 돌아오자, 구미의 오빠들은 자신을 일일 마부라 칭하고 길을 앞장설 조랑말에 옷을 입혀두었다. 조랑말과 마부는 제때 장례를 치르기 위해 집 앞에서 대기하고 있었다.

남자들이 앞문에서부터 마당을 가로질러 대문에 이르기까지 기다란 흰 천을 펼쳐놓자 긴장이 고조되었다.

때가 되었다.

다른 사람이 보지 않도록 천막으로 가려둔 아마의 방 안에서, 아마의 아들들은 생사의 방문까지 향했다. 그들은 액체가 새어나오는 시신 자루를 다같이 들고 아마의 방으로 옮겼다. 그들은 엄숙하게 시신 자루를 아마의 옷과 함께 관 안에 넣고, 관 뚜껑을 닫았다.

아들들이 두 줄로 서서 상여를 어깨에 멨다. 이들은 천천히 관을 집 밖으로 들고 나갔다. 밖에는 여자들과 아이들이 이미 마당에 펼쳐진 하얀 천 위에서 무릎을 꿇고 있었다. 남자들은 무릎을 꿇고 머리를 조아린 친지들 위로 관을 조심스럽게 넘겼다. 문상객들의 머리 위로 관이 넘어가자 감동적인 광경이 이어졌다. 무릎을 꿇은 이들이 일제히 관 속에서 새로운 여정을 떠난 아마에게 작별인사를 하며 울음을 터뜨린 것이었다.

그러고 나서 상여는 대문 앞으로 이동했다. 말을 부리기로 한 아들이 고삐를 당기자, 말이 상여를 멘 아들들을 문 밖까지 이끌었다. 폭죽이 시끄럽게 터졌고, 이어 징 소리가 울려퍼졌다. 높이 들어올려진 상여가 조랑말이 이끄는 데로 향하고, 무릎을 꿇고 있던 문상객들은 자리에서 일어나 긴 행렬을 그리며 상여를 뒤따랐다. 폭죽은 줄지은 문상객들 앞쪽에서 계속 터졌다. 악귀를 쫓아내는 의미였다.

장례 행렬은 어느새 언덕 위에 준비된 화장터에 이르렀다. 상여를 멘 아들들이 통나무집 모형 옆에 관을 놓았다. 여자들과 아이들의 눈을 가리기 위해 재빠르게 나무 가림막이 세워지고, 남자들은 시신 자루를 관에서 끌어내어 통나무집 안에 넣었다. 아들들은 텅 빈 관을 부수어 조각낸 다음, 아마의 지상에서의 마지막 보금자리에 함께 넣었다.

화장 장작더미 위에 놓인 아마를 보고, 구미를 비롯한 다른 여자들과 아이들은 맨 땅에 엎드려 흐느껴 울거나 통곡을 하며 마지막 작별인사를 했다. 반면 남자들은 태연히 서서 고개를 숙였다. 모두들 고인을 향해 마지막으로 고개를 조아려 절을 했다.

그 곁에는 라마들이 두 줄로 앉아 고인을 보내는 불경을 외며 작은 종을 울리고 성수를 뿌렸다. 라마들이 특유의 저음으로 마지막 후렴을 욀 때쯤, 어린 라마가 야크 버터기름을 한 국자 퍼담아 통나무 위에 뿌려 불이 붙도록 만들었다. 불은 금방 살아나 장작더미를 태웠다. 모쒀인들은 불길이 타오르는 지금이 바로 아마의 영혼이 육신을 벗어나 새로이 환생하는 길로 날아가는 순간이라 믿었다.

망자를 배웅하는 의식은 이로써 끝이 났다. 작별인사도 끝이 나고, 울음도 멈추고, 더 이상 남은 것이 없었다. 이제는 더 지체할 필요가 없었다. 이제 여자 친척들이 그들이 사랑했던 이에게서 등을 돌릴 시간이었다. 구미와 다른 여성들은 빠르게 일어났다. 이제는 시나-아나와로의 마지막 여정을 떠난 아마를 놓아줄 시간이었다.

나는 불이 마저 타는 동안 뒤에 남아 라마들이 마지막 기도를 읊는 모습을 지켜보았다. 남자들도 남아 있었다. 잉걸불이 사그라지기를 기다려 화장터를 치우기 위해서였다.

남은 의식은 하나뿐이었다. 아들들은 다음날 화장터로 돌아와 유골을 주워담았다. 아마의 여섯 아들은 언덕에 올라 유골을 바람에 날려 보냈다.

12

사라짐이라는 칼날 위에서

처음에는 거무산신을 기리는 축제에 대한 호기심이 나를 이리로 이끌었고, 그 다음에는 뜻하지 않은 우연이 1년 중 절반을 이곳에서 살게 했다. 그러나 페미니스트의 이상향인 어머니의 나라를 알게 된 건 루구호에서 만난 특별하고도 마법 같은 이곳 사람들 덕분이었다.

시간여행을 하는 것처럼 느껴지는 정감 있는 이 마을에서, 나는 내 안의 페미니스트를 새롭게 발견했다. 모쒀족과 함께한 나의 여정은 생각지 못하게 삶을 뒤바꾸는 경험을 선사했다. 그런데 내가 이곳에서 변화한 만큼이나 모쒀족의 모계사회 역시 커다란 변화를 맞고 있음을 느낄 수 있었다. 변화는 현대 중국과 발을 맞추어 걸으면서 찾아왔다.

내가 사랑하게 된 모쒀족 이야기들은 주로 처음 지구가 생겨났을 때부터 전해 내려오던 것들이었다. 이때는 단어에 담긴 좋은 뜻 그대로, 단순하고 순진무구하던 시절이었다. 초기 인류는 대자연이 그들에게 주는 것을 최선을 다해 사용했고, 원초적인 생명력을 상징하는 여성에게 감사하는 마음을 가졌다. 자신들을 보호해줄 더 높은 존재를 찾던 모쒀인들은 이 땅에서 가장 웅장한 자연물에 여성의 얼굴을 덧입히고 그것을 거무산신이라 불렀다. 거무신이 그들의 일상을 돌보아주니, 모쒀인들은 스스로를 이해하는 데 가장 단순한 방식을 택했다. 자신들을 둘러싼 전부를 어머니와 연결짓고 이 모든 것이 모성으로부터 나온다고 생각한 것이다.

모쒀인들의 단순함과 순진함이 있을 자리는 21세기인 지금 더 이상 어디에도 없다. 현대화의 물결이 에덴동산에 밀려오는 만큼, 그곳에 살던 이들도 빠르게 변화하고 있다. 모쒀족과 함께 살았던 6년 새, 나는 자급자족적인 생활을 영위하던 이들이 이제 막 성장하는 중국 관광업이라는 기계에 맞아 들어가는 하나의 부품이 된 모습을 직접 목격했다. 눈 깜짝할 새 일어난 일이었다. 거의 하룻밤 새 이들이 유지하던 전통의 모든 면모가 새로운 습속과 가치에 도전을 받았다.

현대라는 시대는 삶을 바라보는 현대적이고 새로운 시각과 함께 이들에게 왔다. 모쒀인들은 더 이상 외딴 섬처럼 살 수가 없었다. 학교, 텔레비전, 스마트폰을 통해, 그리고 바깥세상에서 이리로 들어오는 관광객이 늘어남에 따라 최신 사고방식이 속속들이 스며들었다. 현대화가 진행되면서, 어머니의 나라가 독보적으로 유지하던 오랜 생활방식은 기세를 떨치는 중국 가부장제 문화에 밀려날 위기에 처했다. 이 과정에서 모쒀인들은 모계 혈족의 뿌리를 지켜나가야 한다는 열의를 천천히 잃어갔다.

변화는 지방 당국이 윈난성에서 관광지로 각광받을 만한 지역을 찾으며 시작되었다. 여태까지 외부인이 드나들지 않던 루구호는 그런 면에서 적격이었다. 손 타지 않은 깨끗한 산속 풍경에 흥미로운 사회인류학적 이야기까지 숨어 있기 때문이었다.

관광업이 본격적으로 시작되기 전에, 혼자 배낭여행을 하는 여행객들이 이곳을 찾기도 전에, 관광객들을 버스로 실어나르기 훨씬 더 전에, 모쒀인들은 땅을 일구고 약간의 동물을 기르고 숲에서 변변찮은 식량을 채집하고 때때로 멧돼지와 꿩을 사냥하면서 근근이 목숨을 부지했다. 이들에게 삶은 단순했다.

그러던 모쒀인들의 세계에 은근하게 변화가 찾아들었다. 이전에는 소나무가 울창한 원시림을 등반하지 않고서는 닿을 수 있는 방법이 없던 루구호에 1990년대에 바위 절벽을 깎아내 만든 산길이 생겼다. 이 길은 주요 도시인 리장까지 이어졌는데, 1996년 엄청난 지진이 나면서 모든 것이 잿더미로 돌아간 뒤 그 위에 다시 만들어진 것이었다.

모험심 강한 몇몇 여행자들은 지나다니는 트럭에 히치하이킹을 해서 이 외딴 지역으로 들어왔다. 이들은 우물에서 물을 긷는 대신 수도꼭지를 돌리면 물이 나오고, 솔가지를 태우지 않아도 스위치를 한 번 누르기만 하면 할머니의 방을 덥힐 수 있는 바깥 세상에 대한 이야기를 들려주었다. 무엇보다 마을 사람들을 놀라게 한 것은 여행자들이 타고 온, 말이 끌지 않아도 스스로 굴러가는 자동차와 오토바이였다.

시간이 지나면서, 지역 관광 당국은 경치 좋은 이 시골 마을이 금광이라는 것을 알게 되었다. 당국은 관광업을 시작하기 위해 자유연애와 개방적인 성관계를 하며 세상과 단절된 채 살아가는 부족이라는 이미지를 팔면서, 모쒀인들의 세계로 통하는 문을 활짝 열어버렸다. 산길은 아스팔트 도로가 되었다. 내가 처음 일곱 시간이 걸려 이곳에 도착할 때 택했던 바로 그 길이다.

그 후로 6년, 내가 다니던 길은 산등성이를 관통하는 터널이 갖추어진 2차선 고속도로가 되었다. 소요시간은 다섯 시간으로 줄어들었다. 이제 관광버스는 루구호 지역에 지어진 새 공항에 내리는 여행객들과, 버스로 오는 또 다른 수백 명의 관광객들을 매일같이 태운다. 곧 개통될 초고속도로는 한때 잠잠하던 루구호를 중국의 제일가는 관광지로 만들게 될 것이다.

관광객들은 루구호를 떠날 때면 자신들이 들여온 완전히 새롭고 이국적인 발상을 이곳에 버리고 갔다. 현금 경제, 대량 소비, 혹은 남성중심적 중국문화 같은 것들 말이다. 이에 따라 농업에 기반한 모쒀식 물물교환 경제는 갑자기 현금이 왕인 세계로 내던져졌다. 10년이 못 되는 기간 동안, 모쒀인들은 천천히 그러나 분명히 깨닫게 되었다. 현금이 이전까지 이들이 가지지 못했던, 혹은 필요하다고 생각지도 않았던 많은 것들에 접근하도록 해준다는 것을 말이다. 들판에서 맨발로 고생스럽게 성장하고 뭐든 땅에서 나는 것들이나 손수 만든 것들로 때우던 마을 사람들은 끝없는 소비재의 향연에 유혹당했다.

현대를 살게 된 이들은 자신의 지위를 드러내는 새로운 상징을 구입하고 싶어했다. 모쒀 가정에는 이제 세탁기를 가지는 것이 하나의 표식이 되었다. 수세식 변기와 태양열 온수 샤워도 비슷한 경우였다. 오토바이, 더 좋은 경우에는 사륜구동차가 남자의 필수품이 되었다. 휴대전화는 소유하는 데 그치는 게 아니라 마을사람들은 각자의 스마트폰을 비교했다. 그 중에서도 현금 부자들은 최신 아이폰과 삼성 스마트폰을 자랑했다.

고대 농경사회에서 밀레니엄 생활방식으로의 급속한 변화는 물질적인 부분만 바꾼 것이 아니라 오랜 풍습과 가치도 변화시켰다. 어디를 가나 이 변화를 느낄 수 있었다.

젊은 여성들은 모쒀 전통 의상인 길고 둥근 치마 위에 졸라맨 외투를 이제 장롱에 챙겨넣었다.

"특별한 때나 관광객들을 위해서 모닥불 앞에서 춤을 출 때만 입어." 젊은 나이의 내 친구가 설명했다.

이 친구는 할리우드 스타일에 맞추어 최신 유행의 딱 달라붙는 청바지와 꼭 맞는 가죽 재킷을 좀 더 자주 입었다. 40대인 그의 어머니 역시 전통 의상을 입는 대신 상의와 바지를 입는 현대 중국 스타일을 선호했다. 오직 60대인 할머니만 계속 기다란 전통 치마를 일상적으로 입었다.

생일 축하를 하느냐 하지 않느냐 역시 또 다른 사례였다.

생일을 축하한다는 건 모쒀인들에게 이상한 개념이었다. 이들에게 어머니의 산통은 결코 축하할 만한 일이 아니었다.

"그럼 나이를 어떻게 세?" 지주오에게 내가 물었다.

"음, 다른 사람들이랑 똑같이 봄 축제가 다가오면 한 살 더 먹는 거야." 그가 답했다.

반면 지주오의 딸 얼처는 달랐다. 나의 대녀의 엄마이기도 한 얼처는 아샤오와 함께 살고 있는데, 아이의 생일을 축하하는 새로운 관습을 행하기로 결정했다. 아이를 애지중지하는 이 모부는 둘 다 20대였다. 아이의 생일을 축하하는 중국인들의 문화를 텔레비전으로 습득한 세대였다. 이들은 현대 중국사회에 발맞추기 위해 그런 예들을 따라했다. 매년 2월 8일이 다가오면, (그렇다. 이들은 아들이 태어난 정확한 날짜도 기억했다.) 이들은 시내에 단 하나밖에 없는 빵집에 가서 생일케이크를 사고 사촌들을 전부 초대해 아이가 촛불을 부는 모습을 함께 지켜봤다. 아마도 이 모부들은 이렇게 하면서 자신들이 최신 유행에 발맞춘 멋쟁이라고 생각했을 것 같다.

세탁기나 생일케이크보다 더 큰 변화는 마을 사람들이 자신들이 농사 짓던 땅에 물질적인 가치를 매기게 된 것이었다. 가난한 지역 농부들은 한순간에 부유한 지주가 되었고, 중국인 투자자에게 일부를 빌려주었다. 도시에는 호텔과 레스토랑이, 루구호에는 별장이 생겨났다. 현지인들 중 요령 있는 이들은 일확천금을 누리려 농지를 파는 이들에게서 땅을 사들이는 열풍에 가담했다.

이전보다 여유분의 현금이 생기고 더 많은 여가 시간을 갖게 되자, 한때 소작농이었다가 토지임대인이 된 이들은 인생을 즐길 방법을 찾아다녔다. 사냥은 새롭고 현대적인 여가생활로 대체되었다. 모쒀인들은 열광적으로 만찬을 즐기고, 마시고, 도박을 하고, 마약을 했다. 많은 내 친구들은 마작을 하거나 카드놀이를 하면서 시간과 돈을 썼다. 점점 더 많은 젊은이들이 아편이나 헤로인 같이 센 마약을 시도했다. 이들 중 몇몇은 마약 밀매로 감옥에 갔다.

멈출 줄 모르는 현금 경제의 물결은 관광 명소인 호수 바로 옆에 살고 있는 이들의 삶을 빠르게 뒤바꿨다. 특히 리커 마을은 루구호에서 가장 아름다운 경치를 볼 수 있는 곳이었기 때문에 내 해 주변에 점처럼 위치한 작은 공동체 중 가장 많은 수의 관광객을 맞아들였다. 리커는 사실 매우 가난한 마을이었다. 땅이 척박해서 곡식을 기르는 데 적합하지 않았기에, 리커의 마을 사람들은 옥수수나 감자 같이 간단한 작물에만 의지해야 했다. 호수 앞에 있던 농장들은 오늘날 수많은 식당과 호텔로 바뀌었다.

젊은이들은 금송아지의 뱃속에서 나오는 다양한 직업들을 얻기 위해 달렸다. 이전까지 젊은이들을 기다리는 일이라고는 땅을 경작하는 것뿐이었는데 이제는 이들에게 운전기사, 호텔 및 레스토랑 직원에서부터 소소한 먹을거리와 바비큐용 좌판을 운영하는 자칭 사업가까지 관광업에 종사할 수 있는 길이 열렸다. 젊은이들의 주머니는 급료를 받아 불룩해졌다. 그리고 내가 지내던 그 짧은 시간 동안 급료의 수준은 세 배나 올랐다.

실망스럽게도 나의 대자인 농부 역시 이런 젊은이들에 합류해 한몫을 챙기고 싶어했다. 처음 만났을 때만 하더라도 다정하고 점잖은 아이였던 농부는 자만심이 강해져서 변덕스럽게 중학교를 그만둘 때조차 다른 사람의 말을 듣지 않는 호전적인 열여섯 남자애가 되어 있었다.

농부가 학교를 자퇴한다는 폭탄을 터뜨린 뒤로, 농부의 모부와 나는 그의 마음을 돌려놓으려고 해보았지만 아무리 노력해도 소용이 없었다.

"학교를 끝마치는 건 네 미래에 굉장히 중요해." 내가 농부에게 말했다.

"학교로 절대 안 돌아가요." 그가 우겼다.

"그럼 뭘 하려고?"

"자시 민박집에서 웨이터가 될 거예요. 그리고 나중엔 내 바비큐 가게를 열거나 군대에 갈 거예요."

나는 농부의 대답에 충격을 받았다. 시간이 흘러서야 농부에게 참조할 만한 롤모델이 거의 없었음을 납득하게 되었다. 그가 가진 선택지는 아빠처럼 나무꾼이 되거나 두 사촌들처럼 되는 것이었다. 두 사촌형들 중 한 명은 학교를 일찍 그만둬 웨이터가 되었고 다른 한 명은 리커에서 부주방장이 되었다. 이것이 사춘기 소년 농부가 바라본 그의 세계였다. 급속히 발달하는 지역에서 젊은이들이 또래 사이에서 받는 압박감을 나타내는 현상이자 시대의 징후였다.

리커에서의 경험은 현대적인 삶의 방식이 어떻게 모쒸의 오랜 공동체 정신에 영향을 미치기 시작하는지 보여주는 예였다. 공동체의 지도자들은 마을 행사에 참여해 일손을 돕고자 하는 마을 사람들의 수가 너무 적어진 데 대해 매우 우려했다. 오랜 풍습을 지키기 위해 이들은 가장 모쒸족 답지 않은 방식을 택해야 했다. 행사에 참여하지 않은 가정에 무거운 벌금을 매긴 것이었다. 오늘날 리커 사람들은 어느 정도는 의무감으로, 또 한편으로는 부끄러운 마음으로 공동체 행사에 모습을 드러낸다.

최근 어느 장례식의 경야에 마흔 명의 친지들이 모여 있는 것을 보았다. 여자들은 요리를 하고 조문을 온 이들에게 음식을 대접했다. 남자들은 조문객들이 떠나고 난 자리를 치웠다. 적어도 지금까지는 벌금이 효과가 있는 것으로 보인다.

현대 중국 경제는 구미의 마을처럼 모쒸 농촌 내부 깊숙이까지 맹렬히 침투했다. 누군가 옥수수와 벼를 심던 땅에다 거대한 상업적 버섯 농장을 만들었다. 이 사업을 하는 회사는 근방 마을 사람들에게 작은 농지를 여러 군데 빌렸다. 마을 사람들은 자급자족하던 농경 생활을 현금을 손에 쥐는 대가로 기꺼이 내어놓았다.

이 흐름을 끊어보려는 노력의 일환으로, 나는 바주 사람들이 고원에서 직접 길러내던 맛 좋은 붉은 쌀을 계속 기르도록 격려하고 싶어 사회적 기업을 시작했다. 아이디어는 단순했다.

내가 바주 사람들이 기르는 특별한 붉은 쌀을 공정무역의 방식으로 프리미엄을 주고 사면, 건강식품을 파는 가게들에서 처음 산 가격보다 훨씬 비싼 소매가에 팔 수 있었다. 농부들에게 지불되는 프리미엄은 지역 벼농사를 꾸준히 지속하게 할 토대가 되고, 이 과정에서 생겨난 이윤은 다시 공동체를 위한 프로젝트에 사용할 기금이 될 수 있었다.

우연한 기회는 오랜 대학 친구 벤을 만났을 때 찾아왔다. 벤은 대학을 졸업한 이후 중국에서 식품경영을 하고 있었다. 벤은 캐나다의 맥길대학교 농업과학과를 졸업했다. 처음에 나는 벤에게 별 생각 없이 내가 고안한 쌀 프로젝트 이야기를 꺼냈다.

"어머니의 나라의 소농들이 고원에서 길러낸 붉은 쌀을 홍보할 만한 좋은 아이디어 없어?" 내가 벤에게 물었다.

"어라, 좋은 생각 같은데. 특히 자선사업을 위한 목적이라면 말이야." 그가 열성적으로 말했다. "내가 식음료 사업을 하고 있는 거 알잖아. 베이징에 아는 사람들에게 연락해서 네가 농부들에게서 얻을 수 있는 양만큼 팔아줄 수 있어."

이 간단한 대화로 내 사회적 기업 프로젝트는 시작되었다. 현재 이 프로젝트는 2년째 진행되고 있다. 하지만 인정하건대 바주 마을의 전통적인 벼농사를 지속 가능하게 만드는 건 이들의 전통이 점진적으로 침식되어가는 현상을 막아내기엔 턱없이 부족한 작은 부분이었다. 모쒀 공동체에 어른거리는 위험은 그보다 훨씬 컸다.

보존해야 할 가치가 있는 이들의 유일한 민속 축제인 거무산신제를 살려내는 것에 대한 관심이 줄어들고 있는 데다, 심지어 모쒀족만이 가진 주혼의 지속 여부마저도 위협을 받는 추세였다. 오늘날 점점 더 많은 연인들이 세이세이 전통에 등을 돌렸다. 나는 지주오의 딸로 대학을 졸업한 샤오메이의 미래 계획을 물어보며 이 현상을 탐구해나가기로 했다.

"남자친구 있니?" 내가 물었다.

"아뇨, 아직요."

"세이세이나 결혼을 할 생각이니?"

"결혼을 하게 될 거예요. 세이세이가 가족을 만드는 올바른 방법 같지 않아요. 어쨌든 나는 모쒀 남자랑 결혼하게 될 것 같지 않아요. 모쒀 남자들은 이런 면에서 별로 좋지 않아요. 매번 다른 아샤오들을 만나잖아요."

간략한 이 이야기에는 충분히 교육을 받고 현대 중국사회의 핵가족 체계와 이에 동반된 가부장적 가치에 편입된 젊은 모쒀인들의 태도 변화가 담겨 있었다.

나는 최근, 세이세이를 시작한 지 얼마 되지 않은 사이인 젊은 모쒀 연인에게서 청첩장을 받았다. 그들이 처음 여자의 모부님을 함께 만나던 날, 내가 그들을 외딴 마을에 위치한 여자의 집까지 차로 데려다주었던 기억이 난다. 열여덟 살 소녀에게 자신의 아샤오를 모계 가족들에게 소개하는 건 낭만적인 일이었다. 나는 그들이 내게 결혼한다는 소식을 전해왔을 때 깜짝 놀라버렸다.

"둘 다 모쒀인인데 왜 결혼을 해?" 나는 무례했을 게 분명한 질문을 해버렸다.

"아, 그게 더 좋잖아요." 남자가 말했다.

"요즘은 결혼을 하는 게 더 나아요." 여자가 동의의 표시로 고개를 끄덕이며 말했다.

지난 2년간 내가 참석한 결혼식은 부부끼리 올리는 식이 아니라 갈수록 본격적인 예식으로 바뀌었다. 누군가는 혼인신고를 하지 않고 사실혼을 유지하는 데 그쳤지만 점점 더 많은 수가 행정당국에 공식적으로 서류를 제출했다.

이런 새 신부신랑은 각자의 모계 가정을 떠나 둘만의 가정을 꾸리고 함께 아이들을 키웠다. 이들은 중국 풍습을 따라 아버지를 '파파'라고 부르게 했다. 아이는 더 이상 모쒀식대로 남자와 아이 간에 보다 먼 거리감이 담긴 '아부'를 쓰지 않았다.

세이세이에 등을 돌리는 이들에게서도 오랜 습관은 쉬이 사라지지 않았다. 내가 알던 한 능력 좋고 놀기 좋아하던 젊은이는 두 번의 짧은 법률혼 이후에 지금 세 번째로 결혼을 했다. 처음 결혼을 하고 그는 자신이 일부일처제라는 관습에 맞지 않는다는 걸 깨달았음에 틀림없다. 그가 아샤오를 만나던 방식으로 되돌아가자 모쒀인 부인은 즉시 이혼을 요구했다. 법원에서 합의를 하는 데 큰돈이 들었음은 물론이다.

그러고도 그는 단념하지 않고 두 번째 결혼을 했다. 역시 그는 오랜 습관을 버리지 못했고 두 번째 부인도 마찬가지로 비용이 많이 드는 합의이혼을 요구했다. 그는 이제 세 번째 결혼생활 중인데, 이전의 세이세이에서는 절대 요구되었던 적 없었으나 현대 사회가 자신에게 기대하는 배우자로서의 충실성을 지키며 살아가기를 시도하고 있다. 어쩌면 그는 좋은 중국인 남편이라는 틀에 자신을 맞출 방법을 찾아낼 수도 있을 것이다.

이렇게 변화하는 시간 동안, 모쒀 남자들은 선조들에게서 전해져 내려온 전통적인 역할을 개조해야 한다는 도전을 받고 있다. 만일 이들이 중국 남성이라는 새로운 규범을 따르고자 한다면, 속 편하게 살던 원래의 방식을 버리고 한 아내의 남편이자 아이의 아버지로 책임감 있는 모습을 보여야 할 것이다.

모쒀 여성 역시 좋은 중국 여성에게 부여되는 현대적인 관습을 따를지를 결정해야 할 기로에 놓여 있다. 내 친한 친구 중 한 명은 자기가 몇 명의 아샤오를 만나는 조카에게 성질을 냈던 이야기를 들려주었다.

"그렇게 멍청하게 굴지 말라고 했지. 만난 사람과 다 잤다는 소문이 퍼지면 아무도 너와 결혼하지 않을 거라고 했어." 친구가 말했다.

자신도 세이세이를 했던 중년 여성이 이런 말을 하게 된 건 여러 단계를 거쳤기 때문이었다. 일단 그는 세이세이 제도를 부정하고, 다음으로는 모쒀인에게 너무나 낯선 중국의 가부장제 가치 체계를 통째로 받아들인 것이었다.

무엇보다 위협적인 것은 모계 혈족이 서서히 사라져갈 가능성이 있다는 점이었다. 과거에는 3대로 이루어진 대가족이 효율적인 생산 단위였다. 사람이 많아야 채집과 사냥에 혹은 농장 일에 필요한 일손을 덜 수 있었다. 그렇게 다 같이 노동한 대가가 모두에게 골고루 나누어졌음은 물론이다. 이에 반해 현대적인 일들은 벌어들일 수 있는 수입의 수준이 서로 달랐다. 가족 내에서도 수입이 더 많은 쪽이 적은 쪽과 자신의 몫을 나누려 하지 않았다. 차라리 가족용 토지를 자매형제 수대로 나누어서 갖는 편이 나았다.

많은 모쒀인 가족들이 현금 경제가 만들어놓은 새로운 현실에 적응하면서, 아하 할머니의 자식들도 할머니가 돌아가신 이후 저마다 쪼개졌다. 내가 사랑했던 아하 가족은 조만간 사라질 것이었다.

전통주의자의 관점으로 보자면 오래된 풍습들은 천천히 그러나 가차 없이 고통스러운 죽음을 맞고 있었다. 모쒀인들은 기로에 서 있는 게 분명했다. 젊은이들은 저마다 잘 다져진 모계사회라는 길을 계속 걸어갈지 새롭고 흥미진진하지만 가부장적인 길로 건너갈지 고민하는 중이다. 많은 이들이 딛고 있는 길 반대편으로 건너갈수록 오랜 가치들은 사라졌다. 여전히 모계 가족을 유지하며 선조의 가치에 충실하게 살아가는 모쒀인들을 만나려면 더 동떨어져 있는 외딴 마을까지 깊숙이 들어가야 한다. 그래서 요즘 나는 여행을 할 때 더 먼 오지로 들어간다.

아슬아슬한 칼날 위에 서 있는 모쒀족이 사라져버리게 될지는 두고봐야 할 일이다. 모쒀인들이 이런 시대의 변화를 얼마나 오래 버텨낼 수 있을지 아는 사람은 아무도 없을 것 같다. 다만 나는 모계사회의 원칙에 대한 이들의 믿음이 가장 마지막까지 남아 있으리라고 생각하며 위안을 얻는다. 모쒀인들은 아마 전통 의상, 생일, 결혼, 핵가족이나 이혼 같이 보다 지엽적인 문제에서는 변화의 흐름에 타협할지 모른다. 그러나 나는 가장 마지막에야 사라질 것은 어머니에게서 딸로 이어지는 핏줄이 될 것이라고 감히 믿는다.

현대화의 물결에 더 많은 풍습들이 분명 타격을 입게 될 것이다. 내가 만났던, 그리고 존경했던 모쒀인들의 작은 우주도 언젠가는 과거로만 남겨질 것이다. 이제 다른 시대로 이행해가는 그들의 우주를 마주칠 수 있어 그저 반가웠다.

간마 대모를 뜻하는 중국어

거무 모쒀족의 수호신인 여자 산신

겔루파 티베트 불교 종파 중 황모파

게피에 세이세이 주혼 전통을 따르는 여남이 공개적으로 맺는 관계를 뜻하는 모쒀어

구미 여동생을 뜻하는 모쒀어, 저자의 가장 친한 친구이자 저자의 대녀 라주와 대자 농부의 엄마

광탄 집에서 빚은 술이라는 중국어로, 마시고 나서 나동그라진다는 뜻을 가지고 있다.

기지 남동생을 뜻하는 모쒀어, 구미의 아샤오로 라주와 농부의 아빠

나 모쒀족의 원래 이름을 칭하는 모쒀어

나나 세이세이 연인관계인 여남이 은밀하게 유지하는 관계를 일컫는 모쒀어

농부 저자의 대자, 라주의 남동생이자 구미의 아들

다바 토속적인 모쒀 전통 남자 무당

다리 윈난성에 위치한 관광지

달 호수 거무산신의 발 부분에 위치한 작은 호수로 저자의 통나무집 옆에 있다.

두오지에 저자의 친구인 티베트 불교 사제

라주 저자의 대녀, 저자의 친한 친구인 구미의 딸

라마 티베트 불교 승려

루구호 윈난성과 쓰촨성에 걸쳐 있는 호수

뤄수이 루구호 주변의 커다란 모쒀인 마을

런민비(RMB) 위안이라고 불리는 중국 화폐 단위

리커 루구호 주변 작은 마을로 잘 알려진 관광지

리처 건배를 뜻하는 모쒀어

마방 마부를 뜻하는 중국어

마장아홍 저자의 별명으로 말 농장에 사는 아홍이라는 뜻

모쒀 루구호 주변에서 살아가는 부족으로 모계 혈족을 이어가며 티베트버마어를 사용한다.

바주 저자의 대녀와 대자들이 사는 마을

바오산 윈난성 서부의 최대 도시

방문혼 주혼과 같은 뜻

사카 티베트 불교 종파 중 홍모파

세이세이 남자가 연인의 집으로 가서 밤을 함께 보내고 날이 밝으면 자신의 집으로 돌아오는 방식의 연애를 일컫는 모쒀어

송롱 소나무에서 자라는 버섯으로, 일본에서는 마츠다케로 알려져 있는 송이버섯

샤오메이 구미네 가족 중에서 처음으로 대학을 졸업한, 지주오의 딸

샤오우진 얼쉬마와 자시의 딸로 촉망 받는 수영선수

샤오자시 작은 자시라는 뜻을 가진, 얼쉬마와 자시의 아들

시에나미 루구호의 모쒀식 이름

아마 어머니를 뜻하는 모쒀어

아부 아버지를 뜻하는 모쒀어

아샹 남자 산신

아무르 언니나 오빠를 뜻하는 모쒀어

아샤오 성별을 불문하고 연인을 뜻하는 모쒀어

어머니의 나라 루구호 주변에서 모계사회를 이루어 살아가는 모쒀족 마을로, '딸들의 나라'라고도 불린다.

얼처 지주오의 큰딸이자 저자의 새 대녀의 엄마

얼처주오마 융닝의 생불에게 받은 저자의 모쒀식 이름

얼쉬마 저자의 친한 친구, 자시의 아샤오이자 샤오우진의 엄마

융닝 루구호 주변의 대표 마을로, 모쒀 모계사회의 핵심

윈난 중국 남서쪽에 위치한 성

자메이시 융닝에 위치한 겔루파 티베트 불교 사원

자시 구미의 일곱째 오빠이자 저자의 통나무집을 만들어준 이

주안산지에 음력 7월 25일마다 거무산신을 기리기 위해 열리는 축제로, 중국어로 '산 주위를 돈다'라는 뜻을 가진 단어

주혼 남자가 연인의 집을 찾아 밤을 지내고 아침이 되면 다시 자신의 집으로 돌아오는 모쒀족의 관습

지더티지 연인인 여남 간의 입적-동거 관계를 칭하는 모쒀어

지아추오 모닥불을 둘러싸고 추는 모쒀식 원무

진샤장 금모래강이라는 뜻의 중국어로, 양쯔강의 지류

지주오 구미의 여섯째 오빠이자 저자의 친구

추오두오 어머니 조상들께 바칠 음식을 올려두는, 난롯가 앞에 있는 돌 제단을 뜻하는 모쒀어

쿤밍 윈난성의 성도

티지지마오더 연인인 여남의 동거 관계가 사회적으로도 인정받은 경우를 일컫는 모쒀어

푸나 남자 산신

하닥 티베트 승려들이 축복의 의미로 선사하는 흰색, 노란색, 혹은 붉은색의 긴 스카프

한 혹은 중국 한 중국의 대표 민족으로, 한 왕조(기원전 206년~기원후 220년)에서 유래된 용어이며 주류 중국인과 중국문화를 일컬을 때 쓰는 말

모쒀 가모장은 방 안에서 더 좋은 자리인 여자 쪽 자리 중에서도 가장 상석인 난롯가에 앉는다. 난로를 지피는 불씨는 절대로 꺼지지 않는다.

모든 모쒀 가정은 늦가을이 되면 집에서 기른 돼지를 한두 마리 잡는다. 염장을 한 고기는 나무 막대기에 걸어 말려서 겨우내 먹는다.

아침에 나의 통나무집 테라스로 나가면 만나볼 수 있는 풍경이다. 모쒀인들의 오랜 수호신으로 알려진 거무신산이 보인다.

해마다 열리는 거무산신 축제에서 공연을 하기 위해 축제 의상으로 차려입은 모쒀 여인들. 모쒀인들이 가장 좋아하는 거무산신을 기리는 축제는 매년 여름에 열린다.

거무산신 축제에 참여한 나(중앙), 그리고 멈추지 않는 파티를 함께 즐길 나의 친구들, 얼쉬마(왼쪽)와 대녀, 대자의 엄마인 구미의 큰언니(오른쪽). 모두 모쒀 전통 의상을 입고 있다.

나를 가족으로 삼은 구미와 일곱 남매의 어머니이자 내 대자녀들의 할머니인 아마 가모장. 마당에서 한가로이 오후를 즐기는 이 모습은 그가 세상을 떠나기 일 년 전에 찍은 것이다.

거무산신 축제에서 수컷 공작처럼 자태를 뽐내는 모쒀 남성들.

여름비가 아무리 퍼부어도 거무산신 축제 동안 지아추오를 추는 모쒀인들을 막을 수 없다.

건축이 진행 중인 나의 집. 자시는 아홉 달 만에 이 집을 기획하고, 설계하고, 건축해 냈다.

나의 대녀 라주(왼쪽에서 두 번째 키 큰 아이)와 친구들. 라주의 엄마인 구미의 고향, 바주 마을에서 봄 축제가 열려 다같이 전통 의상을 빼 입었다.

루구호에서 처음 만났던 가모장. 전체가 소나무로 지어진 300년 된 자신의 집을 내게 보여주었다.

나의 모쉬식 집 안으로 들어서면 보이는 가모장의 방. 색조가 다채롭고 장식이 화려하다. 정교한
목재 조각 장식과 시스티나 예배당 천장화를 그릴 때처럼 도장공이 비계에 누워서 그린 총천연색
천장이 핵심이다.

모쒀인들이 가장 좋아하는 거무산신을 기리기 위해 지어진 검박한 사당. 이곳에서 매해 거무 수호
신께 감사하는 축제가 열린다.

거무산신 축제 도중 찍힌 세 명의 모쒀 여인.

산비탈에 임시로 마련한 화장터에서 사랑하는 이를 떠나 보내는 모쒸인들. 티베트 불교 라마들이
불경을 외며 장례 의식을 거행한다.

'주혼의 왕자', 혹은 돈 주앙 중의 돈 주앙으로 불리는 자시. 내 대자녀들의 삼촌이기도 한 자시는
나의 통나무집을 지어주었다.

감
사
의 ≋
말

맨 먼저 가장 소중한 나의 친구 이본 제프리스에게 감사한다. 나를 보러 루구호에 온 이본은 머물던 일정이 끝나갈 무렵, 모계제를 유지하는 모쒀족과 함께 지낸 경험을 책으로 써보라는 제안을 해주었다. 이본은 제안에 이어 편지봉투 뒷장에 주제 열두 개를 휘갈겨 썼다. 당시의 메모가 바로 이 책의 열두 단원을 만든 뼈대가 되었다. 집필을 시작할 때 내게 영감을 준 사람이 이본 하나뿐이었던 건 아니지만, 이본은 내가 편안하고 따뜻한 공간에서 원고를 마칠 수 있도록 내게 런던에 있는 자신의 보금자리를 내어주었다. 이를 두고두고 고맙게 기억할 것이다.

글을 매만지는 동안 나를 전방위로 격려해주었던, 지금은 세상을 떠난 나의 친구 마거릿 엘렌은 약 10여 권의 책을 낸 작가였다. 마거릿은 완성된 원고를 처음으로 읽은 독자로서, 비판적인 시각으로 소중한 제안을 전해주었다. 마거릿의 조언이 없었더라면 이 책은 형편없이 완성되었을지도 모른다. 그저 마거릿이 살아 있을 때 책이 출판되었더라면, 하고 되뇌어본다.

내용과 잘 맞으면서도 단번에 눈길을 사로잡는 제목을 짓기 위해 고심하던 때, 미디어 컨설턴트인 나의 친구 충추가 제목을 지어주었다. 감사를 보낸다. 편집자 타티아나 와일드의 예리한 지적에도 빚을 졌다. 그의 지적이 있었기에 내가 기존에 가지고 있던 가정과 결론을 재발견하고 정제할 수 있었다. 이 책이 더 나은 모습을 갖추게 된 것은 타티아나의 조언과 지성 덕분이다.

이 책의 멋진 사진들은 내 형제이자 사진가 리추, 친구 티조 케이로어, 톰 제프리스, 전문 사진작가 오우진 류 같은 최고의 사진가들이 찍어준 수백 장의 사진 중에서 추려낸 것이다. 루구호의 소박한 풍경을 담은 지도는 나탄 치아가 선뜻 그려주었다.

중국에 있는 고마운 두 친구, 벤 목과 휴스턴 우도 빼놓을 수 없다. 벤은 사회적 기업을 통한 나의 쌀 프로젝트를 아낌없이 지지해주었고, 휴스턴은 중국문화에 대한 예리한 관점을 공유해주었다.

마지막으로 자신의 집에 가족들과 함께하는 자리로 나를 따뜻하게 맞아들여준 모쒀 친구들에게 감사를 전한다. 그들은 단 하나밖에 없는 자신들의 세상을 나와 나누었다. 특히 내 모쒀 가족이 된 구미와 라주, 농부에게 고마움을 느낀다. 얼쒀마, 자시, 지주오, 두오지에, 세상을 떠난 아마 할머니, 지바자시와 이름을 일일이 열거할 수 없을 만큼 수많은 모쒀 친구들이 나누어준 따스한 우정에 감사를 표한다.

함께 사는 사람과 사랑하는 사람이 왜 같아야 되나? 내가 이 질문에 매달린 것은 이전까지는 내 삶에서 일어나리라고 믿어 의심치 않던 남성과의 결혼을 거부하게 되면서부터였다. 제도 바깥에서 이성애 결혼제도를 바라보고 있노라면, 사랑에 빠져 결혼에 골인해 평생을 배우자와 함께 늙어간다는, 연애에서 결혼으로 이어지는 서사가 의문스럽게 보인다. 설레는 만남, 풋풋한 연애, 함께 맞는 아침, 같이 이루는 단란한 가정이라는 자발적이고 행복한 이미지들과 생존에 필수적인 너무 많은 요소들을 한데 뭉뚱그려 결혼에 욱여넣고 있다는 의혹을 갖게 하는 것이다.

그래서 나는 차근히 결혼이 무엇을 뭉뚱그리는지 낱낱이 해부해 보았더랬다. 그리고 질문했다. 낭만적인 끌림, 경제력을 합쳐 생활할 의지, 섹스를 하고 싶은 욕망, 같이 아이를 키우고 싶은 마음을 어떻게 한 명에게서 전부 느낄 수 있으며 그것을 어째서 당연하게 여기는가? 그러자 언제든 휘발될 수 있는 사랑이라는 감정으로 생활의 기본 단위를 만들어 낸다는 것이 무척 이상하고 불안하게 보이기 시작했다. 계기는 남성과의 결혼을 거부하면서부터였지만 사랑에서 삶으로 이어지는 낭만적인 서사를 낯설게 보다 보니 이 의구심은 비단 이성애 결혼에만 드는 것도 아니었다.

특히 결혼은 여성의 생존에 더 큰 영향을 미쳤다. 경제력이 남성에게 집중된 가부장제 사회에서 여성이 결혼을 선택하지 않을 경우 생존 기반이 급격히 취약해지기 때문이다. 사랑하는 사람과 함께 살고 싶은 욕망만으로 결혼을 선택했다는 서사가 아닌 다른 각도에서 생각해 보자. 어떤 여성이 한국에서 결혼을 선택하지 않는다면? 결혼이 생존을 위해서가 아닌 사랑의 완성을 위해서 내리는 철저히 자유로운 선택이라고 하기엔, 여성들이 결혼하지 않고 생존하기 어려웠다. 선택하지 않을 자유가 없는 와중에 내리는 선택의 자유는 온전할 수 없다. 앞선 질문은 온전한 자유를 확보하기 위한 출발점이었던 셈이다.

공석과 사석에서 이 질문을 가지고 약 일이 년을 꾸준히 떠들던 무렵, 한국에는 비혼주의가 확산되어 갔다. 주변의 페미니스트 친구들은 결혼 제도에 편입되기를 원하지 않으면서도 막상 비혼으로 살아간다는 데 두려움을 안고 있었다. 그러면서도 가부장제의 이성애 가족을 이루는 대신에 다른 답을 찾고 싶어 했다. 그래서 나는 나의 오랜 질문에 스스로 답을 했다. 그 답이란 우리에게 주어진 이야기들이 뭉뚱그리는 것들을 낱낱이 분리하라는 것으로 의미는 항상 같았지만 표현은 때마다 달라졌다. 라이프 파트너와 섹스 파트너를 분리해. 연애만 하고 같이 살지는 마. 사랑에 빠져서 상대와 더 오래 있고 싶고 함께 미래를 그리는 것과, 삶의 기본 단위를 이루는 계약을 애인과 맺는 게 당연하다고 여기는 건 달라. 친구들은 내가 제시한 방안에 쉽게 공감하면서도 항상 되물었다. 그게 어떻게 가능한데?

그리고 우연히 『어머니의 나라』를 번역할 기회가 주어진 것이다. 나는 영어를 한국어로 옮긴다는 의미에서라기보다는, 가부장제 사회에 가부장제의 바깥을 들여온다는 의미에서의 번역자였다. 답을 찾고 싶어 하지만 철저히 상상에만 의존해 그리는 앞날에 막막해하는 페미니스트 동료들을 위하여 보따리를 풀고 싶어서 안달이 난 보따리상이었다. 추 와이홍은 우리가 더듬더듬 찾아가던 방책을 턱 하고 보여주었다. 다른 삶이 가능하다는 말을 머리로 납득 가능한 논리가 아니라 지구 어딘가에서 오늘도 당연하게 굴러가고 있는 한 부족 사회의 생생한 모습으로 확인하게 해주었다.

여성인 나의 성별이 개인적으로 부단한 노력을 기울이지 않고도 나의 자긍심이 되는 삶. 우리는 그런 삶을 가져본 적이 없다. 그러나 그 삶은 결코 페미니스트의 상상력으로만 존재하는 것이 아니라 지구상에 엄연하게 실재한다. 중국계 싱가포르인인 저자와 비슷한 문화권에 살고 있는 한국의 독자들이 모쒀 여성의 삶을 접한다면 저자가 그랬듯 안도감과 부러움이라는 다소 상반된 감정을 동시에 느끼겠다고 생각했다. 다만 아직 가져본 적 없는 이 삶을 앞으로도 가질 수 없는 것은 아니다. 추 와이훙의 저작이 단지 우리와는 동떨어진 어느 부러운 사회에 대한 묘사가 아니라, 강고한 가부장제 사회 속에서 우리가 만들어 내고 있는 다른 삶을 한결 수월하게 가능케 해줄 구체적인 지지대가 되리라고 믿는다. 단언컨대 여태까지 두려워하던 여성들 중에 적지 않은 수가 『어머니의 나라』를 딛고 다른 길 위에 설 결심을 하게 될 것이다. 당장 내가 이성애 결혼을 거부하고 세 명의 여성들과 함께 살겠다는 결정을 내릴 수 있었던 것도 2012년 대학 수업에서 모쒀족에 대해 배웠던 기억을 떠올리고부터였기 때문이다. 애정, 우정, 친밀감, 경제능력, 돌봄노동과 같이 결혼만이 해결해 주리라고 기대되는 다양한 삶의 면면을 유동적이고 자유롭게 나와 나누기로 해준 다봄, 다인, 유선 덕에 한층 확신을 가지고 옮겨낼 수 있었다.

번역가로서의 첫 작업이 남성중심사회에서 기업 변호사로 일하며 페미니스트로서 꾸준히 목소리를 내는 용기와, 그런 직장을 단칼에 떠날 수 있는 담대함을 가진 저자의 육성을 옮겨내는 일이었다는 것이, 게다가 그가 자신의 목소리로 담아낸 것이 모계사회라는 점이 내게 큰 영광이었다. 기존 사회와 다른 사회의 일면을 들여오기 위해서는 기존 언어 체계를 그대로 따를 수 없었기에 한 언어 속에서도 어떤 언어를 구사할 것인가를 또다시 고민해야 했다. 번역을 맡겨 주시고 다소 과감한 번역어의 선택들도 지지해 주신 백지선 편집자님께 깊은 감사를 전한다. 번역하는 내내 함께 살아가는 여성들에게 놀라움과 희망을 안길 생각만으로 작업을 서두른 만큼, 한 명의 독자로서도 이 책이 우리 사회에 일으킬 반향이 무척이나 기대된다.

이 책에 수록된 사진

* 특별한 언급이 없는 한, 모든 사진의 저작권은 저자에게 있다. 번호는 사진 순서를
표시한 것이다.

오래된 미래에서 페미니스트의 안식처를 찾다

어머니의 나라

초판 1쇄 발행 2018년 7월 16일
초판 2쇄 발행 2018년 7월 26일

지은이 추 와이훙
옮긴이 이민경
펴낸이 유정연

주간 백지선
기획편집 장보금 신성식 조현주 김수진 김경애 **디자인** 안수진 김소진
마케팅 임충진 임우열 이다영 김보미 **제작** 임정호 **경영지원** 전선영 **교정교열** 정진숙

펴낸곳 흐름출판(주) **출판등록** 제313-2003-199호(2003년 5월 28일)
주소 서울시 마포구 홍익로5길 59 남성빌딩 2층
전화 (02)325-4944 **팩스** (02)325-4945 **이메일** book@hbooks.co.kr
홈페이지 http://www.hbooks.co.kr **블로그** blog.naver.com/nextwave7
출력·인쇄·제본 (주)상지사 **용지** 월드페이퍼(주) **후가공** (주)이지앤비(특허 제10-1081185호)

ISBN 978-89-6596-268-7 03300

이 도서의 국립중앙도서관 출판예정도서목록(CIP)은 서지정보유통지원시스템 홈페이지(http://seoji.nl.go.kr)와 국가자료공동
목록시스템(http://www.nl.go.kr/kolisnet)에서 이용하실 수 있습니다.(CIP제어번호: 2018019605)